特大城市
建设与治理

TEDA CHENGSHI
Jianshe yu zhili

蒋三庚 ◎ 主编

首都经济贸易大学出版社
Capital University of Economics and Business Press
·北京·

图书在版编目(CIP)数据

特大城市建设与治理/蒋三庚主编.—北京:首都经济贸易大学出版社,2015.7

ISBN 978 - 7 - 5638 - 2391 - 8

Ⅰ.①特…　Ⅱ.①蒋…　Ⅲ.①特大城市—城市建设—研究—中国 ②特大城市—城市管理—研究—中国　Ⅳ.①F299.2

中国版本图书馆 CIP 数据核字(2015)第 183311 号

特大城市建设与治理

蒋三庚　主编

出版发行	首都经济贸易大学出版社	
地　　址	北京市朝阳区红庙(邮编 100026)	
电　　话	(010)65976483　65065761　65071505(传真)	
网　　址	http://www.sjmcb.com	
E - mail	publish@cueb.edu.cn	
经　　销	全国新华书店	
照　　排	首都经济贸易大学出版社激光照排服务部	
印　　刷	北京京华虎彩印刷有限公司	
开　　本	710 毫米 × 1000 毫米　1/16	
字　　数	294 千字	
印　　张	16.75	
版　　次	2015 年 7 月第 1 版　2016 年 5 月第 2 次印刷	
书　　号	ISBN 978 - 7 - 5638 - 2391 - 8/F · 1347	
定　　价	42.00 元	

前　言

特大城市是人类社会活动的重要聚集空间,伴随着城市化进程的加快,特大城市成为社会物质财富和精神财富生产的主要基地,创造出更多的物质文明和精神文明。与此同时,人口畸形集中、住宅和交通拥挤、能源紧缺、贫富差距扩大以及城市脆弱性突出等"城市病"逐渐显现,为城市治理带来了新的挑战。

为顺应我国特大城市发展研究的需要,深入探索特大城市发展规律,追踪研究"大城市病",总结特大城市发展与治理中的经验教训,2012年9月由北京市人民政府和中国社会科学院共建首都经济贸易大学特大城市经济社会发展研究院,翻开了系统研究特大城市治理问题的新篇章。特大城市经济社会发展研究院是一个协同创新的开放科研平台,是首都经济贸易大学重要的研究基地,以系统创新的方式汇聚了国内大批专家学者对特大城市共性问题和特性问题进行系统研究,取得了重要的研究成果。

加强城市治理,在更高水平上实现特大城市的科学发展,是当前要务。为此,首都经济贸易大学特大城市经济社会发展研究院出版了《特大城市建设与治理》一书,该书收录的文章,以特大城市经济发展和社会治理的视角,从不同层面对城市治理进行了深入的研究和探讨。本书也是特大城市经济社会发展研究院众多项目成果的集成,研究内容涵盖了"城市病"治理、产业发展与提升、城市人口民生以及城市环境保护等方面。在倡导以人为本的包容性增长方式的大背景下,城市产业发展要以保护生态环境、保障城市宜居和人民身心健康为出发点。"城市病"是城市发展不协调的失衡和无序现象,容易造成资源巨大浪费、居民生活质量下降和经济发展成本上升,进而导致城市竞争力丧失,阻碍城市可持续发展。其中,人口治理是特大城市功能疏解的重要课题;城市治理是落实科学发展观、建设友好性资源节约型社会的有效途径,是实现经济社会可持续发展的必然选择。

集中研究问题,总结经验教训,可以更好地面对未来。建立大规模、高规格的研究基地,通过交流合作,与政府部门、实践部门共享思想成果,有助于我国特大城市的科学治理。在此,我们特别感谢在本书编撰过程中提供稿件支持的所有作者,同时也特别感谢首都经济贸易大学出版社为本书的编辑工作付出的所有努力。

由于时间紧迫,在论文的取舍方面可能存在欠缺之处,敬请诸位谅解,对于本书中可能出现的其他纰漏,也恳请读者给予批评指正。

编者
2015年7月

目录
CONTENTS

北京"城市病"现状研究

赵科乐①

摘 要：城镇化是集政治、经济、文化、教育等于一体的现代化过程。而在人类文明快速发展的今天，"城市病"这类与社会和谐发展相悖的现象也随之产生。"城市病"已经成为当今社会一个突出问题，妥善解决城市发展不均衡问题是保障社会正常运行、更好满足人类精神文化建筑需求的重大任务，本文以北京为例，从分析面临不均衡发展的现状、存在的问题及原因入手，提出应该采取的综合性措施，为未来众多特大城市发展提供参考与借鉴。
关键词：特大城市；北京；城市病；治理

1 引言

"城市病"并不是一个区域性问题，而是一个国际性问题，在国际大都市东京、纽约、伦敦也曾面临过这一难题。在中国，各种支持城镇化进程的法律、制度等都在各个方面促进了特大城市的集聚。在北京，常住人口高达2 200万人，随着人口大量涌入，城市也不可避免地要进行面积扩张来满足日益增加的人口的各种需求，人口总量的增加一直以来就是导致"城市病"众多问题的根源，所以为了处理房价过高、资源短缺、生态恶化、交通堵塞等矛盾，首要解决的就是人口问题。

中央政府为了解决"城市病"问题也做出了不少努力。国家"十二五"规划纲要提出：科学规划城市群内各城市功能定位和产业布局，缓解特大城市中心城区压力，强化中小城市产业功能，增强小城镇公共服务和居住功能，推进大中小城市基础设施一体化建设和网络化发展。国家"十二五"规划纲要也指出："合理确定城市开发边界，规范新城新区建设，提高建成区人口密

---

① 作者简介：赵科乐，首都经济贸易大学。

度，调整优化建设用地结构，防止特大城市用地面积过度扩张。预防和治理'城市病'。"十八届三中全会进一步明确提出"创新人口管理，加快户籍制度改革，全面放开建制镇和小城市落户限制，有序放开中等城市落户限制，合理确定大城市落户条件，严格控制特大城市人口规模"，特大城市的健康与可持续发展日益受到社会各界的高度重视。

2 "城市病"的表现

"城市病"是由于人口增加与城市规模扩张导致房价过高、污染严重、资源短缺、交通堵塞的一系列与社会发展不均衡的矛盾。在北京，"城市病"突出表现在以下几方面特征。

2.1 人口膨胀

恩格斯对近代城市的发展进行过较为深入的论述，他认为城市化主要是近代资本主义工业化所带来的人口脱离农村向城市集中的过程。城市越大，吸引力越大。人们为了追求更优良的教育体系、更精湛的医疗技术与更完备的公共设施等，纷纷涌入城镇，在加快城镇化进程的同时，满足自己对物质文化越来越高的需求。《中国城市发展报告（2012）》显示2012年我国城镇化率已达到52.57%。北京市是我国特大城市发展的典型代表。自改革开放以来，北京市经历了快速城镇化的过程，城镇化率在1978—2012年短短三十多年时间从54.96%迅速增加到86.20%，年均增速达到0.92%。这一过程也伴随着人口的过快增长，北京市常住人口从1978年的871.5万人迅速增至2013年的2 114.8万人，增长速度也越来越快（见图1）。在人口急剧膨胀的同时，北京市面临的"城市病"问题不断加剧。

2.2 交通拥堵

由于人口快速增加，北京必须进行城市扩散，城市交通承载的负荷日益严重，交通拥挤、交通堵塞、车辆行驶混乱等问题也纷纷产生。一方面，由于人口增多、城市圈扩张导致车辆总数上升，2012年开始北京机动车保有量就突破了500万大关，总数达到501.7万辆；自从2001年以来机动车销售量几乎每年都呈现递增的趋势（见表1），2012年机动车销售量128.5万量，并且以每天两千辆左右的速度在总量上增长。另一方面，城市交通网与交通系统不完善，由于特大城市积聚，中央商务区都分布在北京市中心，中关村、

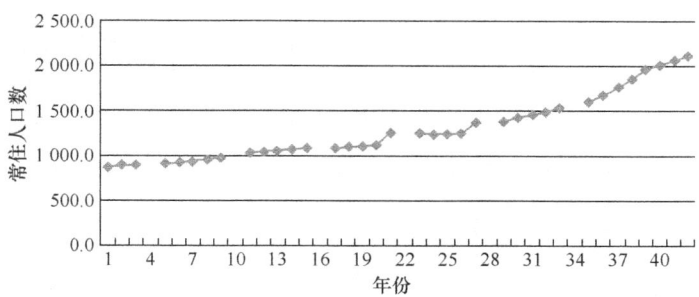

图 1　1978—2013 年北京市常住人口数量（万人）

资料来源：北京统计信息网 www. bjstats. gov. cn

金融街以及旅游景点、购物中心等人群密集的地点均分布在四环以内，因此中心城区人口过度集中，而交通网从软件和硬件两方面还都满足不了众多出行者的需求。由于早晚高峰一个路口交通拥堵导致的"点拥堵"导致的"点连片、片连面"的大规模交通堵塞问题尤为严重。据央视统计，北京的交通拥堵时间已经从 2008 年的每天平均 3. 5 小时增加到现在的 5 小时，汽车平均时速仅为 15 公里，生活在北京的人们在劳累的同时还要为上下班过程的顺畅程度担忧。

表 1　机动车销售情况（2001—2012 年）　　　　　　（单位：万辆）

项目	2001	2002	2003	2004	2005	2006	2007	2008	2009	2010	2011	2012
机动车销售量	22. 9	26. 0	40. 8	44. 7	57. 0	71. 4	79. 8	87. 8	114. 8	143. 2	79. 7	128. 5
#轿车	11. 4	15. 1	25. 2	27. 2	38. 0	46. 2	52. 7	54. 5	70. 6	92. 4	49. 0	83. 2
新车	16. 4	17. 7	29. 3	30. 4	37. 2	39. 1	44. 3	49. 3	70. 2	91. 6	40. 0	58. 6
#轿车	10. 0	12. 0	19. 7	20. 6	27. 7	30. 3	34. 8	34. 9	50. 6	66. 6	26. 2	39. 4
旧车	6. 6	8. 3	11. 5	14. 3	19. 8	32. 3	35. 5	38. 5	44. 6	51. 6	39. 7	69. 9
#轿车	1. 4	3. 0	5. 6	6. 6	10. 2	15. 9	17. 9	19. 5	19. 9	25. 8	22. 8	43. 8

资料来源：北京市工商行政管理局。

2.3　资源短缺

资源是指一国或一个地区所拥有的物力、财力、人力等各种物质要素的总称，主要分为自然资源和社会资源，前者包括空气、水、土地、阳光、矿产等，后者包括凝结了人类劳动力的产品与价值等价物。"人民群众日益增长的物质文化需求和落后的生产之间的矛盾"是自始以来都存在的问题。当城镇化发展到一定程度时，人口迅速集中到城市中心，有限的自然资源必然满足不了不断膨胀的人口的需求。在文化资源丰富的北京，公共设施与医疗、教育体系在国内都处于一流水平，虽然在总量上超越了大部分其他城市，但是人均使用的公共基础设施却逊色许多，随之而来的就是就医难、入学难等难题的困扰。北京市水资源稀缺是最突出的问题，2011 年全市水资源总量为 26.81 亿 m^3，相比 2000 以来新勘探的水增长量有限（见表 2、图 2）。地球变暖和人口增多的双重因素导致水的总量需求增加，在本市供水高峰期的 6、7、8 三个月，市区供水总量达到 2.55 亿 m^3，比 2013 年同期增加了约 900 万 m^3，相当于 4 个半颐和园昆明湖的水量；2014 年最高日供水量出现在 7 月 28 日，达 310.4 万 m^3，比 2013 年最高纪录 298 万 m^3 增加了 12.4 万 m^3，可见水资源的刚性需求引起水总量严重不足的问题将长期存在。

表 2　北京市水资源情况及其全年供水量（单位：亿 m^3）

项目	2001 年	2002 年	2003 年	2004 年	2005 年	2006 年	2007 年	2008 年	2009 年	2010 年	2011 年
全年水资源总量	19.2	16.1	18.4	21.4	23.2	22.1	23.8	34.2	21.8	23.1	26.8
地表水资源量	7.8	5.3	6.1	8.2	7.6	6.7	7.6	12.8	6.8	7.2	9.2
地下水资源量	15.7	14.7	14.8	16.5	15.6	15.4	16.2	21.4	15.1	15.9	17.6
总供水量	38.9	34.6	35.8	34.5	34.6	34.3	34.8	35.1	35.5	35.3	36.0

资料来源：北京市水务局，http://www.bjwater.gov.cn/。

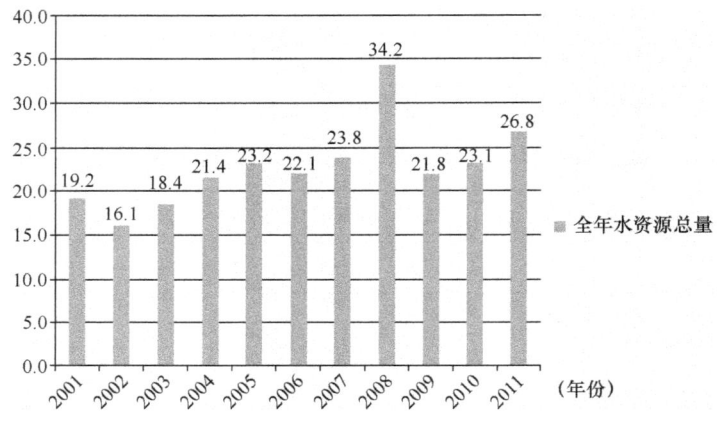

图 2　北京市水资源情况及其全年供水量（单位：亿 m^3）

资料来源：北京市水务局，http://www.bjwater.gov.cn/

2.4 生态恶化

追溯到历史的源头，中国人对待环境污染和经济增长一直都有"先污染后治理"存在"只追求短期收益而不顾长远利益"等现象。在北京，人们过度追求眼前利益，不惜以环境与生态代价换取仅有的经济增长。一方面受到历史遗留产业的重工业影响，使北京长久以来都倍受严重环境污染的侵袭，甚至在金融集聚与城镇化发展的期间，重工业污染企业不仅在数量上越来越多，在自有规模上也在不断扩张；另一方面，大量机动车排放物成为空气污染影响极其严重的要素之一，北京 10 年以上的机动车占机动车保有量的 20%，而这部分车的排放污染总量却占机动车污染量的 50%。在城市上空悬浮的固体颗粒、二氧化硫、氮氧化物等不但造成酸雨严重影响农业，而且直接威胁到广大市民的身体健康。

2.5 房价过高

住房制度改革以后，住房建设投资体制由原来国家或单位统包的投资体制转变为国家、单位、个人三者合理负担的投资体制，投资规模存量越来越大，2014 年 1—9 月房地产开发投资同比增加了 15.2%，虽然房地产开发速度一直在增加，但是由于土地资源的有限、不可再生性和人民对住房的刚性需求，房地产开发数量的增速远远不能满足人民群众日益增加的住房需求增长，因此房价也一路走高，北京房价从 2003 年到 2012 年一路高涨一手房均价由 4 456 元/m^2 上涨到 20 700 元/m^2，涨幅达 365%。现在"学区房"的产生也给房价施加了很大压力，房价过高带来的住房难问题一直困扰着在北京生活的大部分人，尤其是无房、无车、无户口、无存款的外来人员。

3 国外解决"城市病"问题的经验借鉴

"城市病"不是一个偶然性问题，而是当经济发展到一定阶段必然产生的产物，所以不仅仅在我国特大城市存在，国际大都市东京、纽约、伦敦也都曾经经历过"城市病"的困扰。

3.1 "城市病"在东京

在世界众多具有"城市病"特征的特大城市中，东京可以称得上最具有代表性且治理最有效的城市。20 世纪，东京人口处于高速增长阶段，由 1924

年到 1970 年短短不到五十年间，人口由 419 万急速膨胀到 1 140 万，人口增加、劳动力过剩、产能过剩、环境恶化、成本增加等一系列"城市病"表现突出，针对诸多与经济发展不匹配的发展特征，日本实施了强有力的政策与措施。一方面，面对第二产业劳动力过剩问题，东京政府采取将中心高密度制造业和工业集聚区向边缘城区扩散的方法，使副中心和县区与中心城区一起承担城市功能，形成了中心区—副中心—周边新城—邻县中心的多中心、多圈层的城市格局；另一方面，东京最大限度地健全交通网络系统，首先修建一条环市中心铁路，依托各交通枢纽将各副中心串联起来，然后再以各副中心为起点，修建众多呈放射状，向近郊或邻近城市延伸的轻轨线，并在线路末端发展新的中小城市和工业中心。

3.2   "城市病"在纽约

工业革命之后，纽约市得到了迅速发展。1921 年纽约市的人口达到 618 万人，城市化过快发展带来了一系列棘手的问题，纽约城市规划部门不得不开始调整城市发展战略：首先，将城市中心外移建立卫星城镇，在包括长岛及与纽约相邻的新泽西州的一些小城镇建设具备居住、购物、娱乐等城市功能的城市副中心；这些卫星城镇很大程度上解决了传统城市普遍存在的噪声、交通、住房、空气污染等方面的问题，也为居民提供了良好的生活环境。其次，纽约加强郊区基础设施的投资力度，通过在教育、医疗、交通等公共基础设施方面进行完善，在数量和质量两方面满足郊区和市中心人们的需求，减少郊区居民对市中心公共基础设施的依赖程度。

3.3   "城市病"在伦敦

在 20 世纪初期到中期的几十年内，伦敦人口由 400 万增加到 800 多万，随之而来的就是劳动力过剩、失业率增加、贫民窟人数增多、环境污染、交通堵塞等问题，人民群众生活幸福指数降到历史最低点，伦敦面对严重的"城市病"主要采取了两方面措施：一方面，完善多样化、分层次的住房保障体系，实施住房制度改革以后政府持有的公房开始大规模出售给普通居民和其他私人机构，鼓励居民通过租房、抵押贷款购房等方式解决住房问题；另一方面，重新制定了伦敦的区域布局模式，改变了大伦敦规划中同心圆封闭布局模式，使城市沿着三条主要快速交通干线向外扩展，形成三条长廊地带，在长廊终端分别建设三座具有反磁力吸引中心作用的城市。

4 治理"城市病"的建议与对策

特大城市不和谐问题直接影响着其中的每个居民，所以有必要提出治理这些问题的有效措施，主要有以下几个方面。

4.1 加强法律监管与惩罚力度

日前，以北京为代表的特大城市都存在着人口众多、环境污染、交通拥挤、资源短缺的问题，而这些同社会进步与发展不协调的情况急需政府强有力政策与法律的规范与约束。有效的法律体系是保障社会有条不紊运行不可缺少的要素：首先，在交通方面加大惩罚力度，对违规车辆进行扣分、罚款两方面严惩，减少车辆上路以后违章驾驶所引发的交通堵塞等一系列问题；其次，对房地产开发商无节制开发带来的泡沫型房价上升进行严格管控，使北京房价自国际性金融危机之后回到科学合理的轨道上去；最后，对于重工业污染企业，加大惩罚力度，使经营效益和环境保护两方面协调发展。

4.2 完善中心城区周边区域功能

城市是一个集经济、政治、文化、生态于一体的复杂系统，具有整体性、开放性、动态性等特点。治理"城市病"可从北京城周边入手，将中心城区的卫生医疗、教育、金融、商务等支撑城市经济发展的重要支柱产业向郊区扩散，在亦庄—大兴新城构建南部高技术制造业和战略性新兴产业集聚区，在房山新区建设高端制造业新区等，使中心城区与周边副城区形成"两点一线"的互助式发展，减少郊区居民进城对北京造成的承载压力；同时，在金融集聚的同时，加快京津冀区域内的资源流动，目前已经有确定的中心城市商务外移的计划与方案，并且在未来一段时间，会加快人口外移速度，以减少对北京城区严重人口压力的同时促进周边地区的发展。

4.3 科学规划城市交通系统

一个城市的交通系统不仅取决于城市人口数量与交通秩序，还在很大程度上受到城市交通网健全发展的影响。首先，合理规划交通道路的线路，以达到在充分利用道路资源的基础上最大限度的满足出行者的需求；其次，在硬件上完善 ETC 系统，即电子不停车收费系统，车辆在通过收费站时，通过车载设备实现车辆识别、信息写入，并自动从预先绑定的 IC 卡或银行账户上扣除相应资金。由于申办手续烦琐，所以，在此需要完善 ETC 管理体制，通过对申办使用 ETC 系统的用户给予补贴及降低申办门槛的方式，增加 ETC 系统的辐射范围，缩短扣费时间的同时缓解交通堵塞的压力。

4.4 加快公共基础设施建设

目前，北京基础设施发展迅速，但仍远远满足不了泡沫式膨胀人口数量的需求，基础设施的承载能力都达到了临界点，已经建成的公共基础设施已接近其最大负荷。随着城镇化的发展，在金融集聚程度大于金融扩散的大背景下，随着需求和消耗的增加，公共基础设施建设落后和薄弱的问题会不断暴露出来。所以，加大政府投入，创新机制吸引民间资本，加快和改善公共基础设施建设已经刻不容缓。合理规划公交、地铁的数量和价格，在"低成本、高效率、宽辐射"等多方面满足众多出行者的需求；完善城市医疗制度，通过增加城镇医疗保险网点，使城镇居民更方便地享受社会保障，另外，对外来务工人员增加合理有效的保障体制，使他们在背井离乡的同时可以享受到和当地人一样的福利和待遇；最后，加强网络高科技的普及程度，通过将金融、交通、医疗、消费等生活中的方方面面与网络挂钩，使每一个人都能有效共享互联网带来的福利。

4.5 大力倡导环境保护和资源开发技术与科研创新

"科学技术是第一生产力"，在资源开发和环境保护上必须加大科学技术的研发力度。首先，在水资源开发上加快设备仪器的更新换代速度，使水资源在处理阶段缩短周期，还可以通过新设备、新技术加快水资源的利用率和回收率，减少生产对有限资源的浪费；其次，在环境保护方面进行技术改造，在产业链上下游均使用低污染、低损耗的机器设备，使产业结构的各个阶段都本着干净环保、可持续的目标发展，减少对环境的污染程度；最后，通过污染治理阶段的技术进步和改革，还可以在污染后的"亡羊补牢"阶段发挥作用，比如，将工业废水进行强有力的过滤净化，在一些要求较低的行业和产业部门中回收再利用。

参考文献

［1］姜爱华，张弛. 城镇化进程中的"城市病"及其治理路径探析［J］. 中州学刊，2012
（11）.

［2］王梦紫．公共管理视角下的特大城市交通拥堵问题研究——以北京市为例［D］．北京：首都经济贸易大学，2014.

［3］黄匡时．特大城市的人口调控：东京经验及其启发［J］．中国人口·资源与环境，2013（23）.

［4］张忠华，刘飞．当前我国城市病问题及其治理［J］．发展研究，2012（02）.

［5］王大伟，文辉，林家彬．应对城市病的国际经验与启示［J］．中国发展观察，2012（7）.

［6］张莉莎．北京水资源压力人口驱动作用分析［D］．北京：首都经济贸易大学，2013.

北京"城市病"影响因素的实证研究

回晓曼①

摘　要：改革开放后，随着工业化、城市化进程的加快，各大城市的"城市病"问题逐渐凸现出来。空气污染、交通拥堵、房价上涨等一系列"城市病"问题的出现，不但阻碍了城市的健康发展，而且增加了经济社会发展的成本，制约了城市化的可持续推进。北京在取得较快经济发展的同时，也积累了"城市病"问题。2014 年，北京"城市病"首入政府工作报告。本文以北京"城市病"现象为例，通过介绍"城市病"常见的几种表现形式并分析其产生的原因，得出北京"城市病"的产生与区域经济差异有着密切的联系，缩小京津冀经济的差距有助于缓解北京"城市病"的结论。

关键词：北京市；城市病；区域经济差异；京津冀协同发展

1　"城市病"的概述

1.1　"城市病"的界定

"城市病"是以工业化和城镇化的快速发展为背景，由于大量人口和经济活动向城市集聚，并且盲目规划城市和开发城市，超过了城市资源环境的承载力，进而引发一系列经济社会问题和社会矛盾的现象。

1.2　北京"城市病"的特点

一般来讲，"城市病"具有综合性、阶段性、并发性和可治理性。"城市病"并不是以单一的形式出现的，它的形成往往伴随人口、交通、资源、环境等一系列综合性因素。"城市病"是在城市发展到一定阶段出现的，它不

---

① 作者简介：回晓曼，首都经济贸易大学。

是一开始就有，也不是永远持续下去，而是在人与自然、人与社会出现不和谐时出现。在"城市病"形成过程中，优质的农村劳动力都离开农村，就出现了土地荒芜、留守老人和失学儿童等农村病。纵观世界，早在工业革命时期，很多国际城市如东京、纽约、伦敦等都出现过"城市病"。经过治理，这些城市也都初步解决了这些问题。与这些城市相比，北京的"城市病"表现出不同的特点。但只要采取有效的治理措施，北京的"城市病"是可以治理的。

1.3 "城市病"的形成机理

"城市病"的形成机理可以用集聚效应来解释。集聚效应是一种常见的经济现象，是指各种产业和经济活动在空间上集中产生的经济效果以及吸引经济活动向一定地区靠近的向心力，是导致城市形成和不断扩大的基本因素。集聚效应是因社会经济活动的空间集中而形成的集聚经济与集聚不经济综合作用的结果：集聚经济作为空间聚集的吸引力推动着城市区域的形成和发展，而集聚不经济作为排斥力限制着城市的进一步聚集和扩大规模。

北京作为首都城市，集经济、政治、文化于一体，拥有得天独厚的条件和优势。北京"城市病"中的一个表现为人口膨胀，北京的外来人口可以从经济学的角度来分析。在传统经济学中，劳动力作为第一生产要素，是经济增长模型中的基本要素。对于拥有劳动力的人来说，在不同的区域和产业部门就会有不同的价值，理性的人在追求效用最大化的驱使下，为了更高的收入，具有较强流动性的劳动力就会从效率低的部门或地区向效率高的部门或地区转移，投资者、企业家亦是如此。集聚效应的出现一方面提高了企业的效率，推动了城市的发展；另一发面，当这种集聚效应达到一定程度时，会给城市的发展带来阻碍作用，城市集聚就会出现外部不经济，严重的情况下就会出现"城市病"。

2 北京"城市病"的表现现状

从世界城市发展的一般历程来看，城市发展的过程大致分为城市化、郊区化、逆城市化、再城市化四个阶段。在城市化发展阶段，如果人口的过度集聚超过了该城市的工业化和城市经济社会发展水平，就会产生一系列"城市病"问题，如住房问题、交通问题、资源问题、生态问题、就业

问题等。同上海、广州这些城市相比，北京的"城市病"表现出自己的
特征。

2.1 交通拥堵问题

近些年来，随着对机动车辆和交通需求的大幅度增加，城市道路负荷日
益加重，交通堵塞、道路拥挤等现象越来越严重。交通拥堵问题破坏了城市
的环境，阻碍了城市的健康发展，给居民的出行带来极大的不便，同时还引
发了很多交通事故。公交出行的分担率目前平均不足10%，特大城市也仅有
20%左右。北京目前正面临着严重的城市问题，日益严重的交通拥堵问题便
是其中一个。据相关数据显示，北京城镇居民家庭平均每百户拥有的家用汽
车在2002年是4.06辆，2009年为29.55辆，随后的几年呈逐年递增的趋势，
2012年高达42.32辆，如图1所示。从目前情况来看，公众对私家车的需求
旺盛，在未来几年对私家车的拥有量仍会呈进一步上升的趋势。显然，这种
情况会加重道路的拥堵情况。

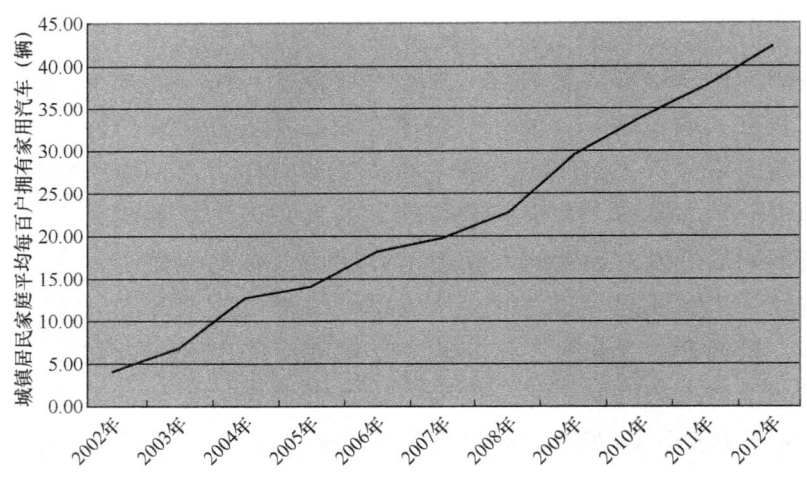

图1　北京城镇居民家庭平均每百户拥有的家用汽车

从人均城市道路面积来看，如图2所示，2005年北京人均城市道路面积
为10.55平方米，2006年下降到7.4平方米，2011年下降到5.26平方米，
2012年和2013年有所上升，到2013年北京人均城市道路面积为7.61平方
米。在城市建设方面，合理规划、合理开发城市，对缓解交通拥堵问题具有
建设性的意义。

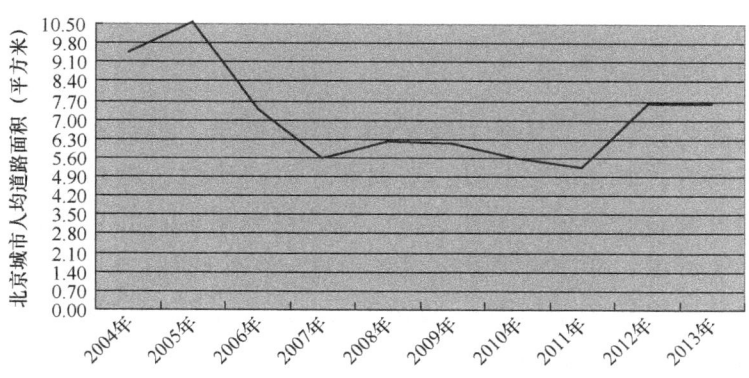

图2 人均城市道路面积

2.2 人口膨胀问题

在上文"城市病"的形成机理中提到，像北京这样的大城市具有极强的集聚作用，能快速地聚集外来的劳动力、资本和技术，当人口集聚达到一定的程度后，会导致城市基础设施的供给滞后于城市人口的增长，从而引发一系列的矛盾，如资源短缺、环境恶化、交通拥堵等。

北京人口近些年来呈持续增长趋势，1949年北京总人口数为420.1万，1956年为617.5万，2010年为1 962万，2013年总人口达到2 114.8万。从图3中可以看出，从1949年新中国成立以来，除了1961年、1969年总人口相比较上一年有所下降外，北京总人口基本呈持续上升状态，而且各年增长率也呈现上升趋势。北京城市总体规划确定的人口目标是到2020年北京常住人口达1 800万人，但是从近些年北京的人口总数上来看，北京人口增长过快，在2010年总人口就已经超过1 800万，较城市规划确定的目标提前了10年。

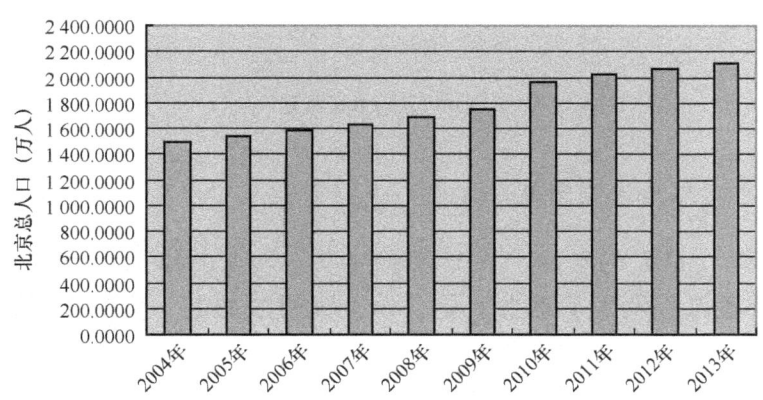

图3 北京总人口

2.3 资源短缺问题

不论是发达国家还是发展中国家的大中型城市，都存在着不同程度的自然资源短缺问题，如北京、上海、新加坡、墨西哥城、洛杉矶等城市都面临着严重的水资源短缺问题。随着北京人口的逐年增加，北京的自然资源包括水资源、土地资源、森林资源等都出现相对短缺的现状。以北京水资源为例，水资源是极其短缺的。在1999—2005年，北京曾连续6年为干旱年，水资源供给量严重不足。但与之相对应的水资源的需求消耗却在逐年增加，使得水资源的供求矛盾更加突出，水资源的短缺问题已经成为北京居民面临的巨大挑战。

北京人均水资源量如图4所示，在2008年为205.53立方米/人，2012年193.24立方米/人，2013年为118.59立方米/人，并有继续减少的趋势。

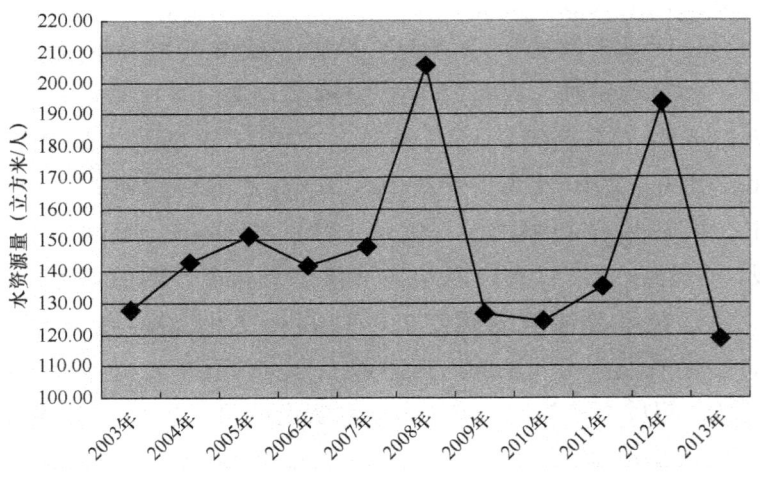

图4 人均水资源量

2.4 生态环境污染问题

"城市病"是人与自然、人与社会关系不和谐的结果。近百年来，全球的气候与环境已经发生了重大变化，如土壤侵蚀加重、臭氧层损耗、生物多样化锐减等。虽然北京已将部分造成污染的企业迁往外地，但是北京总人口的逐年增加和交通堵塞所导致的生活垃圾，燃煤排放的二氧化硫和汽车尾气的排放，仍然使北京面临着严重的生态环境污染。据相关数据显示，北京空气质量达到以及好于二级的天数占全年的比重如图5所示，2009年以前该比重呈上升趋势，但所占比重都处于较低水平，都未超过80%，也就是说全年中至少有70天是空气质量极差的时候。北京空气质量达到以及好于二级的天数占全年的比重2012年为76.78%，但是到2013年将为45.75%，下降了31个百分点。近期，北京连续多天出现雾霾天气，严重的空气污染给北京居民带来极大的担忧，降低了居民的生活质量和幸福感。

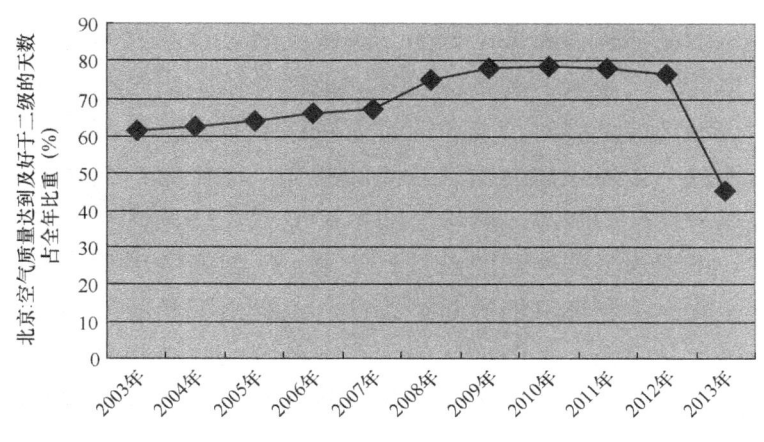

图5　北京空气质量

3　北京"城市病"问题产生的原因分析

3.1　区域经济差异是"城市病"产生的重要原因

　　各种典型"城市病"的产生大多是与城市人口和经济的快速增长以及对城市的规划、开发不科学紧密联系在一起的。这些问题又集中体现在自然环境、社会环境和居民生活等方面。北京"城市病"产生的原因有很多种，如大量外来人口向北京的转移、资源分配的不合理、城市规划和建设的不科学等。进一步讲，这些原因的产生与区域经济的差异是分不开的，北京同周边省市之间区域经济差异的存在使得劳动力、资本、技术生产要素向较发达地区和城市转移，在推动城市发展的同时也带来了各种问题，继而引发"城市病"。

　　1978年以来，我国实施以经济建设为中心的战略方针，国民经济得到快速发展。目前，我国正处于由人口大国向经济大国和经济强国转型的阶段。然而由于过分追求经济效益，出现了区域经济差异问题。区域经济差异是一个带有普遍性的经济现象。

适度的区域经济差异能够推动我国经济的发展。但是，随着区域经济差异的不断扩大，人口、资金和技术等不断向发达区域集中，造成这些区域的城市不断膨胀、基础设施不堪重负、环境污染严重等"城市病"问题随之显现出来。而对于欠发达地区来说，大量人才和资金的流失会使其经济增长处于缓慢发展的状态。

3.1.1 区域经济差异相关理论分析

缪尔达尔的循环累积因果论认为，经济发展过程在空间上并不是同时产生和均匀扩散的，而是从一些条件较好的地区开始，当这些区域由于初始优势而比其他区域超前发展时，就会通过累积因果过程，不断积累有利因素超前发展，从而进一步强化和加剧区域间的差异。他认为由此会产生回流效应和扩散效应两种相反的效应。赫希曼的不平衡增长理论认为经济进步的巨大推动力将使经济增长围绕最初的出发点集中，区域间的不平等是经济增长不可避免的伴生物，是经济发展的前提条件。他提出了相应的回流效应和扩散效应。弗里德曼的中心—外围论认为，经济系统空间结构分为中心和外围两部分，与外围区相比，中心区发展条件比较优越，经济效益较高，处于支配地位。经济发展必然会伴随着各生产要素从外围区向中心区的净转移。

3.1.2 区域经济差异的实证分析

下面用实证方法计算京津冀区域经济的差异。本文用差距测算法来分析京津冀地区的经济发展差距，选取的指标是相对发展率 Nich 和 Theil 熵系数。相对发展率指区域内各地区在某一时期内实际 GDP 的变化与同一时期区域实际 GDP 的变化之间的关系。计算公式如下：

$$Nich = (Y_{i,\ t+1} - Y_{i,\ t}) / (Y_{t-1} - Y_t)$$

$Y_{i,t+1}$ 和 $Y_{i,\ t}$ 分别表示 i 地区在 $t+1$ 和 t 时间内的 GDP，Y_{t-1} 和 Y_t 分别表示整个区域在 $t-1$ 和 t 时间内的 GDP。

Theil 熵系数表示各区域发展水平的差距，其值越大表明区域间经济差异越大。计算公式如下：

$$TEC = \sum (\frac{Ni,t}{Nt}) \log(\frac{Ni,t/Nt}{Yi,t/Yt})$$

$N_{i,t}$ 和 N_t 分别表示 t 时期 i 地区的总人口数和 t 时期整个区域的总人口数。

本文选取了 2003—2013 年北京市、天津市和河北省 3 个地区的数据，用相对发展率 Nich 和 Theil 熵系数指标来分析京津冀地区的经济发展差距。见

表1、表2。

表1　2004—2013年京津冀国内生产总值和总人口数

年份	国内生产总值（亿元）			人口数（万人）		
	北京	天津	河北	北京	天津	河北
2004	6,060.30	2,931.88	8,836.90	1,493.0000	1,024.0000	6,809.0000
2005	6,886.31	3,697.62	10,096.11	1,538.0000	1,043.0000	6,851.0000
2006	7,870.28	4,359.15	11,660.43	1,581.0000	1,075.0000	6,898.0000
2007	9,353.32	5,050.40	13,709.50	1,633.0000	1,115.0000	6,943.0000
2008	11,115.00	6,719.01	16,011.97	1,695.0000	1,176.0000	6,988.8200
2009	12,153.03	7,521.85	17,235.48	1,755.0000	1,228.0000	7,034.0000
2010	14,113.58	9,224.46	20,394.26	1,962.0000	1,299.0000	7,194.0000
2011	16,251.93	11,307.28	24,515.76	2,018.6000	1,355.0000	7,240.5100
2012	17,879.40	12,893.88	26,575.01	2,069.3000	1,413.1500	7,287.5100
2013	19,500.56	14,370.16	28,301.41	2,114.8000	1,472.2100	7,332.6100

表2　2005—2013年京津冀区域相对发展率和Theil熵系数

年份	相对发展率			熵系数
	北京	天津	河北	
2005	0.289730	0.268590	0.441679	0.051691
2006	0.306550	0.206096	0.487354	0.049658
2007	0.351152	0.163673	0.485175	0.047646
2008	0.307300	0.291066	0.401634	0.049752
2009	0.338741	0.261991	0.399268	0.049361
2010	0.287389	0.249579	0.463033	0.043501
2011	0.256315	0.249659	0.494026	0.039517
2012	0.308623	0.300873	0.390504	0.040169
2013	0.336073	0.306038	0.357889	0.041262

　　从比较结果来看，从2005年起北京的相对发展率就就已经低于河北省，但是高于天津的相对发展率。到2012年，北京和天津的相对发展率接近持平，略低于河北省的相对发展率。河北的相对发展率基本处于领先的地位，北京次之。三个地区的相对发展率经历了差距加大—差距缩小—差距加大—差距缩小的一种发展模式。到2013年北京的相对发展率为0.336073，天津的相对发

展率为 0.306038，河北的相对发展率为 0.357889，三个地区相对发展率差距很小。从熵系数上来看，京津冀的熵系数呈现先下降后上升再下降的趋势。

3.2　区域经济差异的特殊形式—城乡差异

城乡失衡是导致北京城市人口过快增长的原因。农村和城市之间的巨大发展差距，尤其是收入之间的差距是农村人口向城市人口迁移的基本动力。过度的人口集聚超过了北京有限的资源环境承载力，引发了一系列"城市病"问题。据统计，2013 年 40% 以上的外来常住人口来自津、冀、鲁、晋、内蒙古等周边城市，其中来自河北的就占到 23.7%。如果河北发展水平和北京相当，城镇发展水平、就业机会都相当可观的话，就能有效减轻北京人口积聚所产生的一系列问题。

通过对北京城镇居民和农村居民人均可支配收入进行研究，发现北京城镇居民和农村居民人均可支配收入存在很大的差别。如图 6 所示，1988 年之前，这种差距并不是很明显，农村和城镇居民人均可支配收入基本持平。但是从 1988 年至今，农村和城镇居民人均可支配收入的这种差异越来越大。城镇居民人均可支配收入已达到农村居民的两倍以上。北京城乡居民收入上的巨大差异是农村人口向城市转移的强大动力。除了收入上的差异外，教育资源、医疗资源、基础设施建设也更多集中在城市，这也是人口向北京集聚从而产生"城市病"的原因。

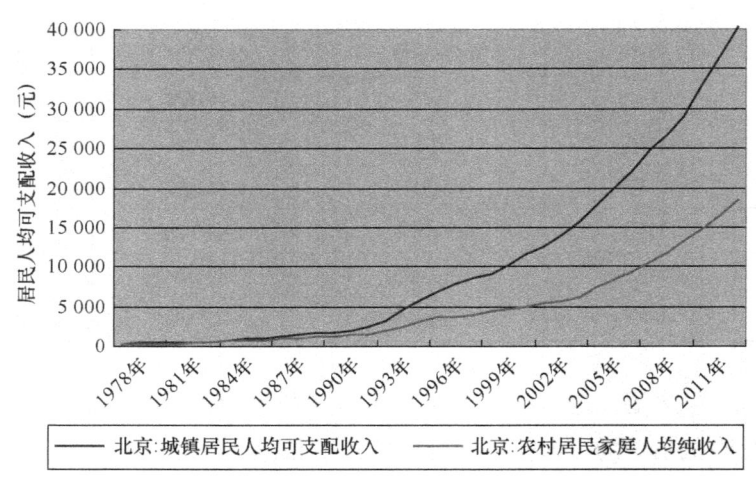

图 6　居民家庭收支和消费情况

3.3 产生区域经济差异的原因

造成区域经济差异的原因是非常复杂的。总的来说，有以下几点：第一，资源禀赋差异，包括自然资源和社会资源。就北京来说，同河北和天津相比，北京的资源禀赋是相当优越的。第二，历史文化的因素。第三，制度和决策的差异。不同地区对发展当地经济制定的决策不同会造成各区域经济的差异。

4 北京"城市病"的治理

十二五规划中提出，要"科学规划城市群内各城市功能定位和产业布局，缓解特大城市中心城区压力""加强城市公用设施建设，预防和治理'城市病'"。基于以上的分析，北京"城市病"的产生与区域经济差异有着密切的联系，缩小京津冀经济的差距有助于缓解北京的"城市病"。因此对北京"城市病"的治理可以从缩小京津冀经济差距的角度来考虑。

4.1 京津冀协同发展的战略价值

一方面，京津冀协同发展对缓解北京"城市病"有很大帮助。国家将京津冀协同发展定位为国家重大发展战略的原因之一就是要缓解北京"城市病"。通过在京津冀区域内引导首都城市功能的合理配置，带动京津冀经济的发展。另一方面，京津冀协同发展也是国家创新战略的需要。为了更具国际竞争力和影响力，我国经济粗放发展道路已经不可持续，必须走出新型创新发展道路，京津冀区域的协同发展是具有创新性的实施策略。

4.2 治理北京"城市病"的措施

通过对"城市病"原因的分析，提出区域经济差异是导致北京"城市病"的重要原因。缩小区域经济差异有助于缓解北京目前正面临的"城市病"的巨大挑战。以下提出治理北京"城市病"的具体措施。

4.2.1 缩小区域经济差距，缓解北京市人口膨胀

"城市病"问题出现的重要原因是由区域经济的差距引起的人口膨胀。人口规模的过度扩张与城市有限的承载力相冲突，从而产生"城市病"。因此，首先，可从京津冀协同发展作为突破口。如抓住北京新机场建设带来的重大机遇，围绕机场而展开的经济区、产业区，建立京津冀三个地区的区域合作示范区，从而带动天津和河北的经济发展，缩小区域经济的差距，有效

控制人口向北京的流动。其次，从缩小城乡经济差距，实现城乡一体化着手。北京人口大规模、无序、快速地集聚，尤其是集中在首都核心功能区，"城市病"问题更为严重，这与北京城镇的基础设施建设、教育、医疗、科技、文化等优越条件是分不开的。因此，北京市应在城乡间合理配置资源，打破城乡壁垒，缩小城乡差距，缓解人口过度集中的现象。

4.2.2 合理构建北京城市空间结构

北京城市空间结构规划不合理，单中心摊大饼式发展。合理规划、构建北京和以北京为核心的城市体系的空间结构是缓解北京"城市病"的有效途径。空间结构包括两方面：一是北京自身内部的空间结构；二是北京所处的区域城市体系结构。北京市政府可以通过科学合理的规划，将部分产业和人口分散到周边的新城，减轻中心城区的人口压力和交通拥堵的现状。北京市应总结和借鉴以往国内外城市经济发展的经验教训，在京津冀区域合作的模式下，遵循城市发展规律，合理构建城市空间结构，缓解北京"城市病"带来的问题。

4.2.3 合理规划区域产业布局

北京"城市病"的表现之一就是环境污染严重。近期，北京经常被雾霾笼罩，空气质量未达二级指标天数相比以前明显增加，空气质量持续恶化。这与京津冀区域产业布局的不合理是分不开的。所以，应加强对京津冀区域产业布局的科学规划，北京这种简单地将造成大量污染的企业迁移至河北等周边地区的做法已不能使北京免受空气污染的危害。因此，必须对京津冀的产业进行科学合理的布局。同时，北京市可以借鉴国外治理环境的经验，积极引导和鼓励先进技术的开发研究工作，并应用于环境的治理。

5 总结

本文通过对北京"城市病"的形成机理和表现现状进行梳理，总结了北京"城市病"的原因在于区域经济差异造成的人口过度膨胀和交通拥堵，提出解决北京"城市病"可以从缩小区域经济差距的角度着手。最后，提出治理北京"城市病"的具体建议。

第一，本文从经济学的角度对"城市病"的形成机理进行分析，提出集聚效应是北京城市人口扩大的原因。通过对北京"城市病"的表现现状分析，归纳了北京"城市病"表现较为明显的几种形式：交通拥堵问题、人口膨胀问题、资源短缺问题、生态环境污染问题。并通过相关统计数据进行论证。

第二，本文通过对北京市"城市病"产生原因的分析研究，提出区域经济差异是造成北京"城市病"的主要原因。本文通过选取 2003—2013 年京津冀的 GDP 和总人口数，采用相对发展率和 Theil 熵系数两个指标，来测算京津冀三个区域的经济发展差距。通过观察数据可以发现，京津冀区域的经济发展差距有缩小的趋势。

第三，基于以上对北京"城市病"产生原因的分析研究，提出治理北京"城市病"可以从区域经济一体化角度来考虑。据此，提出三点建议：①缩小区域经济差距，缓解北京市人口膨胀；②合理构建北京城市空间结构；③合理规划区域产业布局。

参考文献

［1］赵宏．北京大"城市病"治理与京津冀协同发展［J］．经济与管理．2014，28（3）．

［2］向春玲．中国城镇化进程中的"城市病"及其治理［J］．新疆师范大学学报．2014，35（2）．

［3］王格芳．我国快速城镇化中的"城市病"及其防治［J］．中共中央党校学报．2012，16（5）．

［4］周加来．"城市病"的界定、规律与防治［J］．中国城市经济，2004（2）．

［5］王桂新．"大城市病"的破解良方［J］．人民论坛（学术前沿），2010（32）．

［6］翟鸿雁．我国城市环境污染问题与对策思考［J］．经济视角，2011（5）．

［7］荆宝洁．城市规划矛盾引发"超级城市病"［J］．今日国土，2011，23（2）．

［8］方维慰．论信息化与"城市病"的治理［J］．北京：科学对社会的影响，2004，36（1）．

［9］李天健．北京"城市病"研究——区域经济差异的视角［D］．北京：首都经济贸易大学，2013．

［10］张喜玲．"城市病"的形成机理研究——以中国城市化为例［D］．石家庄：河北大学，2013．

基于概率影响图和风险协同理论的城市 轨道交通运营系统风险因子及传导规律分析

张艺凡　　陈文瑛①

摘　要： 随着城市轨道交通运营系统的不断成网化发展，系统内外风险因子及风险传导规律的研究显得越来越重要。本文结合概率影响图模型和协同理论对城市轨道交通运营系统的风险因子和风险之间的传导规律进行了定性分析，并提出了定量描述的方法，为城市轨道交通运营系统风险研究提供理论基础。

关键词： 城市轨道交通运营系统；概率影响图；协同理论；风险传导

1 引言

城市轨道交通运营系统突发事件威胁着城市轨道交通网络的安全和秩序，严重的将导致运营中断和乘客大规模延误。城市轨道交通网络通过不同的换乘站实施连接，线网内任意线路的行车组织调整或突发事件的发生，势必通过关联的换乘车站影响到其他线路，一旦遇到突发灾害，由于地铁的固有特点，应急疏散较为困难，地铁运营遭受不利影响损害和威胁程度较高，地铁灾害事件扰动对城市交通系统危害大，所以分析城市轨道交通运营系统的风险因子及风险传导规律显得尤为重要。

以上海地铁追尾事故为例。2011 年 9 月上海地铁发生追尾，造成 295 人受伤。事故起因是当天设备失电，致使运营信号中断，采取了人工调度行车模式。由于地铁行车调度未能严格执行相关管理规定，在未准确定位故障区间内全部列车位置的情况下，违规发布电话闭塞命令；而接车站值班员在未严格确认区间线路是否空闲的情况下，违规同意发车站的电话闭塞要求，最终导致事故发生。该事故使得与之相关的数条线路和多个站点受到了影响，

---

① 作者简介：张艺凡，陈文瑛，首都经济贸易大学。

地铁运行性能下降很多。该事故在地铁网络中的影响范围，几乎覆盖了上海最繁华地段，负面影响巨大[1]。

　　城市轨道交通在运营过程中可能发生的突发事件主要有列车脱轨、碰撞、解体；路外人员伤亡，群死群伤；遭遇火灾、爆炸、毒气袭击、地震、恶劣天气、突发大客流或者由于设备严重故障、损坏等原因造成中断运营的非正常事件。主要包括火灾、爆炸、毒气、列车相撞、列车脱轨、停电、踩踏、乘客坠落站台、自然灾害和设备故障等。城市轨道交通运营系统主要会受到三方面的突发事件影响，包括外界突发事件（如自然灾害、恐怖袭击、人为破坏等）、工作人员操作失误、系统技术设备失效等影响[2]。城市轨道交通运营系统突发事件分析如图1所示。

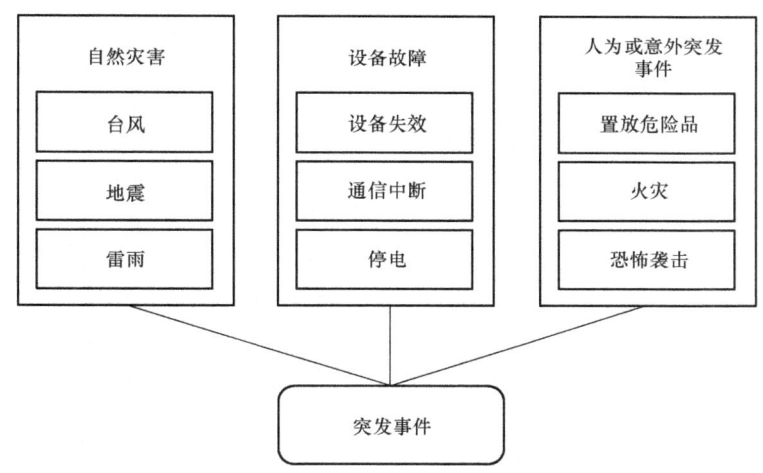

图1　城市轨道交通运营系统突发事件分析图

　　通过运用概率影响图模型和协同理论对城市轨道交通运营系统的风险传导规律进行分析，为遏制突发事件的发生提供理论依据，把握风险传导的规律，切断风险链，防止次生、衍生事件的发生。

2　国内外风险传导理论研究现状

　　国内目前风险理论研究主要集中在风险管理上，包括风险的识别、分析、预警以及控制方面。风险传导理论主要集中在研究企业的风险传导方面，侧重于对风险传导基本理论的研究，大多应用于企业风险管理、金融风险管理等领域。而对成网化条件下城市轨道交通运营系统风险传导规律的研究几乎为零。

夏喆[3]等提出了风险以及风险传导的定义，对风险传导的基本构成要素进行了分析。邓明然[4]等提出了阈值突变规律、混沌规律、跳跃规律、最小阻力规律4大风险传导规律，指出了风险传导阈值机理。邓俊[5]提出了风险传导的理论基础，即海因里希连锁理论和能量释放理论，并且指出风险传导的作用机理。李俊梅[6]对网络组织的风险基本概念、网络组织的风险传导基本概念进行了解释，并分析了网络组织的风险传导的4大基本要素，即风险因子、风险传导路径、风险载体，以及风险导火索阈值突变。从构成的元素出发，揭示了网络组织风险产生及传导的基本原理，为更全面了解风险的传导规律及机理提供了理论依据。叶建木博士[7-8]提出了风险传导的四种效应，即蝴蝶效应、多米诺骨牌效应、耦合效应和破窗效应，分析了企业风险传导及其特征和影响，剖析了风险传导的内在原因，提出了基于风险传导机理的风险控制思路。沈俊[9]等基于热传导的原理提出了风险传导的含义、风险传导的载体和路径。石友蓉[10]等主要讨论了风险传导机理、风险传导物理量和风险传导数学模型等问题。

国外对风险传导的研究，最早的是在20世纪初，美国学者Willett[11]开始对风险问题进行研究。随着时代的发展，对风险的认识逐步加深，21世纪初，J. Y、Yu, F.、Reinhart, C. M, Rogoff . K . s, Collin－Dufresne, P. 以及Kaminsky等对金融风险传导作了较为深入的研究，对金融系统内的风险传导规律等方面知识进行了详细的阐述[12]-[16]。

目前国内外风险传导的研究主要针对风险传导定义、风险传导基本要素、风险传导的作用机理、风险传导的四大规律、风险传导分类、风险传导的特征、风险传导的性质以及风险传导的效应等理论基础作了探讨，主要还是应用于企业和金融领域的风险传导，而这些风险传导的基础理论对于分析城市轨道交通运营系统存在的风险有一定的指导意义。杨潮兴等分析了基于概率影响图的R&D项目风险传导概率影响图模型[17]，概率影响图就是基于传导能量理论对风险的传导特性进行定量描述[18]，概率影响图可以将多个变量之间的复杂关系表示出来。风险影响图由风险节点及风险作用关系弧（箭线）组成。风险节点对应着模型中的风险变量[19]。风险影响图是风险结构分析的有力工具。夏喆等结合动力学运用协同理论对企业风险传导的动因进行了分析[20]。协同理论（Synergetic）是1974年斯图加特大学著名物理学家哈肯（H. Haken）创立的。它用子系统或大量粒子间的协调同步作用，阐明了开放系统形成新的有序结构的原因和条件，揭示了协同和有序的因果关系。本文结合概率影响图和协同理论对城市轨道交通运营系统的风险传导规律进行定性的分析和描述。

3 城市轨道交通运营系统风险因子及传导规律分析

3.1 基于概率影响图的城市轨道交通运营系统风险因子分析

城市轨道交通运营中每一个站点本身具有自组织、自调节、自适应等特点，能够在各自的站点内自主地化解一定程度的风险。而一旦该站点内的风险达到一定的临界值时，就会通过站点与站点之间的联系（列车、轨道、线路、客流等）传导到其他站点，并通过换乘站在整个地铁网络内进行传导，局部风险会扩散到整个网络。将风险传导作为研究对象，将风险传导阈值形成的传导效应作为目标事件，研究有哪些事件可能引起不良后果，即研究一级影响因子如何引起二级、三级影响因子的改变。从系统安全角度来看，风险主要来源于人的不安全行为、物的不安全状态、环境的不安全刺激以及管理的缺失等方面。在城市轨道交通运营系统中，风险传导主要取决于城市轨道交通网中节点（站点）的抗风险努力、抗风险能力和抗风险条件，以及不可预知的自然环境条件。若用概率影响图来表示城市轨道交通站点存在的风险影响因素，则其概率影响图的拓扑结构可以用图 2 来表示。

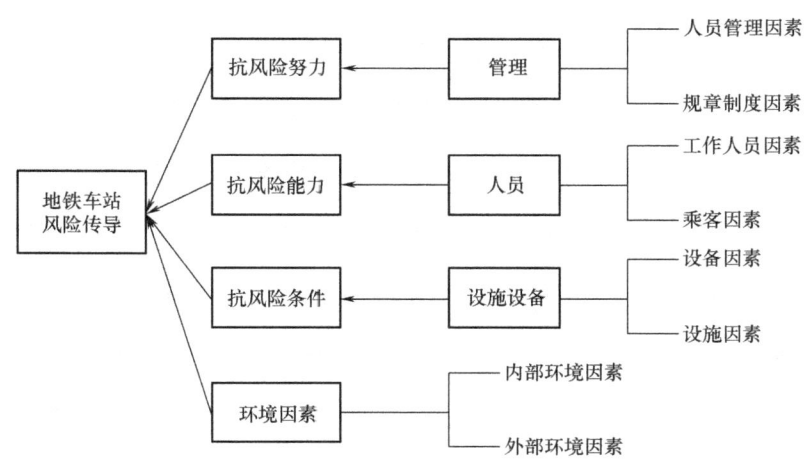

图 2 城市轨道交通运营系统风险影响因素

其中，工作人员因素包括工作人员技能素质因素、工作人员心理因素和工作人员生理因素；设备因素包括设备自然因素、设备维修因素和设备管理因素；设施因素包括设施适应客流的能力、客流短时冲击、所在线路运能和换乘方便性；环境内部因素包括噪声大小、照明强弱、温度高低、湿度大小和清洁程度；环境外部因素包括极端天气、地质灾害、周边土地开发利用状况、周边建筑物布局、周边建筑危险性（加油站、化工厂等）以及周边公共交通状况。在环境因素中外部环境是引起风险传导的主要因素，内部因素可以忽略不计。

风险传导发生的决定因素有风险因子、风险传导载体、风险传导路径和风险阈值的突变，当城市轨道交通运营系统内某一车站的风险因素达到一定的阈值，风险就会作用于风险载体通过风险路径传导到其他车站。其风险因子分析图可以用图3来表示。

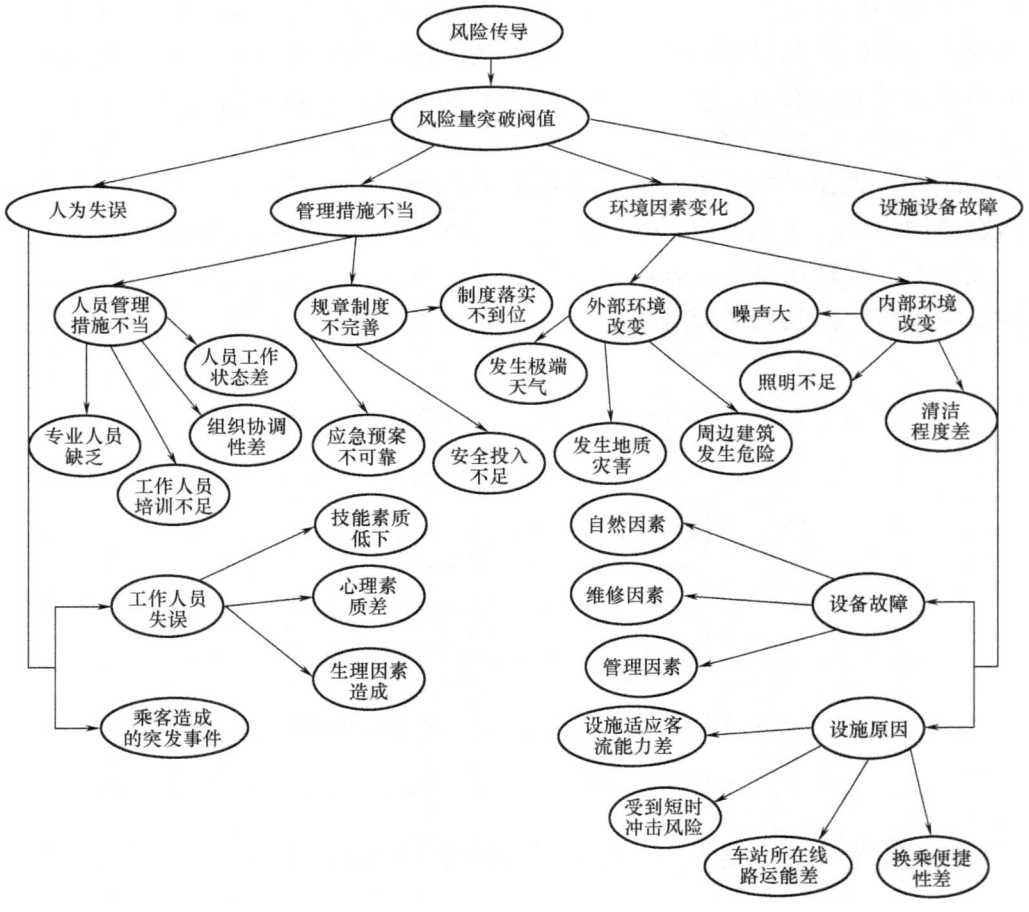

图3　城市轨道交通运营系统风险因子分析图

其中技能素质低下包括专业知识不过关、操作不熟练、工作经验不足、无证上岗、临场应变能力差、操作失误、教育培训不足以及应急演练不到位等技能素质方面的不足；心理素质差包括性格不适合岗位、安全意识淡薄、纪律性不强、协调配合能力差、注意力不集中、警惕性差以及责任心不强等心理素质方面的不足；生理因素造成工作人员失误包括身体缺陷、疲劳驾驶、带病上岗、工作强度大以及漏发、错发指令等工作人员在生理因素方面存在的不足。乘客造成的突发事件主要有大客流下拥挤、跳下站台、争抢上下车、强扒车门、闯入区间隧道、站内打架斗殴、疾病突发等，主要的是跳下站台、车门夹人和闯入区间隧道。其中设备影响因素中自然因素包括设备损坏、设备老化、设备精度降低和设备受到腐蚀；维修因素包括维修不彻底、维修保养欠佳以及设备漏检漏修；设备管理因素包括设备更新周期长、设备带病作业率高、设备超负荷工作、设备验收不合格以及维修制度不健全。其中设施类原因包括设施不能适应客流能力、短时冲击、车站所在线路运能故障以及换乘便捷性等设施类原因。其中的设施不能适应客流能力包括设施负荷强度大、站内饱和度过大和设施的利用不均衡；短时冲击包括站台乘客过度拥挤、楼梯扶梯拥堵和自动售票机前拥堵；车站所在线路运能故障包括线路运能过小和站台滞留乘客过多；换乘便捷性差包括换乘距离过大、换乘时间过长和换乘标识设置不合理等。

3.2 基于概率影响图模型的地铁风险传导概率计算

在图2中人为失误可能由两方面原因引起，即工作人员失误和乘客的原因造成，假设工作人员发生失误的概率为P_a，风险量为R_a；乘客原因造成的风险发生概率为P_b，风险量为R_b；工作人员技能素质低下的概率为P_1，工作人员心理素质差的发生概率为P_2，工作人员生理素质差的概率为P_3，工作人员由于技能素质低下而引起工作人员失误的概率为p_1，工作人员由于心理素质差引起的工作人员失误的概率为p_2，工作人员由于生理因素差导致的工作人员失误的概率为p_3，造成的损失分别为c_1，c_2，c_3；则有

$$P_a = 1 - (1 - P_1 p_1)(1 - P_2 p_2)(1 - P_3 p_3) \tag{1}$$

$$R_a = P_1 p_1 c_1 + P_2 p_2 c_2 + P_3 p_3 c_3 \tag{2}$$

设总的人为失误概率为P_h，共同导致的损失量为R_h，则

$$P_h = 1 - (1 - P_a)(1 - P_b) \tag{3}$$

$$R_h = P_a R_a + P_b R_b \tag{4}$$

同理得出管理措施不当的概率为P_s，导致的风险损失为R_s；环境因素变

化概率为 P_t，导致的风险损失量为 R_t；设备设施故障概率为 P_n，导致的风险损失量为 R_n。则总的风险损失量为：

$$R = P_h R_h + P_s R_s + P_t R_t + P_n R_n \qquad （5）$$

设应急风险量为 r，当风险总量 $R > r$ 时，风险量大于风险阈值，则风险传导；当风险总量 $R < r$，风险量小于风险阈值，则风险不传导。

3.3 城市轨道运营系统风险传导协同理论分析

从系统动力学的观点来看，风险突破阈值由两方面的因素造成：一方面是城市轨道交通运营系统内在因素，即各种人员、设备、环境和管理方面存在缺陷；另一方面是外在因素，即某个突发事件的发生，如发生火灾、爆炸、恐怖袭击等事件。城市轨道交通运营系统风险传导是内外因素的动态协调与耦合造成的，依据协同力的公式：

$$F = \sqrt{F_1^2 F_2^2 + 2 F_1 F_2 \cos Q} \qquad （6）$$

其中 Q 表示与内外因素之间的耦合程度成反比。若把 F_1 和 F_2 看作是内外因素的两个推动力，则当内外因素推动力 F_1 与 F_2 方向相同时，即在城市轨道交通运营系统内，内在因素和外在因素同时发生时，人员、设备、环境和管理方面存在缺陷，同时发生某个突发事件，该突发事件得不到控制，Q 为 0，内外因素之间完全耦合，F 最大，$F = F_1 + F_2$，此时该系统内风险传导发生的可能性最大；当 F_1 与 F_2 方向相反，即内在因素人员、设备、环境和管理方面存在缺陷，但是没有外在因素突发事件发生，或者发生某个突发事件，但是内在因素人、机、环和管理方面不存在缺陷，能很好地控制该突发事件，Q 为 180，内外事件没有发生耦合，F 最小，$F = F_1 - F_2$，即合力为两力之差，此时该系统风险传导发生的可能性最小。

4 结论

在对风险传导进行了文献综述的基础上，了解到风险传导的理论目前多数应用于企业风险和金融领域，而城市轨道交通运营系统同样存在风险传导规律，本文通过总结企业中风险传导的规律，运用概率影响图和风险传导协同理论对城市轨道交通存在的风险传导规律进行了定性的描述，为进一步的定量描述奠定了基础。从系统安全角度出发，通过分析城市轨道交通运营系统内人的不安全行为、物的不安全状态、环境的不安全刺激以及管理的缺陷，运用概率影响图法将风险因子描述出来；从系统动力学的角度出发，考虑城市轨道交通运营系统的内外因素，将风险的发生和传导看作是内外因素动态协调与耦合的作用，应用协同理论城市轨道交通运营系统风险之间的协调和耦合作用描述出来。城市轨道交通运营系统风险传导的分析也为该系统内的风险控制措施的制定和实施提供了一定的理论依据。

参考文献

［1］刘山云．典型地铁突发事件应急管理案例分析［R］．中国社会公共安全研究报告，2013：146－159.

［2］徐瑞华，江志彬．举办世博会条件下的上海市轨道交通网络运输组织［J］．城市轨道交通研究，2003（5）：7－12.

［3］夏喆．企业风险传导的动因分析［J］．企业改革与发展理论月刊.2009，19（8）：10－20.

［4］夏喆，邓明然．企业风险传导过程中的规律研究［J］．管理科学，2006，28（5）：32－34.

［5］邓俊．风险传导理论对设计风险管理的借鉴意义［R］．学术论坛．

［6］李俊梅．网络组织风险传导机理研究［J］．山西财经大学学报，2010，13（2）：96.

［7］叶建木．企业财务风险传导路径及传导效应［J］．企业天地，2009，10（5）：24－29.

［8］叶建木，邓明然，等．企业风险传导机理研究［J］．企业改革与发展，2005（3）：156－158.

［9］沈俊．基于热传导原理的企业风险传导研究［J］．武汉理工大学学报，2010，9（28）：37－40.

［10］石友蓉．风险传导机理研究［J］．武汉理工大学学报，2006，9（28）：48－51.

［11］Willett A H. Risk and Insurance Economy Theory［D］. Columbia University. 1901s.

［12］John Y Campbell，MarttinLettau，Burton G. Malkel Have Individual Stocks Become More volatile An Empirical Exploration of Idiosyncratic risk［J］. Journal of Finance，2001，1（56）：1－43.

［13］Fan Yua. Accounting Transparency and the Term Structure of Credit Spreads［J］. Journal of Financial Economics，2005，1（75）：53－84.

［14］Reinhart，Carmen M，Rogoff，Kenneth S. Is the 2007 US Sub－Prime Financial Crisis So Different，An International Comparison［J］. American Economic Review，2008，2（98）：339－344.

［15］Collin－Dufresne P，Goldstein R S，Helwege J. Is Event Risk Priced Modeling Contagion Via the Updating of Beliefs［D］. Columbia University，2004.

［16］Kaminsky，Reinhart. On Crises，Contagion，and Confusion［J］. Journal of International Economics. 2000，1（51）：145－168.

［17］杨潮兴．基于概率影响图的R&D项目风险传导评估模型［J］．中国安全科学学报，

2013, 2 (12): 11 – 15.

　　[18] 詹原瑞. 影响图的理论方法与应用 [M]. 天津：天津大学出版社，1995.

　　[19] 崔新媛，周直. 风险影响图与项目风险评价研究 [J]. 重庆交通学院学报，1996 (15)：110 – 115.

　　[20] 夏喆. 企业风险传导的动因分析 [J]. 企业改革与发展理论月刊，2007 (2)：164 – 167.

人口规模调控对缓解特大城市发展压力的研究

——以北京市为例

王翰墨[①]

摘　要： 城市是人口不断聚集形成的产物。然而，随着城市规模的不断扩大、人口的进一步聚集，城市受自然资源承载力的限制，难以承受过于庞大的人口规模，各种"城市病"不断凸显，严重制约了特大城市的发展。本文以北京市为例，根据 1978—2012 年北京市常住人口规模不断壮大、北京市资源环境压力不断增强，随之产生的一系列发展问题，通过分析研究，尝试从人口规模调控角度为促进北京市健康发展建言献策。

关键词： 人口规模；特大城市；北京

1　北京市人口规模的基本态势

目前，我国 1 000 万人以上的特大城市共有 6 个，分别是北京、上海、重庆、天津、广州、成都。不难发现，我国特大城市主要是直辖市和省会城市，这些城市在市场竞争和行政资源调动方面具有双重优势，对资源要素具有"虹吸"效应。因此，目前来看其人口的压力将长期存在，并且人口的过快增长对社会和资源的影响也将愈发突出。

作为首都，北京市自 2000 年以来，常住人口的年平均增长率都超过了 3％，人口增量中 70％ 以上是流动人口。根据第六次全国人口普查数据显示，北京市流动人口约占常住人口 4 成，人口的流入在缓解户籍老龄化、少子化问题的同时，也改善了北京的人口结构，成为促进特大城市发展的重要因素。此外，流动人口还呈现出举家迁徙和居住长期化的趋势。

根据北京市 1978—2013 年人口总量汇总表（见表 1）和变化趋势图（见

---

① 作者简介：王翰墨，首都经济贸易大学。

图1）可知，20世纪80年代中期以前，北京市常住人口的外来比例非常低，只有2%～3%，然而，从90年代中期开始，常住外来人口的数量呈现出明显且大幅度的增长，从1994年的63.2万人迅速增加到1995年的180.8万人，几乎增长了3倍。惊人的外来人口增加的背后隐藏着北京这座城市的发展所需要的不同劳动力，而城市的发展不断增加对劳动力的大规模需求，导致21世纪以来，外来人口几乎每年都以30万左右的速度增长，尤其是常住外来人口占常住人口的比例不断增加。到2013年为止，外来人口占常住人口的比例已经接近四成，相比1978年改革开放初期翻了20倍。

不仅外来人口不断增加，北京市的本地常住人口也不断增长。1978年的北京市常住人口有871.5万人，不过6年的时间，常住人口就已经突破千万大关，并且本地常住人口在1988年突破千万大关，北京市人口压力已经凸显。进入21世纪以来，北京市本地常住人口继续以10年为基础，突破2 000万人口关卡，加之外来常住人口的叠加作用，北京市人口规模已经渐渐成为阻碍北京城市发展的一大障碍。

表1　北京市1978—2013年人口总量汇总表

年份	常住人口（万人）	常住外来人口（万人）
1978	871.5	21.8
1979	897.1	26.5
1980	904.3	18.6
1981	919.2	18.4
1982	935	17.2
1983	950	16.8
1984	965	19.8
1985	981	23.1
1986	1 028	56.8
1987	1 047	59
1988	1 061	59.8
1989	1 075	53.9
1990	1 086	53.8

续表

年份	常住人口（万人）	常住外来人口（万人）
1991	1 094	54.5
1992	1 102	57.1
1993	1 112	60.8
1994	1 125	63.2
1995	1 251.1	180.8
1996	1 259.4	181.7
1997	1 240	154.5
1998	1 245.6	154.1
1999	1 257.2	157.4
2000	1 363.6	256.1
2001	1 385.1	262.8
2002	1 423.2	286.9
2003	1 456.4	307.6
2004	1 492.7	329.8
2005	1 538	357.3
2006	1 601	403.4
2007	1 676	462.7
2008	1 771	541.1
2009	1 860	614.2
2010	1 961.9	704.7
2011	2 018.6	742.2
2012	2 069.3	773.8
2013	2 114.8	802.7

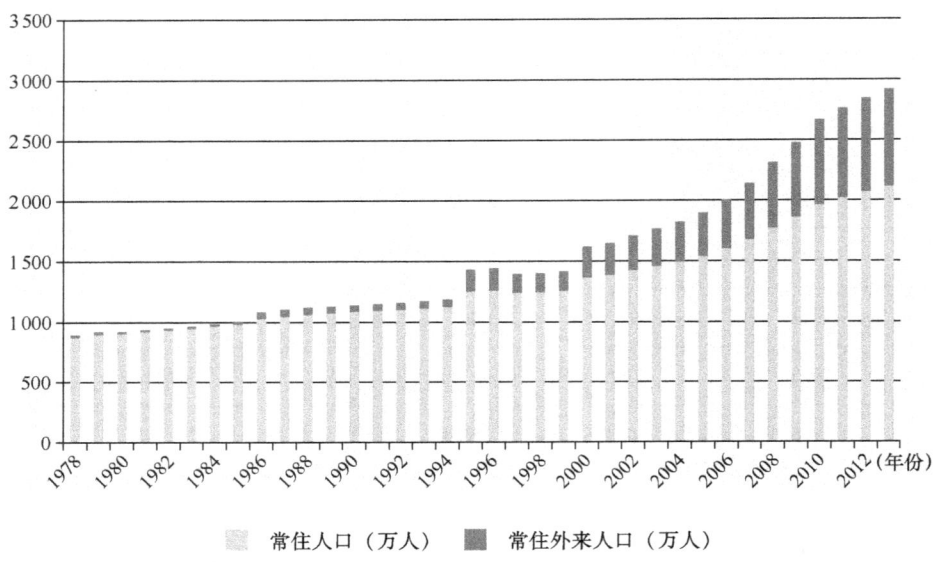

常住人口（万人）　　常住外来人口（万人）

图1　北京市1978—2013年人口总量变化趋势图

2　北京市人口规模调控面临的主要挑战

2.1　区域经济发展水平不平衡，缺乏充足的人口疏散空间

京津冀地区的区域发展特征是长期以来缺乏规模优势。北京市在经济质量上远超河北省和天津市，因经济发展差距造成的社会生活水平差异也愈发凸显，北京资源的优质性导致北京市对周边地区人口具有巨大吸引力。据统计，受地域面积限制的北京市"每增加1人，日交通出行量就要增加2.64次[2]"，庞大的人口压力可想而知。而区域经济的不平衡性使得周边地区在人口吸引方面缺乏竞争力，造成北京市缺乏一个疏导人口的渠道。

尤其与长三角和珠三角地区对比后，可以发现，长三角地区上海虽然也是特大城市，但因为浙江江苏两大省份的经济发展水平较高，苏州、杭州和南京等城市的发展也就为减轻上海的人口压力贡献了一分力量，从而有利于上海更好地控制人口规模。而广东省作为改革开放后发展的重点地区，整体发展水平也较高，有深圳、珠海、东莞等城市的相互作用，人口聚集的选择地也相应增加。广州在吸引人口的同时，可以借助周边城市的发展缓解自身的人口压力，从而减轻自身的资源承载压力，也带动周边城市的发展。

2.2 城市内部结构规划过于集中，不利于人口分散

北京市中心城区无论是经济总量还是人均总量都比郊区数据高出很多，在环状的城市规划中，北京市的行政、经济、文化和服务等功能区并没有做到真正意义上的多重功能分离，而是在中心城区不断汇集，尤其是重大的产业项目和重要的战略资源。同时，部分产业功能区的分散以及较弱的同质性，不利于市场竞争有效性的发挥，从而影响人口的分散。例如，在北京市丰台区，该区在大力推进"一轴两带四区"的发展战略，包括南中轴高端商务中心区、三四环都市产业发展带、永定河绿色生态发展带、丽泽金融商务区、丰台科技园区、大红门时尚创意产业集聚区和青龙湖—长辛店会展旅游生态休闲区，由此可以看出，北京市仍在调整城市的内部规划战略，试图将北京市北、西和东部的部分产业向南转移，以便疏散人口。

2.3 人口规模调控观念落后，对人口发展的规律认识不充分

北京市进行人口调控，一方面是减轻现在的人口对自然资源和环境的压力，另一方面是为了促进城市的后续发展。就北京市调整人口规模的过程来看，北京市对于城市容纳力的考察还需进一步加强。北京市主要依靠行政力量来调控人口所收到的效果也不是特别令人满意；长期忽视城市管理与建设导致城市交通越来越拥堵，从而使得交通运营的压力不断增大；并且北京市的水资源一直以来都非常宝贵，人口规模的扩大加大了自然资源的紧张程度，而"要人手不要人口"的理念还需进一步转变。

2.4 人口调控过多依赖行政手段，资源要素价格机制不够完善

北京市因拥有较强的行政调动能力，导致要素的价格并不能实际反映出市场的供求情况，使得市场的调控和人口的作用难以发挥。以北京市和天津市两个直辖市的水价举例，我们从表2和表3中不难发现，不论是居民生活还是工业行政事业以及经营事务和特种行业，北京市的水价都要比天津的水平低，虽然水价差距在1~2元，但是作为日常生活中绝对离不开的资源，其日常消耗量非常大，也能够一定程度上反映出人口多少与用水量之间的关系。因此，本来这些要素应该成为人口调控的市场手段，然而因为对于行政手段的依赖以及要素市场价格机制不够完善，导致这些要素该发挥的作用没有得到完全发挥，反而成为北京进一步吸引人口的因素之一。

表 2　北京市 2014 年水价

月份	北京市自来水单价（不含污水处理费）（元）			
	居民生活	工业	行政事业	经营服务
2014 年 1 月	2.96	4.44	4.12	4.66
2014 年 2 月	2.96	4.44	4.12	4.66
2014 年 3 月	2.96	4.44	4.12	4.66
2014 年 4 月	2.96	4.44	4.12	4.66
2014 年 5 月	3.64	7.15	7.15	7.15
2014 年 6 月	3.64	7.15	7.15	7.15
2014 年 7 月	3.64	7.15	7.15	7.15
2014 年 8 月	3.64	7.15	7.15	7.15
2014 年 9 月	3.64	7.15	7.15	7.15
2014 年 10 月	3.64	7.15	7.15	7.15
2014 年 11、12 月	暂缺	暂缺	暂缺	暂缺

表 3　天津市 2014 年水价

月份	天津市自来水单价（不含污水处理费）（元）			
	居民生活	工业	行政事业	经营服务
2014 年 1 月	4	6.65	6.65	6.65
2014 年 2 月	4	6.65	6.65	6.65
2014 年 3 月	4	6.65	6.65	6.65
2014 年 4 月	4	6.65	6.65	6.65
2014 年 5 月	4	6.65	6.65	6.65
2014 年 6 月	4	6.65	6.65	6.65
2014 年 7 月	4	6.65	6.65	6.65
2014 年 8 月	4	6.65	6.65	6.65
2014 年 9 月	4	6.65	6.65	6.65
2014 年 10 月	4	6.65	6.65	6.65
2014 年 11、12 月	暂缺	暂缺	暂缺	暂缺

3 北京市人口调控的建议

作为我国城镇人口主要承载区的特大城市，其人口规模调控不仅对自身发展具有重大意义，对于其他大城市来说也具有很强的借鉴性。作为首都，北京市的人口规模调控也显得尤为引人瞩目，如何实现从单向控制人口流入过渡到建立和完善人口退出机制，如何实现人口动态均衡转变，如何实现由行政管理转向综合运用行政、经济、法律和公共服务手段管理，这些问题都值得我们进行研究和拓展。

3.1 平衡区域经济发展，扩充人口疏散空间

2014 年 5 月国家总理李克强提出京津冀一体化，这一进程对于从根本上调控北京市的人口规模具有很强的实践意义。在国家发展改革委的指导下，目前京津冀三地相关部门加强规划对接，共同研究交通基础设施、生态环境保护、产业转移对接、公共服务一体化等区域性重大问题，修改完善相关规划。进一步完善规划空间基础数据平台，共同研究京津冀地区的城镇空间布局、生态廊道划定和区域重要基础设施，达成规划共识，积极探索建立交接地区城乡规划共同审查机制，并且，区域内不同地区经济实力的增强对于北京市外来常住人口具有巨大的回流吸引力，因此，推动京津冀一体化进程，平衡区域经济发展，可以从根本上调控北京市的人口规模。

3.2 城市功能分散化，建设功能新区

北京市在城市规划中，需要明确自身的目标与功能分区，确定中心城区的核心功能，严格限制医疗教育和行政办公等大型服务设施在中心城区的新建，鼓励新城的扩建，合理分配优质教育资源和医疗卫生资源给新建功能区，提高新区的居住密度，加强轨道交通的建设，减少交通拥堵，引导部分企业向新功能区转移。同时也要注意生态环境的建设，严格保证生态恢复和建设的顺利进行。

3.3 创新人口调控理念，改革户籍管理制度

推动城镇化建设有利于推动中小城市经济发展，减少中小城市的人口流出，从而从人口流出源头控制北京市人口流入数量。在城镇化改革的过程中，进一步加强土地改革，避免出现因土地价格大涨反而影响城镇化进程的情况。

而改革现有的北京市户籍管理制度，使其逐步向户籍积分落户制转变，有利于规范户籍管理制度，减少户籍买卖等违法行为，同时也有利于保障北京市流动人口凭借积分享有北京市部分市民待遇，在社区建设和个体小规模经营的服务行业留下发展空间、方便居民生活的基础上进一步扩大北京市的就业。

3.4 强化人口规模市场调控手段，弱化行政调控力量

将更多的资源放置于实际市场环境中，减少行政干预，强化市场调控功能。启动房产税征收试点，逐步形成人口、产业退出倒逼机制。通过商品房价格的市场化，提高中心区土地的出让程度，适度提高工业用水、用电的价格标准，严格限制低端工业进入特大城市，严格限制污染企业进入北京市。同时，根据居民实际收入水平和通货膨胀情况，制定合理的公共物品价格，通过生产和生活成本调控北京市的人口规模，实行阶梯式定价。

4 结论

纵观世界各特大城市，其对于人口的吸引力未曾见有减弱的迹象，这一趋势同样也适用于像北京这样的中国特大城市。尤其在中国这样一个人口大国，想要通过缓解特大城市的人口压力来实现特大城市的可持续发展是一个长期并且非常艰巨的任务。短期来看，或许可以通过调整房产税，收紧户籍管理等政策来达到短期的预期效果，但长期来看，这样的行政性措施显然不利于特大城市的健康发展。因此，要从根本上调控特大城市的人口规模还需要平衡经济发展水平，通过区域整体经济水平的提高，使得周边城市可以从特大城市吸引部分人才，形成一个特大城市和周边城市之间人口流动的良性循环。同时通过合理进行城市规划，避免城市功能区过度集中，逐步实现从环状发展向井状发展的转变，平衡各个功能区的住房、医疗和教育水平，降低区域差异化，通过特大城市与周边城市的协调合作效应，带动区域的整体发展，尽可能多采用市场化的措施来调控特大城市的人口规模。

北京作为全国的政治、文化、经济和交通中心，城市本身承载了众多职能，加之人口规模的不断扩大，使得不光自然资源，包括交通系统在内的公共设施也承受着巨大压力，整个城市处于满负荷运作的模式下，压力巨大。因此调控北京的人口规模已经刻不容缓，近年来，北京已经在户籍制度改革、地铁票价调整、京津冀一体化等微观和宏观方面做出了不同程度的努力，但人口规模的调控不可能通过一两天来实现，因此，实实在在的调整人口规模

对于北京来说是一条长期艰难的道路，不仅需要北京市的努力，还需要周边城市的配合，不仅需要政策性措施，还需要结合市场情况。

综上所述，人口规模的调控对于特大城市来说是一场持久战，若能正确地进行人口调控，不仅有利于特大城市缓解城市压力，缓解自然资源的紧张供给，还能给周边城市以及整个区域带来巨大的经济和社会效益，也只有这样才能真正实现整个社会的可持续发展。

参考文献

［1］高新才．中国经济改革 30 年——区域经济卷［M］．重庆：重庆大学出版社，2008.

［2］刘锋．特大城市如何让调控人口规模［J］．人口与发展论坛，2011（35）：29 - 43.

［3］李景元．对接京津与都市区经济一体化——构建环首都经济圈和京津走廊的崛起［M］．北京：中国经济出版社，2011.

［4］李玲，沈静，袁媛．人口发展与区域规划［M］．北京：科学出版社，2008.

［5］刘琳瑜，杨志峰．面向京津冀区域发展规划的复合生态承载力动态分析［J］．聚焦，2014（17）：41 - 44.

［6］王春兰．大城市人口空间演变的政治社会学分析［M］．上海：上海人民出版社，2009.

［7］吴殿廷，朱桃杏，朱华晟．中国特色世界城市建设研究［M］．南京：东南大学出版社，2013.

特大型城市外来人口迁入影响因素的模糊认知研究
——以北京市为例

汤苍松[①]

摘　要： 外来人口是特大型城市常住人口规模急速扩张的主导力量，外来人口管控是特大型城市治理的重要内容。在系统梳理外来人口迁入影响因素体系的基础上，充分照顾影响因素评价的模糊性特点，采用模糊认知图方法，发现外来就业人口相对集中的产业发展、外来人口社会网络、可达便利性与公共服务的差距是影响北京市外来人口迁入的关键因素，对整体系统影响较大。

关键词： 特大型城市；外来人口迁入；影响因素；模糊认知

特大型城市往往是所在国家或者所在区域的重要经济中心和外来人口核心集聚承载空间，外来人口正在成为关乎特大型城市持续发展和形态再造的重要力量。以北京为例，1978—2013年其常住外来人口从21.8万猛增到802.7万，每万名常住人口中的常住外来人口从250人猛增到3 796人，外来人口管控成为近年来北京市历次两会的焦点议题和城市治理的关键问题。在原有居民规模增长相对可控、外来人口成为特大型城市常住人口规模急速扩张主导力量的发展现实中，在户籍制度改革不断深入但特大型城市依然强调严格控制人口规模的时代背景下，搞清楚什么关键因素影响着特大型城市的外来人口迁入，成为特大型城市外来人口研究的基本课题，也成为特大型城市现代化治理体系建设的重要基础。

---

①　作者简介：汤苍松，天津大学。

1 特大型城市外来人口迁入影响因素体系

学界对特定区域特定城市外来人口迁入进行了较多研究。外来人口迁入的影响因素涉及流动决策、付诸实施、就业发展直至社会融入等全过程。既有研究往往综合利用空间地理分析方法、经济计量方法等手段，来发现、验证有效影响因素。穆光宗[1]发现，省际人口迁移60% ~ 70%直接和间接同经济因素有关。李树苗等[2]认为，人口迁移最重要动因是经济水平，其次是社会结构，最后是生活质量。总的来看，特定区域或城市外来人口迁入的主要影响因素可以分解归纳为就业吸纳空间、承载容纳能力、空间距离和城市吸引势能4个方面。其中就业吸纳空间主要包括迁入地的投资状况[3]、适合外来人口就业的产业发展状况[4]以及迁入地人口规模情况[5]；承载容纳能力主要指的是城市是否具有丰富的适合外来人口的低成本居住空间[6]，外来人口社会网络支撑情况[7][8]，市民对外来人口友善包容程度[9]以及迁入地政府的政策支持与保障情况[10]；空间距离比较单一，就是指迁入地的可达便利性[11]；城市吸引势能主要指的是迁入地与迁出地两者平均水平的薪酬待遇差距[12]、发展环境差距[13]与公共服务差距[14]等。这些因素相互作用构成外来人口迁入影响因素体系，如表1所示。

表1 特定区域或城市外来人口迁入影响因素体系

基本要素	评价指标	指标释义
就业吸纳空间	固定资产投资（S1）	全社会固定资产投资提高的程度
	非就业人口规模（S2）	待供养人口规模即常住人口减去从业人口的扩大程度
	外来就业人口相对集中的产业发展（S3）	吸纳外来人口就业而较少解决户口的产业发展程度
承载容纳能力	外来人口社会网络（S4）	同一流出地外来人口规模的扩大程度
	公共政策性支持与保障（S5）	对外来人口迁入、生存、发展等各方面规范和支持的制度性安排的完善程度
	市民友善包容程度（S6）	常住户籍人口包容接纳外来人口的程度
	低成本居住空间（S7）	支持保障外来人口生存发展的低成本居住空间的扩大程度
空间距离	可达便利性（S8）	流出地与北京之间的往返便利程度
时间因素	外来人口规模（S9）	每年迁入北京的外来人口的规模
	外来人口增速（S10）	累计迁入北京的外来人口的规模随时间变化的过程

续表

基本要素	评价指标	指标释义
城市吸引势能	公共服务的差距（S11）	流出地与北京之间公共服务供给方面的差距程度
	收入差距的差距（S12）	流出地与北京之间收入差距的程度
	发展环境的差距（S13）	流出地与北京之间个人事业发展环境的差距程度

2 模糊认知理论与方法

必须看到的是，外来人口迁入影响因素存在多样性、不可简单量化的特点。这就要求在研究特大型城市外来人口迁入影响因素的过程中要考虑方法选择的模糊性特点，而且要在把握特大型城市外来人口迁入规律的同时发现其关键的影响因素。而考虑到模糊认知图理论支持专家先验知识及因果关系的表示与推理，并具有通过整个图中各概念节点相互作用来模拟系统动态行为的能力，同时特大型城市外来人口迁入的影响过程本身就是一个高度非线性的复杂系统，因此可以通过模糊认知图运用专家知识和模糊数学对这一复杂体系的多指标因果关系以及绩效指标进行仿真和模拟。总的来看，利用模糊认知图方法来评价相关领域的影响因素的做法是相对少见的，比较典型的是张慧颖等（2013）开展的关于科技成果转化影响因素的评价[15]。本文借鉴其方法，基于FCM对特大型城市外来人口迁入影响因素进行评价，就目前掌握的文献来看，应该算是该方法在此领域的首次应用。

2.1 数据获取与处理

本研究以北京市为例，数据获取通过调查问卷以专家打分评估的方式实现。调查问卷根据表1的评价体系设计。为实现专家知识的可靠、互补、有效，专家选取注重各有侧重、各有专长，三位专家均对特大型城市特别是北京市外来人口领域有长期的关注和研究，并较多参与相关实证性研究和政策咨询工作。其中专家1来自国家发改委宏观研究院，专家2来自国家行政学院经济学部，专家3来自北京市委政策研究室。原始定量数据的信度往往需要评估，组内相关系数（ICC）是衡量和评价观察者间信度、复测信度的信度系数指标之一。一般认为，信度系数低于0.4表示信度较差，大于0.75表示信度良好。本研究的ICC值为0.8932，说明获得评分数据信度较高。

在获取数据的基础上，对原始数据进行处理，即模糊化与解模糊化，从而获取由影响因素之间的因果关系值组成的邻接矩阵 W。具体计算步骤如下：

第一步，令 S_i 表示北京市外来人口迁入诸影响因素关系网中的某一节点，ω_{ij}^k 表示第 k 位专家对 S_i 到 S_j 因果关系的评价模糊值，每位专家对每个关系的评价用三角模糊数表示，分为最小值 $L\omega_{ij}^k$、中值 $M\omega_{ij}^k$、最大值 $U\omega_{ij}^k$，则

$$\omega_{ij}^k = (L\omega_{ij}^k; M\omega_{ij}^k; U\omega_{ij}^k) \tag{1}$$

第二步，考虑三位专家均有相对深入研究，且关注点各有不同，这里认为三位专家的评价意见权重相同。整合三位专家对每一关系给出的模糊评价，据此可求出聚合模糊数：

$$\omega_{ij} = \left(\frac{1}{3}\right) \otimes (\omega_{ij}^1 \oplus \omega_{ij}^2 \oplus \omega_{ij}^3) \tag{2}$$

其中，$\otimes$ 表示模糊乘法，$\oplus$ 表示模糊加法，ω_{ij} 表示综合三位专家看法后得出的平均三角模糊值，这样：

$$\omega_{ij} = (L\omega_{ij}; M\omega_{ij}; U\omega_{ij}) \tag{3}$$

第三步，利用模糊数相对距离公式，以 BNP_{ij}（best non – bussy performance）表示三角模糊数解模糊化后的最终值，则：

$$BNP_{ij} = \frac{d_{ij}^-}{d_{ij}^- + d_{ij}^*} \tag{4}$$

其中，$d_{ij}^* = d(\omega_{ij}, \omega_{ij}^*)$；$d_{ij}^- = d(\omega_{ij}^-, \omega_{ij})$。

第四步，将 13 个影响因素之间的因果关系值表示在邻接矩阵 W 中（见表 2）。

表 2　基于 FCM 的北京市外来人口迁入影响因素评价的邻接矩阵 W

S	S1	S2	S3	S4	S5	S6	S7	S8	S9	S10	S11	S12	S13
S1	0	0	0	0.55	0.43	0	0	0	0.77	0	0	0	0
S2	0	0	0.54	0	0	0	0	0.42	0	0	0	0	0
S3	0	0	0	0.67	0	0	0.05	0.46	0.73	0	0	0	0
S4	0	0	0	0	0	0	0	0.65	0.74	0	0	0	0
S5	0.35	0	0	0.51	0	0	0	0.75	0	0	0	0	0
S6	0	0	0	0	0	0	0.35	0	0.67	0	0.42	0	0
S7	0	0	0	0	0	0	0	0	0	0.39	0.54	0	0.27
S8	0	0	0.33	0	0	0	0	0	0.75	0.72	0.5	0	0.33

续表

S	S1	S2	S3	S4	S5	S6	S7	S8	S9	S10	S11	S12	S13
S9	0	0	0	0	0	0	0	0	0	0.61	0	0	0
S10	0	0	0	0	0	0	0	0	0	0	0	0	0
S11	0	0.51	0	0.65	0	0	0	0	0.87	0.83	0	0.61	0
S12	0.26	0	0	0	0	0.43	0	0.6	0.83	0.74	0	0	0
S13	0	0	0	0	0.27	0	0	0	0.6	0	0	0	0

2.2 仿真公式与步骤

在北京市外来人口迁入的诸多影响因素中，各变量的因果关系作用最终都归结为对于外来人口规模和外来人口增速的影响。显然，二者可以作为判断北京市外来人口迁入状况的标志，可以作为整个北京市外来人口迁入影响因素体系的结果变量。

令 $f(x)$ 为阈值函数，以保证每次的迭代输出在 $[0, 1]$。考虑到所构建的模型为定性模型，选取双曲线正切函数为阈值函数，公式如下：

$$f(x) = \tanh(x) = (1 - e^x)(1 + e^x) \tag{5}$$

令 S 为概念的状态矩阵，其中 S^0 表示各影响因素的初始状态，S^t 为各影响因素经过 t 次迭代后的状态变量。某一影响因素与其他影响因素之间的相互作用可以通过公式（6）、（7）迭代：

$$S^{t+1} = f(S^t W) \tag{6}$$

$$S^0 = I_{1*n} \tag{7}$$

一般的，经过一定次数的迭代，如果概念节点的状态值出现如下情况，则认为达到稳定，终止迭代：一是稳定在固定数值上；二是呈现周期性变化；三是呈现混沌状态。算法在 MATLAB 下编程实现，算法终止的最小化函数如下：

$$|DOC_j^{k+1} - DOC_j^k| < 0.0001 \tag{8}$$

3 仿真结果：影响北京市外来人口迁入的关键因素

在 MATLAB 下实现仿真，定义外来人口规模和外来人口增速为被控制变量，其余变量为控制变量，且根据变量关系与定义，各变量的取值范围均为 $[0, 1]$。仿真过程既是各影响因素相互作用促使外来人口迁入从某一初始状态达到稳态的演示过程，也是比较不同影响因素转变前后变化、发现关键的重要影响因素的有效途径。根据实际情况，结合专家建议，给定各因素的初始状态，初始变量 S1～S13 依次赋值如下：0.3，0.2，0.3，0.1，0.3，0.2，0.4，0.3，0.1，0.2，0.3，0.2，0.1。相关变量赋值的意义表示：固定资产投资增加 30%，非就业人口规模提高 20%，外来就业人口相对集中的产业增长 30%，外来人口社会网络作用程度为 40%，公共政策性支持与保障的程度为 30%，市民友善包容程度为 20%，低成本居住空间扩大 10%，可达便利性为 30%，外来人口规模和外来人口速度作为被控制变量，度量值分别选为 10% 和 20%，公共服务差距程度为 30%，收入差距程度为 20%，发展环境的差距为 10%。

利用 MATLAB 编程处理发现，初始变量经过 15 次迭代达到稳态，这说明北京市外来人口迁入系统从初始状态经过了一个转化过程，也就是各影响因素互相作用、互相渗透，最终趋于平衡，达到相对稳态。从最终的稳态结果看，S1～S13 依次为：0.4976，0.5622，0.7146，0.3047，0.5171，0.4171，0.9543，0.9797，0.9998，0.9941，0.8097，0.6276，0.5557。这表示，经过一系列相互影响、相互渗透、相互作用，外来就业人口相对集中的产业增长 71.46%，非就业人口规模提高 56.22%，固定资产投资提高 30%，这说明在就业吸纳空间三大要素中外来就业人口相对集中的产业发展是关键因素，这是与外来人口进行的经济动机直接关联的，是本质的动力作用机制；外来人口社会网络作用程度提高到 95.43%，公共政策性支持与保障的程度为 51.71%，市民友善包容程度为 41.71%，低成本居住空间扩大为 30.47%，这显然说明，在承载容纳能力诸要素中外来人口社会网络是关键影响因素，这可以从外来人口进京特别是相对低端就业人员进京通过同乡介绍、依靠乡缘打拼发展的现实得到解释，这也说明流出地流动人口的迁入习惯对于北京市外来人口迁入的重要关键性影响；可达便利程度达到 97.97%，这再次说明空间距离是北京市外来人口迁入的关键性因素；控制变量保持以上各值时，被控制变量的状态值——外来人口规模和外来人口速度分别为 99.98% 和 99.41%，非常接近 100%，说明诸多因素影响北京市外来人口迁入的最终效率和效果非常显著；公共服务差距程度为 80.97%，收入差距程度为 62.76%，发展环境的差距为 55.57%，这说明在城市吸引势能三要素中，公共服务差距发挥关键性作用，这可能与外来人口举家迁入甚至移民化倾向有关，也与外来人口的高层次、高地位、高追求倾向有关。具体如表 3 所示。

表3 北京市外来人口迁入影响因素模糊认知仿真处理结果

输入变量	S1	S2	S3	S4	S5	S6	S7	S8	S9	S10	S11	S12	S13
	0.3	0.2	0.3	0.1	0.3	0.2	0.4	0.3	0.1	0.2	0.3	0.2	0.1
第1次迭代	0.2695	0.2636	0.3390	0.7602	0.2680	0.1580	0.1563	0.7175	0.9354	0.8099	0.5934	0.3065	0.3390
第2次迭代	0.2932	0.4541	0.5315	0.8340	0.3395	0.2317	0.1346	0.8989	0.9949	0.9761	0.6391	0.5152	0.4276
第3次迭代	0.3968	0.4789	0.6617	0.8905	0.3831	0.3579	0.1937	0.9541	0.9986	0.9882	0.7103	0.5414	0.4862
第4次迭代	0.4229	0.5154	0.6824	0.9284	0.4533	0.3723	0.2715	0.9664	0.9995	0.9911	0.7687	0.5796	0.5202
第5次迭代	0.4614	0.5435	0.6971	0.9416	0.4751	0.3925	0.2802	0.9738	0.9996	0.993	0.7924	0.6085	0.5436
第6次迭代	0.4774	0.5544	0.7076	0.9480	0.4986	0.4075	0.2914	0.9768	0.9997	0.9936	0.7994	0.6197	0.5480
第7次迭代	0.4889	0.5575	0.7116	0.9513	0.5066	0.4131	0.2995	0.9785	0.9997	0.9939	0.8048	0.6229	0.5516
第8次迭代	0.4926	0.5600	0.7129	0.9528	0.5124	0.4147	0.3026	0.9791	0.9998	0.994	0.8078	0.6254	0.5541
第9次迭代	0.4954	0.5613	0.7138	0.9536	0.5146	0.416	0.3034	0.9794	0.9998	0.9941	0.8088	0.6267	0.5550
第10次迭代	0.4965	0.5617	0.7142	0.9539	0.5160	0.4167	0.3041	0.9796	0.9998	0.9941	0.8092	0.6272	0.5553
第11次迭代	0.4971	0.5619	0.7144	0.9541	0.5166	0.4169	0.3045	0.9797	0.9998	0.9941	0.8095	0.6274	0.5555
第12次迭代	0.4973	0.5621	0.7145	0.9542	0.5169	0.4170	0.3046	0.9797	0.9998	0.9941	0.8096	0.6275	0.5556
第13次迭代	0.4975	0.5621	0.7145	0.9542	0.517	0.4171	0.3047	0.9797	0.9998	0.9941	0.8097	0.6276	0.5556
第14次迭代	0.4975	0.5621	0.7146	0.9543	0.5171	0.4171	0.3047	0.9797	0.9998	0.9941	0.8097	0.6276	0.5556
稳定值	0.4976	0.5622	0.7146	0.9543	0.5171	0.4171	0.3047	0.9797	0.9998	0.9941	0.8097	0.6276	0.5557

4 结论

本文以北京市为例，对特大型城市外来人口迁入影响因素进行了模糊认知研究。借助于专家知识与模糊数学，结果表明，外来就业人口相对集中的产业发展、外来人口社会网络、可达便利性与公共服务的差距是影响北京市外来人口迁入的关键因素，对于外来人口迁入的整体系统影响较大。这四种关键影响因素中：第一，随着基础设施建设特别是现代交通联络工具的普及，各人口流出地之于北京的空间可达性将越来越好；第二，如果外来人口社会融入没有更大提高，外来人口迁入规模的增加与外来人口社会网络的扩大将继续互为因果、互动提升；第三，北京市与其他地区公共服务能力和水平的差距在短期内难以有效缩小，外来人口教育程度的提高和职业结构的优化将持续进行和加强，这就决定了公共服务差距引发的外来人口迁入将会持续甚至强化；第四，北京是国家重要的政治文化经济中心，而且具有巨大的人口基数，特大型中心城特有的资源意味着其在就业机会和发展空间的优势仍会支持其在相当长一段时间内吸纳外来人口迁入。因此，可以做出这样的判断，即使当下北京市外来人口迅速膨胀问题越来越受到自上而下的高度重视，一些有力措施陆续出台并迅速实施，未来一段时间外来人口快速膨胀的趋势得到暂时遏制，但只要这些影响北京市外来人口迁入的关键因素及其作用惯性没有根本打破，就难以根本上改变北京市外来人口的发展态势。

长效管控外来人口的制度性安排只有与外来人口发展的基本属性和发展规律相一致才可能发挥积极的预期作用。从关键影响因素看，从根本上解决北京市外来人口快速膨胀问题，必须高度重视以下三个问题：一是要围绕世界级、国家级的资源配置能力建设世界城市和国家中心城市，而不能继续依靠打造集成功能、做大产业规模来维系世界城市的雄心壮志，必须有力推动产业加减法，有所为有所不为；二是要采取多种措施积极促进外来人口的社会融入，减少外来人口内卷式聚集，避免外来人口增加与外来人口社会网络形成恶性互动；三是调整医疗、教育、文化等公共资源和公共服务能力依照所谓城市治理强度即行政级别进行配置的方式[16]，国家范围内新增资源和新增能力更加注重向首都之外区域配置，特别是要加强津冀等大首都圈地区相关能力建设，实现相对均衡发展。

最后需要强调的是，过分依赖专家的经验和知识是模糊认知图分析的重要缺陷，也是基于此发现北京市外来人口迁入的关键影响因素的重要缺陷。专家知识的可靠性，很大程度上会影响甚至是决定分析结果的真实性和有效性。但这正是定量化解决定性问题过程中不可避免出现的缺憾，这种问题的解决需寄望于专家选择、专家知识的准确与可靠，寄望于更新、更好的分析技术的出现。

参考文献

［1］穆光宗. 改革开放以来中国人口迁移的特点和趋势［J］. 人口学刊，1994（03）：33－37.

［2］李树茁，杨有社. 我国的省间人口迁移与社会经济发展［J］. 人口与经济，1996（05）：39－52.

［3］朱传耿，顾朝林，等，中国流动人口的影响要素与空间分布［J］. 地理学报，2001（05）：548－559.

［4］李培. 中国城乡人口迁移的时空特征及其影响因素［J］. 经济学家，2009（01）：50－57.

［5］俞路，张善余. 我国三大都市圈人口迁移态势与影响因素分析［J］. 南方人口，2005，（03）：17－23.

［6］Young A. Inequality, the urban－rural gap, and migration［J］. Quarterly Journal of Economics, 2013, 128 (4): 1727－1785.

［7］Fagiolo G, Mastrorillo M. International migration net－work：topology and modeling［J］. Physical Review, 2013, 88 (1): 120－128.

［8］Liu M M. Migrant networks and international migration：testing weak ties［J］. Demography, 2013, 50 (4): 1243－1277.

［9］田北海，耿宇瀚. 农民工与市民的社会交往及其对农民工心理融入的影响研究［J］. 学习与实践，2013（07）：97－107.

［10］Bertoli S, Moraga J F, Ortega F. Immigration policies and the Ecuadorian Exodus［J］. The World Bank Economic Review, 2011, 25 (1): 57－76.

［11］杨云彦，陈金永，等. 中国人口迁移：多区域模型及实证分析［J］. 中国人口科学，1999（04）：20－26.

［12］Borjas G J. Native internal migration and the labor market impact of immigration［J］. Journal of Human Resources, 2006, 41 (2): 221－258.

［13］Blacka R, Adgerb W N, Arnellc N W, et al. The effect of environmental change on human migration［J］. Global Environmental Change, 2011, 21 (S1): S3－S11.

［14］于涛方. 中国城市人口流动增长的空间类型及影响因素［J］. 中国人口科学，2012（04）：

47 – 112.

　　[15] 张慧颖，史紫薇. 科技成果转化影响因素的模糊认知研究—基于创新扩散视角 [J].
科学学与科学技术管理，2013（05）：28 – 35.

　　[16] 汤苍松. 我国中心城市基本公共服务能力评价和影响因素分析 [J]. 经济体制改革，
2013（06）：41 – 45.

解决北京"城市病"问题研究

沈娜①

摘　要："城市病"会增加经济社会发展的成本，破坏人类的生存和发展空间，制约城市健康发展和城市化的可持续推进，因此越来越成为人们关注的焦点。北京作为中国的首都，在快速发展的过程中，城市规模迅速扩大、人口骤增，已经导致交通拥挤、供水紧张、大气污染、住房不足、生态环境恶化、社会矛盾、城市公共安全隐患等一系列"城市病"问题。其产生原因很多，可归结为三大类：经济发展及其所引致的人口过快增长是核心原因；城市规划不科学、不合理，中心格局未能突破是重要原因；体制机制掣肘是最根本原因。对照 2020 年全面小康目标，攻坚"大城市病"已成为北京必须完成的任务。

关键词：城市病；首都经济；首都经济圈；京津冀协同发展

1　引言

据北京市水务局统计，近年来北京市水资源总量约为 25 亿立方米，2013 年全市用水总量约为 26.2 亿立方米，十多亿立方米的用水缺口不得不依靠超采地下水、增加从外省调水才能"解渴"。地面拥堵、汽车怠速、超标排放尾气早已不是新鲜事。尽管实施摇号限购，但每年仍增加 20 多万辆机动车，2013 年年底机动车总数超过了 540 万辆；尽管地铁开通里程在 2013 年年底已达 465 公里，位居世界大城市前列，但高峰时段的北京地铁仍拥挤不堪。人口膨胀、交通拥堵、房价高企、入园难、看病难、能源和水资源紧缺、环境污染、雾霾持续等问题日益严重，"人口资源环境矛盾是现阶段躲不开、绕不过的发展难题，关系人民群众切身利益，关系首都形象，关系发展全局，必

---

①　作者简介：沈娜，首都经济贸易大学。

须严肃面对、标本兼治。"中共北京市委副书记、北京市市长王安顺坦言，北京已经成为现代化国际大都市，但在长期发展中，也积累形成了比较明显的"城市病"，城市可持续发展面临挑战。

在一系列"城市病"中，人口过快增长是"病根"。据统计，近十多年来，北京市常住人口年均增长超 60 万人，2013 年年底全市常住人口为 2 114.8 万人，其中，常住户籍人口为 1 312.1 万人，占常住人口的 62%，常住外来人口为 802.7 万人，占常住人口的 38%。与 2012 年相比，常住人口增加了 45.5 万人，增速为 2.2%；其中，常住户籍人口增加了 16.6 万人，增速为 1.3%，常住外来人口增加了 28.9 万人，增速为 3.7%。这已经远远超出"到 2020 年北京总人口控制在 1 800 万人左右"的调控目标。对照 2020 年全面小康目标，攻坚"大城市病"已成为北京必须完成的任务。

2 "城市病"成因及特点

从"城市病"的概念界定看，目前定义表达上不尽一致，但其本质内涵基本统一。周加来（2004）定义城市病，即"在一国城市化尚未完全实现的阶段中，由于城市系统的缺陷无法承载经济社会的快速发展而引起的负面效应"。张忠华、刘飞（2012）总结认为，"城市病"是在城市化进程中，由于城市管理在理念和手段上滞后，跟不上城市发展进程，从而使城市发展受制于其自身资源环境承载力，进而产生的一系列影响城市居民生产与生活的负面问题。可见，"城市病"包含几层含义：一是发生在城市化这一动态过程中；二是人口向城市区域集聚继而影响城市承载力发生变化；三是城市管理的滞后和城市系统功能缺陷是内因；四是带来负面效应或问题，影响可持续发展。

2.1 "城市病"成因

"城市病"形成的原因有以下几个方面：

（1）规模过大。规模越大的城市越容易产生"城市病"。一个城市有合理的规模，规模过小形成不了完整的城市功能体系，规模不经济，但是城市规模过大，整个城市的管理、组织、运行就会面临很大的困难，所以大城市容易产生"城市病"。

（2）空间失衡。在一定的人口规模和经济规模下，如果一个城市的空间布局合理，城市的综合承载能力很强，"城市病"产生的时间就会延后；反之，如果城市空间布局不合理，城市规模还没达到一定程度，"城市病"就会提前发生。

（3）由城乡矛盾所导致。早在 20 世纪中期，托达罗就意识到很多发达国家面临广泛的城市失业和乡村向城市移民的持久性现象。然而，由于西方城市发展观一直占据主流地位，导致相关研究大都站在城市的角度研究"城市病"问题，而没有将城乡关系纳入分析框架之内。正如刘永亮、王孟欣（2010）所言："现有文献虽然研究角度不尽相同，研究结论也有所差异，但有一点基本相同，即往往单纯地从城市自身角度去思考和解决'城市病'。"事实上，城市和乡村作为整个国民经济系统的两个组成部分，必然相互影响、相互制约。因此，必须从城乡关系角度去研究"城市病"，寻找更为根本和深远意义上的解决之道。城市的发达和农村的疲敝是农村人口大量涌向城市的基本背景，而涌向城市的人口一旦超过城市现实承载力，就会引发"城市病"，因此城乡发展失衡是催生"城市病"的重要因素。

2.2 "城市病"特点

（1）阶段性。"城市病"不是一开始就有的，也不是永远持续的，在某个时期随着要素之间的失调而产生，随着治理也许会消失。

（2）并发性。特别是一些发展中国家，比如在我国，"城市病"与农村病并存。农村病是由于我国长期存在着对于农村不合理的制度而引起的农村发展滞后现象。我国长期存在城乡二元结构、"剪刀差"，广大农民被户籍制度束缚在土地上，不能得到应有的发展。随着市场经济的发展，农民有了机会就会离开农村。一方面城市人口人满为患，交通拥堵，房价高涨；另一方面优质的农村劳动力都离开农村，留守老人、失学儿童、土地荒芜、基础设施失修等农村病显现出来。

（3）可治理性。国际上很多世界城市都经历过"城市病"，纽约、伦敦、洛杉矶、东京等国际大都市莫不如此，尤其在工业革命时期。经过治理，这些城市逐步解决了这些问题。今天北京面临的"城市病"不同于墨西哥城和巴西利亚，这些城市贫民窟很多，犯罪率极高，社会治安问题非常严重。但北京也面临着令人揪心的很多问题——人口过多、交通拥堵、房价高涨，还面临着十分严重的环境问题——蓝天难见、河水断流、地下水超采、地面下沉等。因此，必须下决心治理，不把难题留给后人。

3 北京"城市病"成因

北京"城市病"形成的原因具有复杂性，主要可以总结为以下三个方面。

3.1 经济发展及其所引致的人口过快增长是造成北京"城市病"的核心原因

北京人口增长过快主要是由于北京城市功能过于集中，背后的核心原因是经济功能变得越来越强大。从全球来看，首都城市分为两大类：第一类是单一功能的首都，像美国的华盛顿、澳大利亚的堪培拉、加拿大的渥太华等，这些首都功能单一，以行政功能为主，往往通过"首都财政"来解决城市的运行问题，本身并没有发展经济的压力；第二类是复合功能的首都，也就是行政、经济、文化、科教等各种功能集中的综合性城市。北京是复合功能首都，承担着 76.1% 的外来人口。这就表明依靠原来的户籍制度和行政手段已经难以解决北京的人口增长问题。北京人口增长的原因很复杂，大致可归为这样几方面：第一，首都独特资源优势和行政权力中心的吸引。中国由计划经济向市场经济转型尚未完成，市场经济还不完善，行政力量在资源配置当中的作用还比较大，因此很多经济主体在北京集聚。第二，北京教育、文化、科技资源很丰富，给人们创造了更多展示才能的机会，很多人怀抱梦想到这里圆梦。第三，北京的经济社会发展水平比较高，对生活性服务业的需求旺盛。例如，北京有 30 万家政人员，但是保姆和月嫂依然难找。第四，北京与周边的发展水平落差大，这种落差越大，周边区域人口往北京集聚的动力越足。第五，住房改革滞后。从 1998 年年底取消福利分房后，整个房地产进入商品化阶段。在过去北京商品房不限购的情况下，"有钱就到北京"，一大批人到北京置业安家享受北京高品质的生活环境。这些背后依然是经济问题。可以看到，北京近十年新增的外来人口 80% 都实现了就业，如果北京没有提供这么多就业岗位，那么这些人在北京就难以持久地生存下去。北京提出了首都经济，要发展服务经济、总部经济、知识经济、绿色经济，这个战略很正确，但是在现有的体制下，区县和乡镇在经济发展过程中面对规模和质量、速度与效益、经济效益与社会效益和生态效益这些矛盾时，往往选择前者，所以北京经济发展方式还是比较粗放的，转变发展方式的任务依然艰巨。特别是发展了很多与首都功能不相适应的产业，比如近十年外来人口集中在批发零售、制造、住宿餐饮、建筑这 4 个传统产业，占到外来就业人口的 2/3，尤其是批发零售增加值年均增长 17.7%，不但超过了 GDP 的增速，也超过了第三产业的增速。2012 年北京市批发零售创业人员达到 151.8 万人，占全市总就业人口的 21.8%。图 1 显示了城市人口超载示意图。

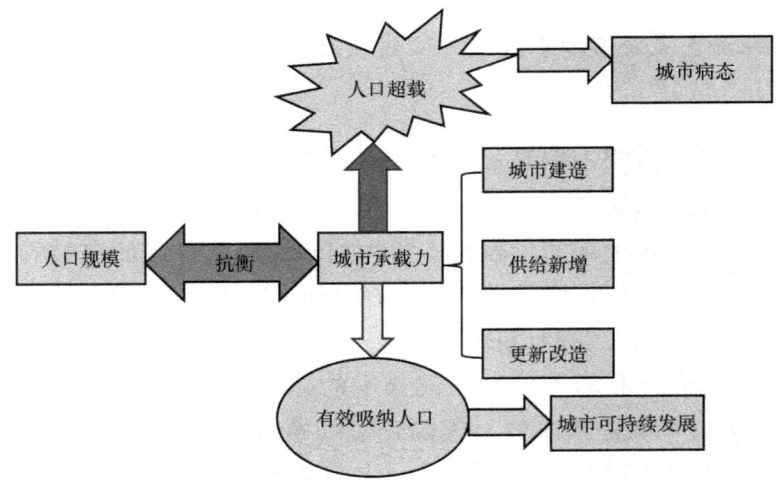

图 1　城市人口超载示意图

3.2　城市规划不科学、不合理，"单中心"格局未能突破

城市规划在引导城市由单中心格局向多中心格局演变中的作用没有充分发挥出来，不是发展跟着规划"走"，而是规划跟着发展"跑"，单中心格局没有突破。北京平原面积是东京的三倍，GDP 却只有东京的 1/10。北京的空间结构不合理，综合承载力太小，主要集中在中心城区，郊区县得不到足够的发展。中心城区功能过多，城市六区平原面积占 21.3%，经济产出占70%、消费占 77%、服务业占 80%。同时由于对特大城市发展规律认识不够，规划建设的边缘集团、卫星城距离中心城区太近，以至于成了"卧城"。2004 年提出了"两轴—两带—多中心"的发展思路，但是没有抓住如何从"单中心"走向"多中心"的关键问题，中心数量过多，11 个新城都要发展，还设立了 8 个功能区，这样将近二十个要重点发展的区域，多中心等于没中心，结果十年下来依然是单中心。东京发展是分阶段实施副中心战略。经过多年呼吁，北京市委市政府才提出建设通州副中心发展战略。

3.3　体制机制掣肘

体制机制掣肘是造成北京"城市病"的最根本原因。一方面，我们国家采取中央—地方分税制，以行政单位为组织经济发展的单元，在这种情况下全国各省市都要关注本地的经济发展。北京没有独立的首都财政，要解决这么大规模人口的城市运行和发展问题，就要发展经济，发展产业。而发展经济不可避免地会带来人口集聚，人口集聚必然会带来城市基础设施需求增加、公共服务需求增加、能源消耗加大，同时带来生态环境的压力。为了维持城市运行建设和环境治理，又需要更多的财力，需要发展更大规模的产业，这又会带来新的、更多的人口集聚，产生恶性循环。这样的体制不仅使北京市承受着很大的压力，而且已经延伸到区县和乡镇。区县、乡镇同样都在拼命地发展经济。在财税体制倒逼条件下，这种发展经济的思路会使我们陷入更大困境。

另一方面，北京要改变这种状态极其艰难，因为需要调控北京的各种资源。北京的资源分为两大类：第一类是中央资源，包括国务院单位、中央军委单位以及国家级的大医院、大学、科研机构，北京作为一个地方政府来调控这些资源是很难的，缺乏调控的通道和机制；第二类单位就是地方单位，虽然可以调控，但是在现有财税体制下，这种调控也很困难。区县发展经济的压力很大，动力也很足，这些发展从每个区县角度看都是合理的，但是站在全市角度看，这种发展结果就使得北京越发展越陷入"城市病"。

4 北京"城市病"治理分析

近年来，北京市重拳出击，改造燃煤锅炉，全面削减燃煤；压缩小客车年度配置指标，基本淘汰黄包车；严管施工现场和渣土运输；抓好森林廊道建设；将"水影响评价审查"作为建设项目立项的"硬杠杠"，实施阶梯水价政策；教育领域综合改革、科技体制改革、行政审批制度改革、财税体制改革、城市管理体制改革，多个与破解"大城市病"相关的重点领域改革果断"破冰"。从北京如今的现状，我们也可以看出北京"城市病"问题的症结是太多功能集中在中心城区，朝阳区委书记程连元指出："我们的思路是通过功能的疏解，带动人口的转移""人口迁移是需要把人引导出去、并非简单推出去。"北京市将把通州城市副中心以及周边多个新城作为发展重点，强化基础设施和产业支撑，提供更好的工作机会和生活环境。推进京津冀区域一体化发展，是北京治理"城市病"的一个重要方向。因此推动京津冀协同发展是北京可持续发展的必由之路和唯一选择。北京的发展离不开天津、河北，疏解非首都核心功能、破解首都发展面临的难题，必须从京津冀的战略空间来考量。

4.1 京津冀协同发展的作用

京津冀协同发展也是国家创新战略的需要。从全球来看，创新地位越来越重要，美国提出创新战略，要放大硅谷的创新效应，日本提出打造以东京、大阪等核心城市为中心的"国际战略综合特区"。我国经济粗放发展道路已经不可持续，必须走创新驱动发展道路，否则难有国际竞争力。实施创新驱动发展战略，需要打造一个引领国家创新发展、参与国际创新竞争的核心区域。京津冀地区具有得天独厚的优势，这里集中了全国 1/3 左右的国家重点实验室和工程技术研究中心，拥有超过 2/3 的"两院"院士，聚集了以中关村国家自主创新示范区为代表的 14 家国家级高新区和经济技术开发区，是我国重要的科技创新源头。习近平总书记到中关村集体学习，希望中关村在中国创新发展中发挥重要引领示范作用。因此，京津冀区域的协同发展，不同于长三角和珠三角区域，要把创新放在重要位置，要打造以创新为导向的世界级城市群。

4.2 京津冀协同发展需要有顶层设计

体制机制掣肘是京津冀难以协同发展的病根。因此，要加强顶层设计，建议做好下面几方面的工作：

（1）成立国家层面的京津冀协调委员会。建议由国家领导人担任主任，没有这样高规格的领导机制，这个区域的协同发展不好推进。在这个前提下，要建立一个稳定的推进机制，最好在国家发改委专门设立一个司具体负责推进工作。

（2）设立京津冀财税体制实验区。在这个区域探索财税体制机制创新，比如探索成立"首都财政"，减轻首都发展的经济压力，为津冀承担更多经济功能创造条件。

（3）建立京津冀协同发展引导基金。在市场经济条件下，空间结构调整不能依靠行政命令，要依靠市场化机制，可以设立引导基金，对于一些功能疏解和产业疏解给予一定的利益补偿。我们看到，在 20 世纪 80 年代北京"退二进三"产业结构调整过程中，工业企业搬迁实践证明是失败的，是违背市场经济规律的。当时的思路是把总部和制造环节全部搬到郊区县或者外地，导致在历史上曾经非常辉煌的北京工业品牌，随着"退二进三"基本都消亡了。在计划经济时代，企业从一个城市搬到另一个城市是可行的，因为企业员工的户口、住房等都捆绑在单位。但是在市场经济条件下，择业自由化、住房商品化，如果不具备搬迁条件，企业的搬迁就意味着人才的流失，企业就会坍塌。首钢搬迁的成功，就在于总部留在北京，生产基地迁至河北。同样如此，如果强行命令一些企业总部、大学、医院迁过去，也会付出沉重代价，一流变三流，甚至消亡。因此，要创造软硬两方面条件：软条件就是消除北京与周边地区在高考制度、养老制度、医疗制度等方面的制度篱笆，实现公共服务的均衡化、一体化供给；硬条件就是加快城际铁路建设，形成便捷的快速交通通道。这种落差都需要资金的投入，因此，建立京津冀协同发展引导基金，逐步引导解决这些问题，京津冀区域的协同发展才会水到渠成。

5 结论

5.1 关于"城市病"的基本认识

根据"城市病"的概念及分类，可以得知：在城市发展过程中，城市的社会问题、生态环境问题、空间紧张、经济问题、资源问题、市民的身心问题都是"城市病"的主要表现。根据"城市病"发生的因子归类分析，可以得到以下认识："城市病"发生与城市大小无关、"城市病"发生风险长存、"城市病"发生不具有必然性。

5.2 北京"城市病"的发生主要与城市人口承载力有关

北京是中国政治、经济、文化中心，随着中国经济的快速发展，北京必然会受到很大影响，其中最主要的就是就业机会增加、人口增加过快，但北京市内的人口承载能力有限，不能有效承载新增人口，而且城市设计格局不能适应如今城市的建设与发展，因而就造成了北京"城市病"问题的严重性。这里需要说明：城市人口承载力包括就业承载、基础设施承载、公共服务承载以及生态环境承载等。只要确保城市地区有效吸纳或承载人口生产和生活活动，"城市病"则处于隐性状态。

5.3 北京"城市病"问题策略思考

从如今我国的国情状况以及北京的实际发展情况综合分析得出，有效解决北京"城市病"问题的最佳方案是实现京津冀协同发展，京津冀地区具有得天独厚的优势，这里聚集了以中关村国家自主创新示范区为代表的 14 家国家级高新区和经济技术开发区，是我国重要的科技创新源头。北京的发展离不开天津、河北，疏解非首都核心功能、破解首都发展面临的难题，必须从京津冀的战略空间来考量。因此，京津冀区域的协同发展，不同于长三角和珠三角区域，要把创新放在重要位置，要打造以创新为导向的世界级城市群。

参考文献

［1］安虎森. 区域经济学通论［M］. 北京：经济科学出版社，2004.

［2］成德宁. 城市化的效应分析与发展思路［J］. 南都学坛（人文社会科学学报），2003，23（2）.

［3］冯蔚东，贺国光，马寿峰. 一种新的城市人口规模演化模型——分支模型研究［J］. 系统工程理论与实践，1997（9）：71 – 79.

［4］霍华德. 明日的田园城市［M］. 金经元，译. 北京：商务印书馆，2000.

［5］克里斯塔勒. 德国南部中心地原理（德国科学文献出版社1968年版）［M］. 常正文，王兴中，等，译. 北京：商务印书馆，1998.

［6］National Round Table on the Environment and the Economy（NRTEE）：The State of the Debateon the Environment and the Economy：Environmental Quality in Canadian Cities：the Federal Role，2003.

［7］Jackson R. Urbanization and natural environments：a position paper［J］，Urban Ecol，1977，2（3）.

中国特大城市现代服务业发展现状研究

薛路遥[①]

摘　要：现代服务业是衡量一个国家和地区现代化水平的重要标志，也是影响城市竞争力的核心因素。然而在各大城市中现代服务业的发展有所不同，本文选取了北京市、上海市、西安市和深圳市四大城市，从产业经济、税收水平、楼宇经济、总部经济等方面综合分析了其现代服务业发展状况，从横向对比的研究中得出，要完善特大城市现代服务业需从以下几个方面着手：①降低市场准入标准，改变行业垄断、透明度的行业现状；②积极引进外资，转变政府职能；③提高现代服务业创新能力，促进差异化发展。

关键词：特大城市；现代服务业；发展

服务业是国民经济的重要组成部分，服务业的发展水平不仅是衡量现代社会经济发达程度的重要标志，更是解决城市就业矛盾的主渠道；不仅是提高城市人居环境和旅游环境质量的重要产业，更是改善投资环境，增强辐射和带动功能，提升城市竞争力的重要手段。服务业因其能耗低、污染少而对优化调整经济结构和实现资源节约型、环境友好型社会极为重要，因此，必须加快发展服务业，提高服务业在三次产业结构中的比重，使其成为城市的主导产业。

1　北京市现代服务业发展的综合评价

从 1949 年新中国成立至今，北京市服务业呈现出"U 形"的发展态势。在解放初期，北京作为一个消费型城市，工业基础十分薄弱，服务业占 GDP 的比重在 40% 左右。1994 年，服务业占 GDP 的比重突破性地超过工业达到

---

①　作者简介：薛路遥，首都经济贸易大学。

47%；在 1995 年达到50.1%；自 2006 年之后，这一比重一直保持在 70% 以上。同时服务业内部结构也发生了根本性变化，现代服务业迅速崛起，并占据了服务业的主导地位。特别是金融业和信息服务业的发展尤为突出，成为现代服务业中的支柱产业。一些新兴的现代服务业，如商务服务业、房地产服务业、环境管理等也获得了较快发展。从整体上看，北京现代服务业呈现以下几个特点。

1.1 总量初具规模

北京市统计局最新公布的《2013 年国民经济和社会发展统计公报》中显示，2013 年第三产业增加值为 14 986.5 亿元，增长 7.6%，占全市 GDP 的 76.9%。截至 2014 年 9 月，北京市第三产业法人单位总计 24 043 个，平均从业者达 4 856 503 人。2013 年全年实现邮电业务总量 595.7 亿元，比上年增长 9%，年末全市金融机构（含外资）本外币存款余额达 91 660.5 亿元，比年初增加 6 588.8 亿元，增加额比上年少 3 255 亿元。其中人民币存款余额 87 990.6亿元，比年初增加 6 386.9 亿元，增加额比上年少 2 355.7 亿元。

1.2 结构不断优化

北京市的产业结构是"三、二、一"结构。从第三产业的内部结构看，现代服务业比重不断提高，传统服务业保持稳定增长，产业结构趋向优化整合；从现代服务业的内部结构看，金融、信息等现代知识型服务业迅速崛起，成为北京市现代服务业的支柱产业。2013 年北京市金融业实现增加值 2 822.1 亿元，占地区生产总值的比重为 14.5%，对首都经济增长的贡献率为 19.8%，依然居行业首位；2013 年上半年信息传输、计算机服务和软件业实现增加值839.4 亿元，同比增长 12.6%，是北京市服务业中的第三大行业。

1.3 产业集群效应

至今北京已形成三个具有明显特定功能的总部聚集区域：一是中关村形成以 IT 产业为主导的高新技术企业总部和研发总部聚集地；二是朝阳 CBD 成为跨国公司、外埠大企业集团总部聚集地，经过 20 多年的积累与发展，造就了当前 CBD 浓郁的商务氛围及发展规模；三是西城区金融街成为国内外金融企业的聚集地，聚集了以"一行三会"为核心的国家金融决策监管部门及国有商业银行、保险机构等 530 家国内外金融企业总部。这三大地区是目前北京发展比较成熟的总部聚集区，它们已构成了初具规模、功能分离的北京总部经济发展格局，各自拥有比较明显的资源优势，在北京经济发展中具有较强的辐射功能。

2 上海市现代服务业发展的综合评价

2.1 产业发展

20 世纪 90 年代以来，上海市根据中央战略定位，以浦东开发开放为契机，坚持"三、二、一"产业发展方针，推进产业结构战略性调整，大力发展服务业，促进城市功能的根本性转变，基本形成了第二、第三产业共同推动经济增长的格局。2013 年，上海市第三产业增加值达到 13 445.07 亿元，比上年增长 8.8%，增速高出第二产业 2.7 个百分点。第三产业占全市生产总值的比重超 60%，比上年提高了 2 个百分点（见图 1）。

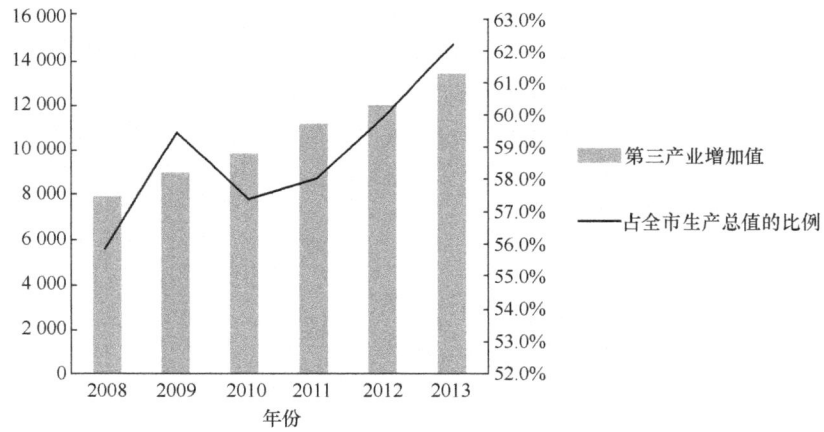

图 1 2008—2013 年上海市第三产业及其占全市生产总值的比重

2013 年，上海市服务业在发展加速的同时，不断加大转型升级步伐，内部结构更加优化。金融业、房地产业、信息传输和计算机等增加值均保持在两位数增长水平；与此同时，文化、教育培训、医疗卫生、体育、会展和中介服务等现代服务业发展迅猛，也成为上海服务业中极具潜力的新型行业（见图 2）。

2.2 总部经济的发展

自 2013 年以来，上海抓住自贸试验区建设的重大机遇，推动开放型经济水平再上新台阶。2013 年上海实际利用外资同比增长 10.5%，连续 14 年实

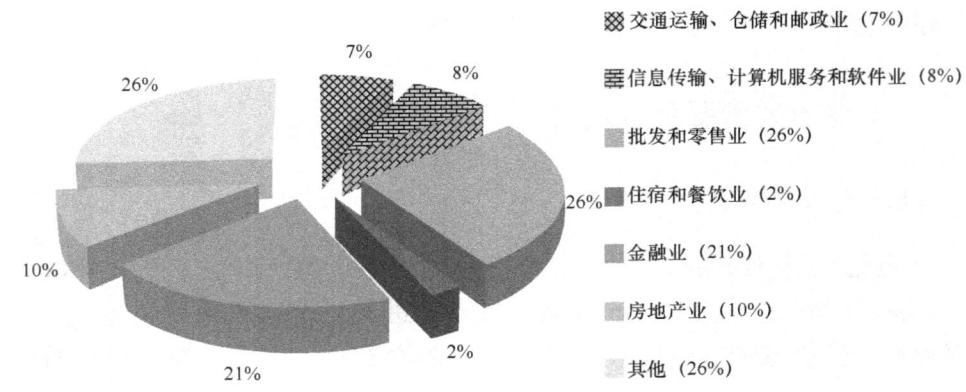

图2 2013年上海市第三产业增加值构成

现增长。据上海市商务委统计，截止到2013年年底，在上海投资的国家和地区已达到157个，跨国公司地区总部445个，外商投资性公司283个，外商研发中心366个，均逐年递增（见图3）。上海已成为中国大陆投资性公司和跨国公司地区总部最集中的城市。随着上海服务业经济内涵的提升，总部经济正由生产型总部逐渐向投资性、管理型和研究型总部全面延伸，企业总部在上海市的集聚也将产生强大的经济增长效应。

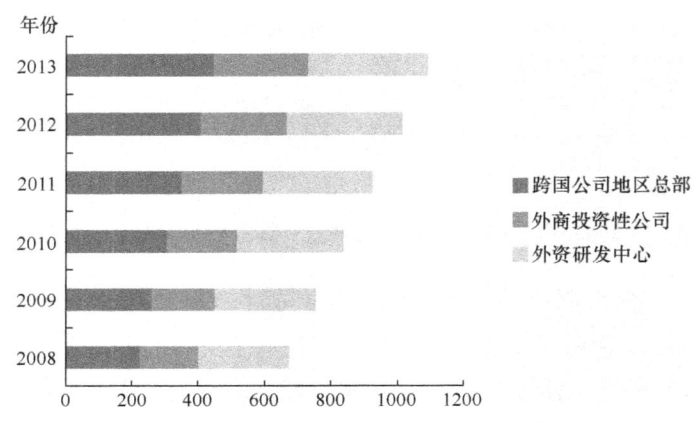

图3 2008—2013年上海市外商功能性数量

2.3 现代服务业的集聚

现代服务业集聚区是区域服务业发展的载体和阵地，其高端的规划、完善的配套、优越的环境，更成为国际国内各类总部型、功能型机构争相集结地区。如，浦东新区世博园区会展商务集聚区、青浦区西虹桥商贸商务集聚区、金山区枫泾国际商务区、松江区松江新城国际生态商务区、崇明县陈家镇现代服务业集聚区五个集聚区。根据上海市商务委的统计，截至 2013 年年末，上海全市 25 个集聚区的建成面积达 3 606 万平方米，完成投资总额 2 243 亿多元，吸引全球跨国公司地区总部 184 家（约占全市的 41%），研发中心 26 个，集聚服务业企业近 4 万家。

2.4 自贸区的发展

自 2013 年 9 月上海自贸区正式挂牌，改革创新已让上海自贸区显现出强大的磁场效应，如经常项下跨境人民币结算额截止到 2014 年 4 月达到 462 亿元，同比增长 90%，呈现出突飞猛进的增长态势，上海自贸区的发展为未来中国转型发展和创新驱动提供了非常强大的支撑平台。

上海自贸区运行一年多的时间里，在金融创新方面取得了多项进展，如自由贸易账户体系、投融资汇兑便利、人民币跨境使用、利率市场化等方面形成了"一线开放、二线严格管理的宏观审慎"的金融制度框架和监管模式。截至 2014 年 5 月底，区内金融机构总数达到 2 297 家，其中持牌类金融机构达 57 家，融资租赁股权投资类金融机构 321 家，金融信息服务、投资与资产管理等金融相关企业 1 919 家，金融机构的数量持续超常规发展。截至 2014 年 8 月末，自贸区法人客户数量超过 7 000 户，存款余额超过 100 亿元，贷款余额近 60 亿元。运用自贸区各项金融创新政策实现各类融资业务增量超过 20 亿元，年内业务储备增量超过 100 亿元。

3 广州市现代服务业发展的综合评价

伴随着现代制造业的崛起和一批重大基础设施的完成，现代物流、会展、信息、商务等新兴生产性服务业的快速崛起，广州市的现代服务业呈快速增长的态势，2013 年广州市的生产总值为 15 420.14 亿元，增长 2.7%，其中第三产业对经济增长的贡献值为 70.6%，说明第三产业是广州市经济增长的主动力。

3.1 产业发展

根据广州市统计局数据显示，2013 年广州市第三产业实现增加值 29 688.97 亿元，同比增加 13.3%，比 GDP 快 1.7 个百分点，服务业对经济增长的贡献率为 70.6%，近年来贡献率首次突破 70%（见图 4）。

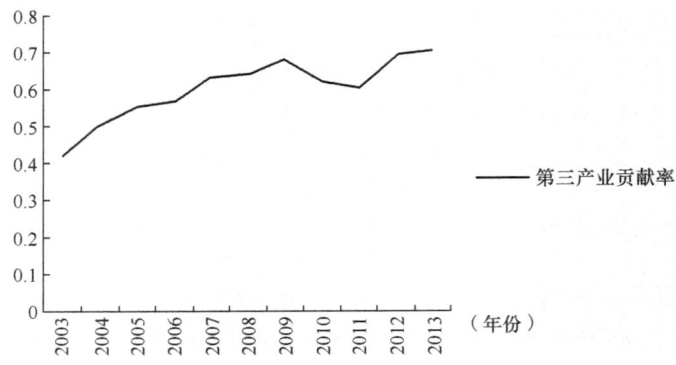

图 4　广州市第三产业对 GDP 贡献率

　　其中金融、交通运输、旅游保持较快增长。民间金融街进驻机构 102 家，国际金融城启动建设，金融业发展成效明显。12 月末，全市金融机构本外币存款余额 33 838.20 亿元，同比增长 12.1%；金融机构本外币贷款余额 22 016.18 亿元，增长 10.4%，其中中长期贷款增长 8.2%。交通运输业持续较快发展，货运量和货物周转量保持快速增长，增速分别为 19.6% 和 41.2%；港口货物吞吐量和机场货邮吞吐量分别增长 4.8% 和 5.7%。旅游业平稳发展，白云国际机场旅客吞吐量突破 5 000 万人次，达 5 246.42 万人次，首次跻身全球"5 000 万级"机场行列；全年旅游总收入达 2 202.39 亿元，增长 15.2%。

3.2　创造就业岗位

　　广州服务业稳步发展为社会创造了大量的就业岗位。2014 上半年，广州新增就业人数 17.19 万人，新增农村劳动力转移就业 3 万人，城镇登记失业人数 14.4 万人，同比减少 1.6 万人；一季度城镇登记失业率 2.31%，与全国 31 个大城市城镇调查失业率 5.05% 相比，控制在较低水平范围内，总体就业形势稳定。根据统计局数据显示，2013 年广州市城镇非私营单位在岗职工月平均工资为 5 808 元，高于广东省平均水平 1 400 余元。其中，信息传输、软件和信息技术服务业人均每月应付职工薪酬最高。

4 深圳市现代服务业发展的综合评价

4.1 深圳市产业发展

深圳是中国改革开放以来第一个经济特区，是中国改革开放的窗口和对外开放的试验场，率先建立起比较完善的社会主义市场经济体制，是中国改革开放 30 多年辉煌成就的精彩缩影。

作为中国口岸与世界交往的主要门户之一，深圳有着强劲的经济支撑与现代化的城市基础设施，城市综合竞争力位列大陆城市前列。深圳已经建设成为中国高新技术产业重要基地、全国性金融中心、信息中心和华南商贸中心、运输中心及旅游胜地，是中国大陆经济效益最好的城市之一。

根据《深圳市 2013 年国民经济和社会发展统计公报》的数据显示，2013 年深圳市生产总值 14 500.23 亿元，比上年增长 10.5%。深圳经济总量相当于中国一个中等省份，英国《经济学人》2012 年"全球最具经济竞争力城市"榜单上，深圳位居第二。其中，第一产业增加值 5.25 亿元，下降 19.8%；第二产业增加值 6 296.84 亿元，增长 9.0%；第三产业增加值 8 198.14亿元，增长 11.7%。产业结构呈现"三、二、一"的分布。第一产业增加值占全市生产总值的比重不到0.1%；第二和第三产业增加值占全市生产总值的比重分别为 43.4% 和 56.6%。见图 5。

图 5　2008—2013 年深圳市生产总值及其增长速度

在深圳市四大支柱产业中，金融业增加值达 2 008.16 亿元，比上年增长 15.0%；物流业增加值 1 445.62 亿元，增长 11.4%；文化产业增加值 1 085.94 亿元，增长 14.5%；高新技术产品增加值 4 652.00 亿元，增长 12.4%。见图 6。

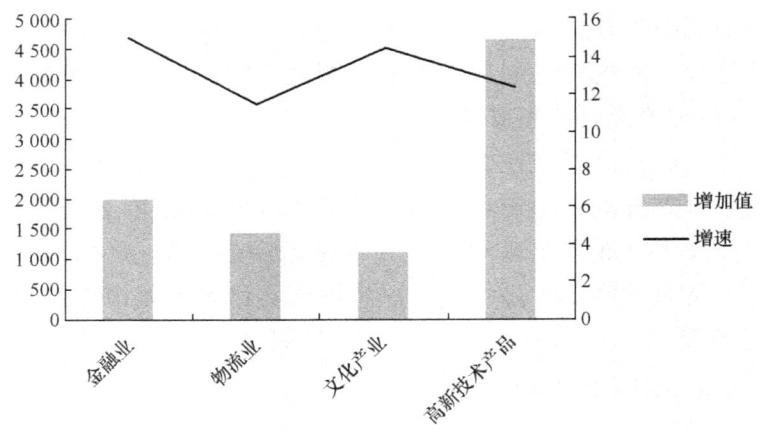

图6　2013 年深圳四大支柱产业增加值及增速

4.2　税收的增长状况

2013 年深圳税收不断增长，税收规模持续增长，连续 7 年在全国大中城市排名第三，税收收入与经济增长的弹性系数为 1.1，比"十一五"期间降低 0.57。根据深圳市地税局公布的数据显示，2013 年共收入 1 561.4 亿元，同比增长 4.6%，其中税收收入 1 462.7 亿元，同比增长 4.1%，剔除"营改增"因素后，同比增长 12.7%。税收收入中，地方级收入 1 046.5 亿元，同比增长 6.1%，地方级收入占全市公共财政预算收入的比重为 60.5%。

从行业划分中看，各种产业税收持续增长，体现深圳市经济政策引领发展效益明显。在税收上，深圳全市传统产业制造业、批发零售以及金融业税收均实现增长，增幅分别为 8.3%、6.2% 和 15.6%；转型升级行业税收增长潜力凸显，高新技术税收同比增长 11.3%，互联网、生物制药、新能源产业、新材料产业和信息技术产业五大战略新兴产业共计实现税收 232 亿元，同比增长 11.3%。

4.3　总部经济发展

随着中心区 CBD 各项硬件设施的建成和完善，进入中心区的企业数量快速增加,中心区的商务功能逐步发育成形。根据最新统计,进驻中心区 CBD 的企业已超过 2 000 家。其中,商业贸易企业 400 多家,以 IT 业为主的高新技术产业 500 多家,各类实业、风险投资企业 250 多家,律师、会计师、认证、管理咨询等专业服务业 200 多家,地产业 100 多家,金融业 200 多家,航运物流 80 多家,其他类型 300 多家。在入驻企业中,设立区域或深圳区经营管理总部的世界 500 强企业有惠普、日立、夏普、东芝、佳能等,还有一批在业内属于全球领先的跨国公司,如川畸汽轮、以星航运、中国远洋等。

5 特大城市服务业发展的建议

为了实现特大城市现代服务业发展的规划目标,需要加强组织协调,健全政策体系,落实好促进现代服务业发展的各项措施,缩小各大城市发展的差距,针对上述现代服务业发展的现状,提出几点相关对策:一是降低市场准入标准,促进产业国际化,对不利于服务业发展的政策规定进行清理、废除和修改,改变服务业部分行业垄断经营严重、透明度低的现状。按照市场主体资质和服务标准,逐渐形成公开透明、管理规范的市场准入制度。二是积极引进外资,深化对外开放和区域合作,积极转变政府职能。外资现代服务业具有人才优势、知识优势、创新优势和管理优势等,各大城市需深化对外开放,充分吸引外资,鼓励外资资本参与现代化服务企业的资产重组和股份制改造,引进先进技术和管理经验。三是提高现代服务业创新能力,实施品牌战略,提升竞争能力,通过大力实施名牌服务战略,推动服务品牌建设,形成培育、发展、宣传和保护品牌的氛围,积极培育产业品牌、企业品牌和服务品牌,促进现代服务业品牌建设的发展。

参考文献

[1] 高玫. 我国中心城市现代服务业发展现状与路径选择 [J]. 企业经济,2012,12:108 - 111.

[2] 关长海. 城市现代服务业竞争力研究 [D]. 天津大学,2007.

[3] 向俊波,陈雯. 二级城市发展现代服务业的困境和解决途径——以苏州、无锡、杭州为例 [J]. 城市问题,2003,1.

[4] 荣薇. 中心城市现代服务业发展实证研究 [D]. 河北工业大学,2011.

[5] 曹建云. 广东省城市现代服务业竞争力研究 [J]. 西北人口,2010,4:117 - 123.

［6］俞国琴．城市现代服务业的发展［J］．上海经济研究，2004，12：58－63.

［7］孙月平．促进城市现代服务业的特色化发展［J］．现代经济探讨，2008，2：10－13.

［8］段兆广，张伟，朱跃华．略论城市现代服务业集聚区规划与建设［C］//中国城市规划学会．和谐城市规划——2007中国城市规划年会论文集．中国城市规划学会，2007：5.

京津冀服务业发展和竞争力提升研究

石嘉琳①

摘　要： 随着"京津冀协同发展"上升为国家战略，推动三地经济朝着目标协同发展显得尤为重要。京津冀地域相连，但服务业尤其是现代服务业的发展水平却差距过大，成为制约三地区域经济协调发展的障碍之一。因此必须把现代服务业作为一个重要着力点，推进京津冀经济科学、持续、协同地发展。

关键词： 京津冀；协同发展；现代服务业；第三产业

服务业的协调发展是推动京津冀经济圈发展的重要力量。从产业经济角度看，服务业协调发展能有效促进京津冀经济圈其他产业的协调发展，从而提升经济圈的综合产业竞争力；从区域经济角度看，服务业的协调发展能有效促进京津冀经济圈各地资源整合、优势互补，从而优化经济圈的经济结构，提升经济实力。

1　京津冀服务业发展现状

由京津领衔的环渤海经济区成立于 1986 年，是中国最大的工业密集区。但是现在，它已经明显滞后于珠三角和长三角的发展。当前京津冀都面临着服务业全球化和区域经济一体化的机遇与挑战，迫切需要提升在生产性服务业领域的协作水平。通过协同实现发展已成为区域经济发展的重要途径。京津冀生产性服务业各行业之间通过区域协作实现共赢共荣，是十分重要的选择。

结合国家标准，现代服务业分为基础服务（包括通信服务和信息服务）、生产和市场服务（包括金融、物流、批发、电子商务、农业支撑服务以及中

---

① 作者简介：石嘉琳，首都经济贸易大学。

介和咨询等专业服务）、个人消费服务（包括教育、医疗保健、住宿、餐饮、文化娱乐、旅游、房地产、商品零售等）、公共服务（包括政府的公共管理服务、基础教育、公共卫生、医疗以及公益性信息服务等）。

京津冀服务业发展水平具有一定的差异性。从总体来看，京津冀的服务业处于扩张的规模，北京居于领先地位，天津居中，河北稍微落后；从2013年第三产业占GDP的比重来看，北京76.9%，天津48.1%，河北35.5%；从第三产业增加值来看，北京全年第三产业增加值远远大于天津和河北；但河北省的交通运输、仓储和邮政业增加值却遥遥领先。见表1。

表1　2013年京津冀服务业统计数据（单位：亿元）

名称	北京	天津	河北
地区生产总值	19500.56	14370.16	28301.41
第三产业增加值	13669.93	6058.46	9384.78
交通运输、仓储和邮政业增加值	816.31	683.56	2212.93
批发和零售业增加值	2229.77	1680.33	2024.29
住宿和餐饮业增加值	373.06	222.18	388.87
房地产业增加值	1244.17	449.65	982.05
金融业增加值	2536.91	1001.59	913.66

数据来源：国家统计局网站整理得出

2　京津冀服务业协同发展的态势

近年来，各级政府为推进京津冀地区经济合作均采取了一系列措施。中国国务院总理李克强在2014年3月5日做政府工作报告时指出，加强环渤海及京津冀地区经济协作。在此之前，习近平总书记在听取京津冀协同发展工作汇报时强调，实现京津冀协同发展是一个重大国家战略，要坚持优势互补、互利共赢、扎实推进，加快走出一条科学持续的协同发展路子，为京津冀服务业协同发展提供了良好的政策环境。

2.1　京津冀服务业初露协调发展的迹象

在基础产业方面，京津冀初步实现了一体化。在港口、机场、跨行政区道路等基础设施建设上，京津冀进行了一些合作；在通信方面，中国移动启动了京津冀"跨区服务"联盟。这不但促进了物流、通信等相关服务业自身的跨区域整合，也为其他产业的区域一体化和协调发展创造了良好的条件。在旅游业方面，京津冀三地正酝酿建立无障碍旅游的合作机制，力求实现资源共享，共同打造区域旅游业的品牌；软件业方面，北京和天津的软件合作计划即将启动，共建京津软件产业共同体，联手打造软件外包基地，以实现优势互补、合作共赢；商贸业的合作，主要是通过企业进行连锁经营的形式，跨地区设立连锁店；房地产业的合作，主要体现在企业进行跨地区的投资、实现对外扩张等方面。

2.2　北京未充分发挥"中心地位"的作用

资源禀赋特征和首都城市的功能定位决定了北京是京津冀区域乃至全国的服务业中心、经济控制中心。这就要求北京具有高度发达的服务业，尤其是实力雄厚的生产者服务业和知识密集型服务业，为其他区域进行产业服务，并有效带动其他区域服务业水平的提升。但北京作为服务中心的作用受到其自身服务业发展水平的限制。相对数方面，北京服务业占生产总值的比重与纽约等国际化大都市（80%～90%）相比仍有很大差距；绝对数方面，北京服务业增加值不及上海；产业结构方面，符合首都比较优势和产业发展方向，能有效促进区域经济发展的知识密集型服务业等现代服务业尚未实现规模化与区域化。服务业尚未成为北京作为区域中心城市和国家首都发挥经济控制力的有效载体。

2.3　京津冀在具体产业方面竞争大于合作

在京津冀，已经具备整合发展条件的服务业也尚未实现协调发展。典型例证是金融业和物流业。京、津金融业的发展均具有一定的基础和优势，两市都把金融业作为重点发展的产业。但两市没有进行优势互补，客观上形成了低层次的竞争而不是双赢。北京的金融业在我国具有举足轻重的地位和作用。天津是环渤海地区金融监管和服务中心，金融业已形成一定竞争力。河北的金融业发展相对落后，在经济圈内处于较低层次，与自身的工农业基础不相匹配。京、津、冀三地的金融业与各自区域经济的发展水平相关联，相互之间具有较大差距，这导致了三地进行金融业整合的产业基础薄弱。同时京津冀经济圈的一体化程度较低，产业跨地区布局、整合发展的局面尚未充分形成，因此对金融业一体化发展的需求不足，推力不够。京津冀金融业的良性互动发展有待进一步引导。港口是发展物流业重要的基础设施，津、冀港口资源丰富，但各自为政，没有实现有效的分工协作，影响了区域物流业的整合。

3 提升京津冀经济圈服务业竞争力的对策

3.1 促进经济圈内各服务业功能区的协调发展

京、津等城市均通过设立功能区来实现服务业的集聚发展，如中央商务区等综合性服务区与物流园区等专业功能区。各地应从区域整体协调的角度，分析市场需求和自身比较优势，为各功能区进行合理定位，实现经济圈同类功能区的错位发展、有效分工。

3.2 充分发挥京津知识密集型服务业的优势

河北省欲通过高科技推动传统产业升级，需要借鉴京津知识密集型生产性服务业的优势，促使京津科研成果在河北实现产业化、商品化。联合京津发展河北的科技创业服务、科技投融资服务、人力资源开发服务；鼓励京津的科研机构和高等院校的科技力量进入河北。特别是需要加强与京津高等院校和科研院所科技与教育资源的应用合作，加强人才交流。在教育方面，可通过校与校之间的协作、沟通等方式，聘请京津著名大学的教师来河北定期讲学；充分利用京津高校的人才和装备优势，通过访问学者、定向代培研究生和客座教授等形式帮助河北省高校培育优秀人才和提高教学质量。在科研方面，可通过课题、项目的联合攻关来培养河北的学术梯队。通过这种将过去非正式组织之间的交流与协作转化为正式组织之间的交流与协作的方式，进一步促使河北的教育水平、科研能力更上一层楼。

3.3 密切物流业之间的协作

河北省的交通运输、仓储和邮政业在地区生产总值中所占比重高于北京和天津。这意味着京津冀物流业协调发展存在巨大空间，其关键在于分工协作、优势整合。首先，整合北京和天津的航空港资源，促进北京首都国际机场和天津机场的战略联盟，实现北京空港物流园区和天津空港国际物流区的协调互动发展，有力推动京津冀经济圈临空经济的发展；其次，整合天津和河北的海港资源。促进天津港、秦皇岛港、京唐港、黄骅港、曹妃甸港口之间的分工协作、功能互补，形成全方位、多功能、多类型的港口综合体。通过有序发展，充分发挥港口群体优势，实现京津冀临港产业的发展；最后，加快构建综合交通网络，逐步实现区域内交通一体化。按照区域协调发展的要求，进一步推进公共基础设施建设方面的协作。在统一制订经济圈公用基础设施发展规划的基础上，三方共同争取中央财力支持，同时充分挖掘地方政府财力和借助社会财力，加快构建综合交通网络，逐步实现区域内交通一体化，统筹省级高速公路、各省道路，完善区域交通运输网络，构建区域铁路运输网络。

3.4 促进金融业协作发展

从国家政策上来看，区域金融合作的坚冰也已松动。这给京津冀地区的所有银行带来了难得的历史机遇，也给河北众多为融资困扰的中小民营企业带来了希望。客观情况决定了京津冀经济圈金融业的协调互动首先要靠政府的力量，靠政策推动。通过金融业的率先协同发展，推进资金要素在区域间的自由流动，为产业的跨地区运作创造良好的平台，从而对经济圈的一体化起到引导作用。同时，通过经济协调实现各方的经济进步，一方面提升其他产业对金融业发展的市场需求；另一方面也由于各方金融业实力的提升，增强了金融业自身实现融合发展的能力。总体上看，北京和天津应联合起来，共同打造我国重要的金融中心。由于北京作为首都产生的对经济稳定的要求在一定程度上制约了自身金融业的发展，天津凭借其产业基础正好可以弥补这一不足。天津应积极建设金融营运中心，与北京的金融管理中心相得益彰。石家庄作为河北省会，应充分发挥金融管理决策中心职能，并与唐山等经济较发达城市形成联动，共同向本地区和河北省的金融增长极迈进。此外，应当考虑建立京津冀地区统一的信息披露制度，主要包括银行信贷登记系统信息、个人综合信用档案系统、企业信用档案系统。信息共享是实现金融区域合作的重要条件，也是防范金融风险、增强金融跨区域服务的重要保障。

4 结论

目前，京津冀服务业尚未实现协同、和谐发展。京津冀三地服务业发展水平差距较大，未能实现高水平的分工协作。有关研究将服务业的发展分为三个阶段：第一阶段是商业和交通通信业发达阶段；第二阶段是金融保险业和产业服务业发达阶段；第三阶段是科技教育业和信息产业迅速崛起阶段。按照这种标准，北京正由第二阶段向第三阶段迈进，天津由第一阶段向第二阶段过渡，河北则处于第一阶段。三地服务业水平层级鲜明，同时，服务业的发展水平与经济发展水平紧密相关。北京的经济处于较高发展层次，由知识、技术要素驱动经济增长；天津则依赖于资金、技术要素；河北主要依靠资源、劳动要素。经济发展阶段的较大差距也决定了服务业发展水平的较大差距。不同的发展阶段决定了北京以知识密集、高附加值的现代服务业为主导，天津现代服务业的竞争力还有待于进一步提升，河北的现代服务业则刚刚起步。而对于商贸业等传统服务业，三地在创新水平、赢利能力等方面也有较大差距。因此京津冀在服务业上还不具备进行高层次的分工合作的产业基础，主要以垂直分工为主。但由于我国服务业产业化、市场化、社会化的程度较低，所有制垄断和行业垄断的程度较高，容易导致行政区壁垒。京津冀通过垂直分工实现产业整合的效应并不显著，呈现出各地自成体系、自给自足、自我发展的态势，因此，要结合三地的力量，统筹制定区域经济发展新政策，组织各种相关信息发布和科技成果交流，以产业扩散、创新扩散带动京津冀相关产业的发展，提高京津冀经济圈的竞争力，真正实现京津冀协同发展。

参考文献

［1］许晖．现代服务业竞争力评价与提升研究——以天津市为例［J］．未来与发展，2009 (7)：31－35.

［2］李素喜，王小平．京津冀服务业合作博弈分析与机制设计［J］．商业研究，2008 (369)：88－90.

［3］李素喜，王小平．京津冀服务业竞合发展分析［J］．商业时代，2007 (27)：105－106.

［4］邓丽姝．京津冀经济圈服务业协调发展研究［J］．经济论坛，2006 (6)：14－16.

文化创意产业与特大城市发展的
互动关系及对策研究

李艳杰①

摘　要： 文化创意产业是有别于传统产业的一种新兴产业，具有低能耗、低污染、高附加值、高利润的典型特点，符合未来经济内涵式的发展趋势，能够有效缓解特大城市发展中遇到的诸多问题，因此成为特大城市重点关注和争相发展的重要产业之一。本文从文化创意产业的内涵与特征分析入手，分析文化创意产业与特大城市发展的互动关系，在此基础上提出促进特大城市文化创意产业发展的可行性对策。

关键词： 特大城市；文化创意产业；互动关系；发展对策

随着城市化进程的加快，越来越多的城市尤其是特大型城市，面临着地域范围有限、自然资源匮乏、经济增长乏力、社会问题突出等一系列问题。如何突破自然条件的约束，实现经济的健康可持续发展，是特大城市必须要解决的重要问题。文化创意产业的发展，不仅能够促进产业结构的优化升级，增加城市就业，而且能够打造城市品牌，提升城市魅力，推动特大城市实现内涵式发展。

1　文化创意产业的内涵与特征

文化创意产业是有别于其他传统产业的一种新兴产业，是现代城市发展的灵魂和先导。从文化创意产业的内涵和特征方面看，文化创意产业具有明显的区别于其他传统产业的典型特征。

---

① 作者简介：李艳杰，首都经济大学。

1.1　文化创意产业的内涵

一般认为，"创意产业"一词最早是在 1998 年由英国"创意产业特别工作组"正式提出的，其定义为"源于个体创意、技巧及才能，通过知识产权的开发与利用，而形成有潜力创造财富和就业机会的行业"。而"文化创意产业"是指"依靠创意人的智慧、技能和天赋，借助于高科技对文化资源进行创造与提升，通过知识产权的开发和运用，产生出高附加值产品，具有创造财富和就业潜力的产业"。

1.2　文化创意产业的特征

文化创意产业具有明显区别于其他传统产业的典型特征，具体表现在以下几方面。

1.2.1　属于低能耗、低污染的知识密集型产业

文化创意产业是以人的"创意"为核心，以"文化"为灵魂，以"科技"为支撑、以"知识产权开发和保护"为主要内容的知识密集型产业，与传统产业相比，文化创意产业既不需要大量的自然能源，也不需要大量的机器、厂房、资源和劳动力，不会对自然环境造成严重破坏，具有低能耗、低污染的典型特点。文化业创意产业的发展更多依靠富于创造性的创意阶层，其智慧、技能和天赋就是生产力，就是企业赖以生存的根本和不断发展的动力。

1.2.2　注重知识产权保护

文化创意产业是一个以信息、知识、文化、技术等无形资产为核心资源的知识型产业，这就决定了文化创意产业与知识产权保护密切相关。没有知识产权保护，文化创意产业将面临任意仿制和随意复制的混乱局面，原创人员在创作过程中所倾注的大量投入（如研究、设计、制作等活动所耗费的人力、物力、财力的投入）便难以收回成本甚至会血本无归。

1.2.3　高附加值与高利润

文化创意产业处于产业价值链的高端环节，通过科技创新和文化创新，服务于产业价值链的中低端，迅速提升产品和服务的价值，并享有在各个生产环节中分配利润的特权，因此是一种高附加值的产业。与传统产业生产方式不同，文化创意产业中产品的生产不需要租用大面积的厂房、雇用大量的劳动力、购买大量的设备，它要做的就是引进富有创意的高端人才，并通过一切手段来激发他们的创造性，因此，与传统产业相比，文化创意产业是一

个低成本、高产出的产业，产业整体利润水平较高。

1.2.4　高风险性

从创意产品的生产方面看，不同的人，其创意的水平不同，即便同一个人，也不可能在任何时间都有好的创意，因此，创意产品在生产方面也具有很大的不确定性；从创意产品的需求方面看，创意产业生产的产品大多是满足人们精神层面的需求，不同时间、不同地区、不同年龄、不同性别的人，其精神需求是大不相同的，即便是同一个人，在不同的时间、不同的地点，需求也是不同的，因此，创意产品的需求弹性大、影响因素多、不确定性强。创意产品的供需特点导致创意产业具有高风险性的特征。

1.2.5　强融合性

与其他传统产业不同，文化创意产业在组织形态上可以打破传统的产业界限，与第一产业、第二产业、第三产业相互融合，通过价值链的分配来组织生产流程。文化创意产业居于产业价值链的高端，是一种以文化创新为核心、以高新技术为依托，通过产业价值链的形成与延伸而创造产生经济价值，是一项跨越传统行业界限、具有强融合性特征的新兴产业。

2　文化创意产业与特大城市发展的互动关系分析

文化创意产业是一种具有明显城市属性的产业类型，即文化创意产业大都发端和根植于经济社会较为发达的大城市。这是因为，一方面，大城市发达的经济基础和各方面的便利条件为文化创意产业的发展提供了必要的条件；另一方面，文化创意产业的发展又为大城市经济社会的可持续健康发展带来新契机，注入新动力。

2.1　特大城市为文化创意产业的发展提供必要条件

2014 年 3 月 16 日，国务院出台《国家新型城镇化规划（2014—2020 年）》，将市辖区常住总人口超过 500 万的城市定义为特大城市。特大城市大多具有优越的地理位置、便利的交通条件、雄厚的经济基础、完善的基础设施、丰富的人力资源，这些都为文化创意产业的发展提供了必要的条件。

2.1.1　发达的城市经济为创意产业的发展提供了物质基础

从产业发展阶段来看，文化创意产业居于文化产业链的"上游"和"核心层"，其发展和快速崛起绝不是一蹴而就的，而是城市经济社会发展到一定阶段的必然选择。从这一角度讲，特大城市发达的城市经济、雄厚的制造业基础、现代化的科技手段、厚重的文化底蕴等为文化创意产业的发展提供了必要的物质基础。

2.1.2　强劲的消费需求为创意产业的发展提供了客观动力

与生活必需品的消费不同，文化创意产品的消费是为了满足消费者的精神需求，是更高层次的消费。消费需求理论告诉我们，只有低层次的需求得到满足后，高层次消费需求才能凸显。特大城市经济较为发达，国民收入水平较高，消费者对文化产品的需求量较大，为文化创意产业的快速发展提供了客观动力。

2.1.3　大规模的城市更新为创意产业的发展提供了发展空间

特大城市在经济社会建设取得巨大成绩的同时，也不可避免地出现了一系列问题，表现在人口数量快速膨胀、城市规模无限扩大、交通拥堵、资源短缺、环境污染方面等。大规模的城市更新是特大城市可持续发展的必由之路，是优化城市产业结构、实现城市内涵式发展的必然选择。大规模的城市更新，要求城市必须改变原有的以资源为基础的粗放型发展模式，着眼于城市自身活力和"内向型"的可持续发展模式，这无疑会为以创意为核心、低污染、低能耗的文化创意产业提供巨大的发展空间。

2.1.4　充裕的人才供给为创意产业的发展提供了智力支持

文化创意产业是以"人才"为本的产业，人的智力水平、创新水平在一定程度上决定着文化创意产业的发展水平。人是创意不竭的源泉，创意的实现必须要求有充足的高素质人力资本作为保障。特大城市以其深厚的文化底蕴、包容的文化环境、独特的城市魅力，吸引着来自世界各地的高端人才，成为人才的汇集和交流中心，充裕的人才供给为文化创意产业的发展提供了坚实的智力基础。

2.2　文化创意产业促进特大城市经济社会持续健康发展

文化是经济的灵魂，在当今文化与经济高度融合的发展背景下，文化创意产业在城市经济发展格局中的地位日益重要。文化创意产业的发展，不但能够推动特大城市产业结构的优化升级，增加就业机会，而且能够打造城市品牌，促进特大城市经济社会持续健康发展。

2.2.1　文化创意产业推动特大城市产业结构的优化升级

所谓城市产业结构优化升级，是指城市发展在各产业和各行业及各企业中不断淘汰旧技术、采用新技术，使产业结构逐步向高一阶段转化，即向实现国民经济现代化方向发展①。文化创意产业以创新为核心，其典型特点是具有较强的渗透力和辐射力，能与传统的第一、第二产业以及第三产业内部的不同环节和产品进行"无缝嫁接"，从而实现对城市产业结构的调整、优化和升级。此外，文化创意产业还可以以独立的产业形式存在，通过不断的文化创新和科技创新，成为国民经济的主导产业，从而实现对产业结构的优化升级②。

2.2.2 文化创意产业为特大城市提供大量的就业机会

与传统产业不同，文化创意产业涉及的领域异常广泛，能够创造大量的就业机会，具有较强的吸纳就业的能力，能够有效地缓解城市发展中所产生的就业难问题。如作为世界文化创意产业发源地的英国，目前拥有与创意产业相关的企业超过 15 万家，吸纳的就业人数占英国就业人口总数的 8% 以上③，文化创意产业成为解决就业难问题的重要途径。

2.2.3 文化创意产业有利于打造特大城市的城市品牌

城市特色是城市的生命线，同时也是城市的巨大财富，是支撑城市生存、竞争、发展的根基和灵魂，也是城市区别于其他城市的魅力所在。但城市现代化进程导致的一个典型后果就是许多城市在快速发展的同时失去了城市本身的风格和特色，许多城市变得千篇一律、单调乏味。文化创意产业的发展，能够凸显城市的差异性、传承性和艺术性特征，在塑造城市形象、打造城市品牌方面具有显著的作用。

3 促进特大城市文化创意产业发展的对策研究

特大城市的发展和建设是庞大的系统工程，而发展文化创意产业是这一项系统工程的重要组成部分，对于提升城市软实力、塑造城市品牌、提升城市国际影响力具有重要意义。为此，需从以下几个方面入手。

3.1 加强对文化创意产业的战略规划

文化创意产业作为一种新的经济形态，在全球范围内正在以惊人的速度快速崛起，许多发达国家都把文化创意产业作为一种战略性产业，加以重视并进行规划。我国的文化创意产业，近年来也得到了较快速度的发展，但相

---

① 宋涛. 调整产业结构的理论研究 [J]. 当代经济研究, 2002 (1).
② 蒋三庚. 文化创意产业研究 [M]. 北京: 首都经济贸易大学出版社, 2006.
③ 王亚宏. 英国: 创意产业驱动经济增长 [N]. 经济参考报, 2010 - 6 - 8.

比之下，政府的重视程度还远没有达到发达国家水平，因此，有必要将文化创意产业作为特大城市发展乃至整个国民经济的支柱型产业进行培育。

3.1.1　将文化创意产业作为城市发展的支柱产业进行高度重视

文化创意产业在城市发展中占有重要地位，成为城市发展中的支柱产业更是大势所趋。发达国家的发展经验已经表明，文化创意产业不仅能够成为城市发展的支柱产业，而且能够在经济发展的艰难时刻为城市发展带来新动力、新希望。因此，我们必须将文化创意产业的发展提升到有关城市发展的战略高度进行重视。

3.1.2　发挥政府主导作用，加强对文化创意产业的整体规划

坚持政府主导与市场经济相结合的方式，通过制定相关政策法规，对城市文化创意产业的发展方向、未来目标、结构构成等方面进行宏观调控，从宏观的角度、战略的高度做好城市文化创意产业的规划、引导、扶持和服务工作。

3.2　注重知识产权保护

文化创意产业的核心就是创新和创造力，而知识产权保护实际上就是对创新性成果的保护。文化创意产业具有创意研发设计投入成本高、复制成本低的典型特点，如果没有有效的知识产权保护体系，文化创意产业的发展就会陷入无序竞争的混乱状态。

3.2.1　完善知识产权保护的相关法律法规

及时修订专利法、商标法、著作权法等知识产权专门法律及有关法规，尽快建立完善的知识产权保护法律法规，为文化创意产业的发展营造规范、有序的法制环境，充分保护文化创意产品在国际、国内市场中的知识产权，做到有法可依，从而激发创意工作者的创作积极性。

3.2.2　加大对知识产权保护的执法力度

强化处罚力度，增加处罚手段，下大力气加大对知识产权保护的执法力度，提升执法水平。对盗版、假冒产品等侵犯知识产权的违法范围活动要严厉打击，严惩不贷，维护市场公平竞争秩序。

3.2.3　加强对知识产权教育培训与宣传

充分利用广播、电视、报刊和互联网等现代化媒体，加大知识产权宣传，广泛开展知识产权普及型教育，提高知识产权意识，在全社会范围内提升知识产权创造、运用、保护和管理的能力。举办知识产权专题培训，普及知识产权保护相关知识，形成尊重知识、崇尚创新、诚信守法的知识产权氛围。

3.2.4 建立专门的知识产权中介服务机构

由于文化创意产业涉及门类多、专业性强，因此对文化创意产品价值的评估是一项复杂的工程，是很多金融机构依靠自身力量难以完成的，因此，专门性的知识产权中介服务机构对于文化创意产业融资活动具有重要意义。建议建立专门的知识产权价值评估机构、担保机构、交易机构以及监管机构等，防范知识产权所管理不当带来的风险。

3.3 促进创意人才集聚

创意人才不仅是创意产业的核心要素，而且是从事创意经济活动的重要载体，没有创意人才的集聚，就没有创意产业的发展。因此，必须通过多种方式为创意人才的集聚创造条件，具体包括以下几点。

3.3.1 营造适宜的客观环境

创意灵感的迸发离不开适宜的客观环境，不同的人往往具有不同的创意时间、创意空间和创意环境。因此，必须根据创意主体的不同，营造适宜的客观环境。这种客观环境，一方面体现在硬件设施上，包括良好的办公环境、现代化的办公设施；另一方面体现在文化氛围上，包括平等自由的文化理念、团结协作的工作氛围等。

3.3.2 创造包容的文化氛围

创意活动的典型特点就是创造性和探索性，因此失败是在所难免的。创造包容的文化氛围，既包括对于他人的创意成果给予关注和认可，使得创意工作者的自身价值得到肯定，也包括包容他人的挫折与失败，缓解因为创意失败而带来的心理上的压力，激励其战胜失败、再接再厉勇于创新的精神。

3.3.3 实行弹性工作制度

打破传统产业的统一固定的上下班制度，探索建立适合创意产业的弹性工作制度，即在完成规定的工作任务或固定的工作时间长度的前提下，创意人才可以自由选择工作的具体时间和地点，这必将有助于创意灵感的迸发，促成创意产品的实现。

3.4 解决创意产业融资难问题

文化创意产业作为一种新兴产业，尚处于起步阶段，缺乏前期资金积累，但又具备强烈的成长愿望，对于资金的需求十分旺盛。同时文化创意产业属于知识密集型产业，固定资产少，无形资产又难以评估，因而很难获得抵押贷款。加上我国现有的融资环境和金融体系，致使文化创意产业面临融资难的困境。如何解决融资难问题？在现有情况下，应着重考虑以下三点。

3.4.1 加大政府扶持力度

文化创意产业作为一种新兴产业，尚处于发展的初期阶段，需要政府在政策、税收、金融等方面进行扶持。在政策方面，政府有必要制定和出台一系列的相关政策，例如利用政府财政投入设立专门的文化创意产业发展专项基金，用于支持文化创意产业的贷款贴息、项目补贴、创意奖励；税收方面，政府应通过降低税率、实行税收优惠、建立差别税率、实行税利返还等政策支持创意产业的发展；金融方面，政府可以考虑在现有的国有商业银行中设立专门的中小企业贷款部门，或者可以在现有的政策性银行如国家开发银行成立面向中小文化创意企业的专门性贷款部门，还可以考虑设立专门的国家文化产业发展银行。

3.4.2 建立多元化融资渠道

由于文化创意产业具有不同于其他产业的显著特征，所以并不是所有的融资方式都适合于创意产业的发展，即其融资方式具有较强的选择性，有针对性地选择和重点发展适合创意产业发展的融资方式，对解决创意产业融资难问题具有重要意义。首先，发展和规范民间融资，使其成为促进文化创意产业发展的一种有效的资本形式；其次，积极拓展关系型贷款，通过借贷双方的长期合作，降低借贷成本；最后，考虑尝试引入风险投资或私募股权投资。

3.4.3 充分利用外国直接投资

借鉴国际经验，总结二十多年来外资在我国经济建设中的重大作用，在有效保证中华文化主权独立的前提下，本着适度开放、循序渐进的原则，文化创意产业可以适当发展和利用外国直接投资。对于容易掌控、不影响国家安全的行业，可以适当加快外资进入的步伐，实现与外资的全方位、多角度合作；而对于关系到国家价值取向、较为敏感、不容易控制的行业，则适当控制外资进入的步伐，继续保持国有经济的绝对控制力。合理有效地利用外资，不仅可以解决我国文化创意产业发展中形成的巨大资金缺口，而且能够在技术、管理、经验等方面带来外部溢出和关联效应，推进文化产业资源配置的国际化，带动我国相关产业的升级与发展。

参考文献

[1] 蒋三庚，王晓红，张杰. 创意经济概论 [M]. 北京：首都经济贸易大学出版社，2009.

［2］傅鸿源，梁盈盈．创意产业与城市发展研究——以重庆市渝中区为例［J］．改革与战略，2011，（09）．

［3］沈晓平．创意城市的发展成效与竞争力［J］．科技智囊，2011，（10）．

［4］厉无畏．对我国文化创意产业发展的再思考［J］．上海经济，2010，（Z1）．

关于特大城市电子商务发展研究

——以北京电子商务市场为例

刘鹤瑶①

摘　要： 近年来，电子商务应用在我国飞速发展，已经与我们的生活密不可分。北京凭借政策、市场、资源、资本等各方面得天独厚的优势，其电子商务的发展更是迅速。不过，目前我国电子商务的发展仍然存在很多问题，电子商务市场仍处于初步发展阶段，电子商务市场行政监管相对应的法律环境和法律依据尚不成熟，造成了网络交易中的各方面问题。文章以此为背景，并分析北京电子商务发展的现状，通过电子商务与物流配送发展现状的对比，得出目前我国大城市物流配送体系尚不能满足电子商务发展需求的结论。

关键词： 电子商务；北京；物流配送体系

1　引言

电子商务具有增加贸易机会、降低贸易成本、提高效率的特点。在网络时代日益成熟的 21 世纪，电子商务在我国发展迅猛，其交易总额每年增长 30% 左右，2013 年交易额超过 100 000 亿元。我国"十二五"规划对其发展予以高度重视，定下"到 2015 年交易额翻两番，突破 180 000 亿元"的具体目标，电子商务的发展得到空前关注。北京、上海、广州等大城市电子商务发展较好、起步较早、规模较大，对第三产业和实体经济的发展，起着不可忽视的重要作用。然而，我国电子商务正处于起步发展阶段，电子商务的发展面临着物流配送能力不足的问题。首先，电子商务对物流的需求大大提升，然而物流的增长速度不能满足电子商务增长需求，电子商务与物流配送出现了极大的不协调现象，因此在节假日的促销活动期间快递物流公司频频出现

---

①　作者简介：刘鹤瑶，首都经济贸易大学。

"爆仓"现象。

物流配送体系是物流系统的重要组成部分,它决定了物流业的现代化程度和发展水平,对物流业的发展起着举足轻重的作用。良好的物流配送体系在推动电子商务现代化进程的同时,对城市经济的发展和人民生活水平的提高起着不可替代的保障作用。研究大城市电子商务与物流配送体系协调发展对研究区域物流和城市物流有着深刻的理论意义。将城市物流运营管理理论与目前大城市物流运营管理现状进行比较,找出差距并分析产生差距的原因,将为深入研究区域物流和城市物流理论提供一手资料和数据,并且为验证和发展城市物流理论提供依据。

2 北京电子商务发展现状分析

近年来,电商以爆棚式的发展不仅让数以亿计的消费者瞩目,也引起了自上而下各级政府的高度注意。不论是创造的消费时点,还是巨大的商业机会,电子商务强势的增长速度让人们看到这一新兴行业在未来对于促进消费和拉动经济增长的作用。电子商务飞速发展不仅让中西部内陆区域及小城镇的企业获得更多的综合成本优势和更加容易进入市场,而且促进了许多大城市经济更快增长、就业机会增加、城镇化进程加速。在北京、上海等城市,伴随着电子商务蓬勃发展,涌现出大量电子商务服务商和电子商务园区,有的城市进入"电子商务服务业集群化"发展新阶段。

北京作为国家首批电子商务示范城市,目前已逐步形成由 2 个国家级电子商务示范基地、4 座电子商务特色楼宇、14 家电子商务示范企业组成的电子商务政策集聚、企业集群、品牌集成的发展格局。针对新兴消费,未来将深化电子发票试点应用,扩大民生领域的电子商务应用,推动传统商业转型;将推进跨境电子商务产业园建设,扩大跨境电子商务试点企业范围。在北京电子商务快速发展的过程中,涌现出了一大批典型企业,其中很多在全国均处于领先地位。据统计,电子商务交易额前十位企业所实现的交易规模约占总交易规模的90%以上,诸如联想等大型骨干企业尽管在数量上只占北京市企业总数的3%,却完成了全市企业电子商务总交易额的74%、B2B销售额的82%以及B2C的71%,成为引领中关村及北京市电子商务潮流的排头兵。尽管开展电子商务的企业数量在北京仅为26.5%,但这些企业却构成了各行业的核心和骨干力量。

电子商务成为拉动北京消费市场新引擎。2013 年北京社会消费品零售额达 8 375.1 亿元，增加 8.7%。其中，网上零售额涨幅巨大，增长 44.3%。北京已成真正意义上的"中国电子商务之都"。中国规模最大的 9 家自营 B2C 企业中，5 家在北京，交易规模占全国的 67.1%。2013 年 7 月，北京市出台《关于促进电子商务健康发展的意见》，就已将鼓励电子商务经营模式创新作为主要内容，未来将建设和完善包括电子商务安全认证体系、金融电子商务服务体系等在内的电子商务支撑体系。

3 北京物流配送体系现状分析

3.1 物流配送受电子商务影响显著

近年来，电子商务生机勃勃，物流配送受其影响显著，国家邮政局数据显示：2013 年，全国规模以上快递公司完成业务量达 92 亿件，连续 5 年平均增长率达 43.5%，业务规模跃居世界第二，最高日处理量突破 6 500 万件，其中超过 60% 来自网络零售。上海、北京、广州、深圳、杭州等大中城市快递业务量遥遥领先于其他城市。

收入方面，全国快递服务业收入达 1 441.7 亿元，其中 28 个城市的快递服务业收入超过 10 亿元。上海、深圳和广州的快递服务业收入位居前三甲，分别达到 257 亿元、126 亿元和 105 亿元。

3.2 物流配送基础设施建设

交通运输是我国物流发展的重要保障，为物流配送提供运输载体，运输的现代化又促进了物流配送服务效率和质量的提高。"十二五"期间，我国将建成以快速铁路、高速公路为主的"五纵五横"的综合运输大通道，建立有序、公平、高效的运输体系。综合交通运输体系的发展，能够改善物流配送服务的运输环境，为我国各个城市物流配送服务更好发展提供了良好助力。

北京市 2013 年货运量达 29 536.2 万吨，比上年增长 3.1%。其中，铁路、公路、民航的货运量和货物周转量的绝对数及年增长率如表 1 所示。

然而，我国大中城市企业、人口密度大，伴随电子商务的飞速发展，人均 GDP 提高，个性化需求增加，导致大中城市的物流业务量巨大，因此，大中城市物流配送体系仍然面临着巨大的挑战。

表1　2013 年北京市各种运输方式完成货运量①

指标	单位	绝对数	比上年增长
货运量	万吨	29 536.2	3.1%
铁路	万吨	1 078.4	− 12.9%
公路	万吨	25 889.6	3.9%
民航	万吨	135.7	1.2%
货物周转量	亿吨/公里	671.5	5.2%
铁路	亿吨/公里	323.2	5.1%
公路	亿吨/公里	146.8	5%
民航	亿吨/公里	49.2	0.5%

3.3　物流配送科学技术不断提升

随着我国战略新兴产业的发展，信息技术、高端装备制造、新能源的广泛应用，物流配送服务发展所面临的科技环境得到日益优化，表现在几方面：由于大城市经济、文化、基础设施的优势，自动化分拣、无线传输、自动识别、车辆运输跟踪定位、影像监控等技术逐步被应用，提高了物流配送服务效率和服务质量；第三方支付、移动支付等技术的广泛应用，有利于代收货款等增值业务的开展和资金风险的防范；手持终端和无线录入设备等进一步普及，企业实物传递网技术改造和升级稳步推进。这些都有力推动了我国快递服务应用技术向信息化、集成化和自动化方向发展的进程不断加快。

4　北京电子商务在物流配送中存在的问题

从国内物流整体状况来看，目前仍缺乏系统化、专业化的全国性货物配送企业，现有的物流企业呈现分散的多元化格局，导致专业化流通的集约经营优势难以发挥，规模效益难以实现。物流配送的全国性特征，在一定程度上影响了北京电子商务业的发展。目前北京市能适应现代电子商务的物流企业也很少，规模较小，服务功能少，服务意识和质量不尽如人意。除了少数企业外，大多数物流企业设备和管理手段比较落后，服务网络和信息系统不健全等都大大影响了物流服务的准确性和及时性。没有高效率的物流体系作

---

① 数据来源：http：//my12340. cn/article. aspx？ ID＝3050。

保障，北京市电子商务的发展将受到严重牵制。

传统物流服务是一种以满足大众需求为基本前提的服务，其物流运输模式是事先设定的，客户只能被动适应这种模式，这其中肯定会有一定的客户个体被排斥在外，这一点显然与市场的发展趋势是背离的。现代物流则要求向客户需求的纵深渗透，与客户自身的运行融为一体，这就必须以客户的具体需求作为提供服务的基本前提，也就是以需求的个性化来决定服务的个性化。要实现这种服务，物流企业只能打破自身固定的运行模式，专门为不同的客户设计并提供一整套运行流程和操作方案，完全适应客户的实际需求。而目前的配送模式不能够完全跟上时代的步伐，也不能够完全适应顾客的需求，因此在整个服务链条上中间阶段的缺失也成为物流配送中存在的一大问题。

5 改善北京市物流配送方面问题的建议

5.1 物流配送政策法规的建议

首先要制定运输安全法规。政府应制定关于配送运输安全方面的法规：一方面，快递公司或自营物流的企业对接收的商品要进行检查，确定是否是化学品、易燃易爆等危险品，防止实物虚报现象的发生；另一方面，针对特殊商品要按照其物理和化学特性进行特殊配送（包括包装、配送工具的选择等），对于一些化学物品等在配送过程中工作人员应采取防护措施，必要时单独配送，不可与其他货物同时配送。

其次是要健全保管安全法规。政府应当督促物流企业或自建物流的企业在配送价值较高、重要的货物时，要严格管理，对这类货物的配送要做到实时跟踪，尤其是注重对配送人员的选择和管理；防止快递企业"监守自盗"事件的发生。若发生快件盗取现象，应对赔偿做出相关规定。

5.2 人才培养的建议

在人才培养方面，实际操作型物流人才主要从事具体的现场物流作业，如货物的分拣、堆垛、包装、配货等，高校主要是培养具备操作能力的人才。但是，随着计算机网络技术、电子信息技术等手段在现代物流领域的应用和推广，对物流实际操作人员的能力也提出了更高的要求。

管理型物流人才指企业的中层物流管理人员，主要对物流运作的某一部门进行管理，他们的工作目标是使所负责的物流环节更加合理有效。此外，这类物流人才还需具备物流大系统的理念，协同配合各相关部门，使整个物流系统合理化、科学化。

战略型物流人才包括能够为政府机构制定物流发展规划和物流政策法规等方面的物流专家，以及为企业制定物流战略规划的高层物流管理人员。无论是国家的物流系统还是地区的物流系统，无论是行业的物流系统还是企业的物流系统，均需要通过战略规划加以优化，以保证物流产业的健康快速发展和企业物流活动的最优化。

物流人才是现代物流发展的关键因素，提高区域物流业发展水平，关键在于物流人才的培养，取决于高素质物流人才的拥有量。

结语：随着信息技术的发展，我国电子商务发展突飞猛进，大城市更为突出，代表着我国电子商务的发展方向。物流配送是电子商务三大环节（信息流、资金流、物流）中的一个重要环节，随着信息流和资金流通过电子商务平台及支付平台已得到较好的解决，物流成为电子商务最大瓶颈，成为电子商务厂商竞争力的最后一个制高点。今后大中城市电子商务物流应更加注重物流配送体系的发展，出台更加合理的政策法规，建设更加协调的物流配送模式，培养更加专业的电子商务物流人才，提供更加多样化、个性化的服务，以减少大中城市电子商务与物流配送体系发展的不和谐因素。

参考文献

［1］雷震，戈猛．物流管理概论［M］．北京：机械工业出版社，2012.

［2］卢改红，卢园．配送管理实务［M］．北京：北京师范大学出版社，2013.

［3］汪晓霞．城市物流配送管理［M］．北京：北京交通大学出版社，2011.

［4］郑捷扬，徐杰．国内外电子商务末端配送模式对比研究［J］．管理观察，2013（6）：111－114.

［5］刘慧玲．国内外电子商务物流配送模式特点分析［J］．中国商贸，2013（21）：119－120.

［6］朱占峰．城乡一体化末端物流配送的路径分析［J］．物流技术，2012（19）：105－107.

［7］何方．物流配送路径延伸问题两阶段寻优策略算法［J］．物流技术，2012（2）：112－115.

［8］罗勇，陈治亚．基于改进遗传算法的物流配送路径优化［J］．系统工程，2012（8）：118－122.

［9］韩雪，张邻．客户价值导向的竞争性物流网络双层规划模型［J］．公路交通科技，2013（2）：140－146.

［10］李利华，符卓，胡正东．考虑区间约束的物流网络双层规划模型及算法［J］．计算机应用，2012（2）：440 – 443.

［11］刘思婧，张锦，李国旗．预售策略下的快速时尚品物流分销网络双层规划模型［J］．计算机应用，2012（5）：1311 – 1315.

［12］管小俊，王喜富，王翠华，闫亚娜．基于竞争的物流中心选址双层规划模型及算法研究［J］．武汉理工大学学报（交通科学与工程版），2009（5）：956 – 959.

［13］胡琳．基于改进粒子群优化算法的物流配送中心选址技术［J］．统计与决策，2011（4）：57 – 59.

通州区现代服务业发展现状研究

王丹[①]

摘　要: 现代服务业作为服务经济时代下的支柱产业,正逐渐成为国家经济发展的主要推动力。北京市通州区凭借优越的区位优势,将打造国际化新城作为政府的重要战略目标。本文通过分析经济数据和实践考察,阐述通州区当前的经济环境及现代服务业发展现状,为产业结构升级调整找到依据,并结合通州区实际情况,提出未来发展现代服务业、增强经济实力的几点建议。

关键词: 现代服务业;产业转型;城市副中心;金融服务

1　现代服务业综述

随着我国经济不断发展,产业结构的战略转型成为当下一大课题,核心问题即是提升第三产业在国民经济中的位置。从历史上看,无论哪个发达国家都是将服务业作为支柱产业,而我国随着科技创新和现代制造业的不断升级,相应激发了对现代服务领域的巨大需求。

那么现代服务业的具体内涵包括哪些内容呢? 与传统服务业又有着怎样的血缘关系呢? 根据 2012 年 2 月 22 日国家科技部发布的第 70 号文件,现代服务业是指以现代科学技术特别是信息网络技术为主要支撑,建立在新的商业模式、服务方式和管理方法基础上的服务产业。它既包括随着技术发展而产生的新兴服务业态,也包括运用现代技术对传统服务业的改造和提升。因此,现代服务业并不是对传统服务业的摈弃,而是一切以现代信息技术为依托,运用现代管理方式,以深度专业化为核心进行整合,注重高技术、高人力资本、高附加值的服务业态模式都可称之为现代服务业。现代服务业分为4 个类别:基础性服务业、生产性服务业、生活性服务业和公共性服务业。

---

① 作者简介:王丹,首都经济贸易大学。

其中，与国家经济增长密切相关的就是生产性服务业，包括金融、物流、电子商务、电信服务等；与人们生活以及和谐社会相关的，就是生活性服务业，如餐饮、旅游等；基础性服务业包括通信服务和信息服务；公共服务业则包括电子政务、医疗、教育等。

2 通州区现代服务业概况

通州区作为北京的东大门，京杭运河的北终端，一边与天津武清和河北廊坊比邻，是京津冀发展的重要战略节点，是融合协调京津冀发展的战略腹地；另一边，紧邻朝阳CBD，距国贸中心13公里，承接着疏解中心城压力的重要功能。

在北京市第十一次党代会上，北京市委、市政府明确提出"聚焦通州战略，打造功能完备的城市副中心"，更加明确了通州作为城市副中心定位。此后，通州在十二五规划中提出建设"一核五区"的构想，打造以现代商业服务、金融、文化创意、物流等高端现代服务业为主导的现代化国际新城。

有了目标和定位，通州区加快城区建设，促进产业结构升级，近些年取得了一定的进展。然而推进现代服务业发展的道路上依然存在着诸多客观的阻碍。由于经济总量相对偏小，主要经济指标与北京市平均水平存在一定差距；高附加值、高科技、高知识含量的现代服务业发展仍处于培育壮大阶段，产业结构优化调整成为长期任务；资源集约利用程度不高，经济发展效益和质量也有待提升。

2.1 通州区产业结构分析

通州区在北京各区县整体经济中处于中下游水平，其长期以来经济增长主要依靠工业、房地产投资等推动，以金融服务为代表的现代服务业发展就比较滞后。2013年，通州区生产总值以502亿元排名北京市16个区县中第九位，人均GDP则排名全北京倒数第二位，远低于北京市平均水平。通州区产业结构见图1、图2。

从产业布局看，由于近年政府经济政策方向由投资、出口带动经济增长向投资、出口、消费协调拉动经济转变，由主要依靠第二产业带动向依靠第一、第二、第三产业协同带动转变。通州区发展增速趋于协调稳步增长，同时，从图上看，服务业增速基本与工业、制造业等实业保持同步，但依然低

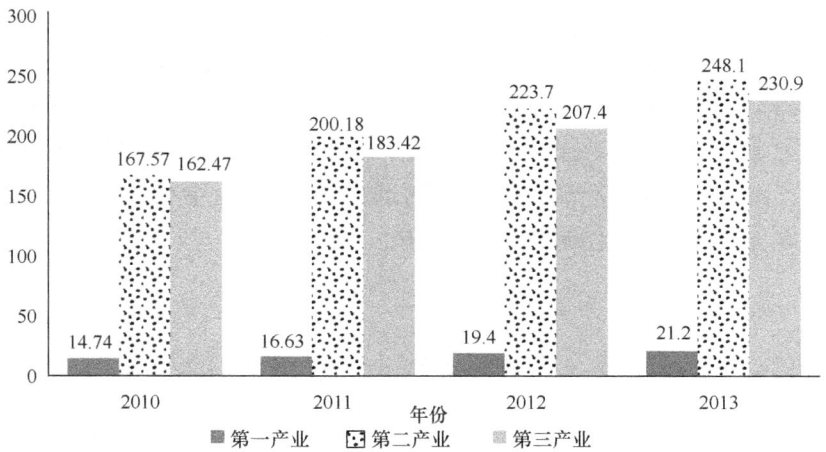

图1　2010—2013年三大产业产值对比表（亿元）

资料来源：由通州区统计局数据分析制成

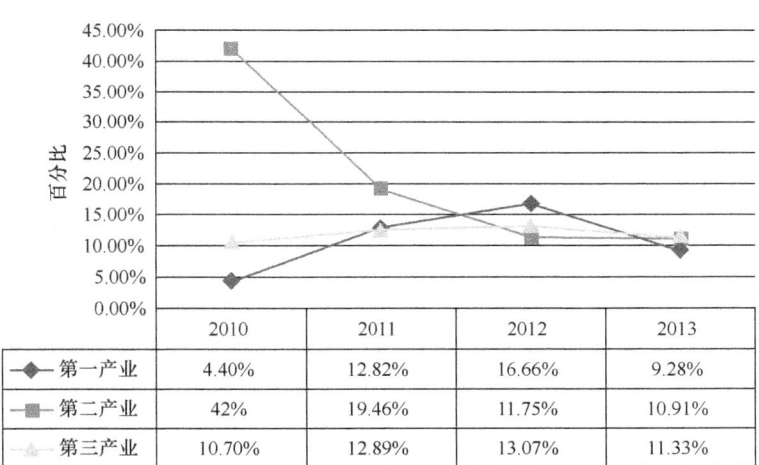

图2　2010—2013年三大产业产值增速对比表

资料来源：由通州区统计局数据分析制成

于第二产业总产值；而从北京市统计局的信息得出，北京市服务领域的总产值几乎是第二产业产值的三倍以上。通州与北京市整体情况相悖。因此可以看出，通州区现代服务业虽然近些年保持着10%以上的稳步增长，但从北京市整体情况分析仍处于起步阶段，全区经济依靠工业带动增长的方式依然占据主导，以金融服务、现代商务、物流、科技、信息为核心的现代服务业基数小、发展迟缓。

然而，现代产业体系有竞争性的格局将是新工业、制造业与现代服务业高度融合的形式。没有高新技术突破、没有完备的金融体系给实业企业提供高流动性和资金管理、没有高效的信息和物流服务作为保证，地区的企业仍处在传统工业格局中故步自封，很难做大做强。同时没有这些现代化的商务服务环境，招商引资将举步维艰，因而通州区的产业结构调整、提升现代服务业，将成为打造现代化新城的首要问题。

2.2 通州区现代服务业发展现状

从通州区统计局公布的数据上看，2014 年 1—6 月通州区第三产业从业人员平均人数为 60 630 人，比上年同期增加 2.8%，收入总和为 4 004 183.6 万元，比上年同期增加 11%，然而利润合计只有 111 924.2 万元，环比下降将近一半。再从北京市统计局公布的各区县第三产业增长情况上看，2010—2013 年 6 个城市发展新区（包括房山、通州、顺义、昌平、大兴以及北京经济技术开发区）第三产业各项经济指标平均值分别为：收入合计 1 416.42 亿元、资产总计 2972.36 亿元、利润 75.67 亿元、从业人员 11.43 万人。而通州区以上指标均处于平均水平之下，且有差距扩大的趋势。以上分析表明，通州区目前的服务业总量较小，要完成打造以高端现代服务业主导的现代化国际新城这一目标还需长远的规划和实践。

2.2.1 生产性服务业概况

生产性服务是随着社会分工的细化，从生产企业内部职能中分离出来，为企业在生产、运作中提供必不可少的服务。其特点是主要以人力资本和知识资本为投入，不形成直接的物质转化，但却能提高生产、运作过程不同阶段产出价值和运行效率。现代服务业中起到中流砥柱作用的生产性服务业包括金融服务、现代物流、软件信息、科技研发、商务服务等。

首先在商务、金融服务领域，据统计，2013 年通州区包括银行、保险、储蓄所及其他金融机构在内的单位共计 195 家，从业人员 7 999 人。2013 年，通州全年实现金融业增加值 29.4 亿元，比上年增长 20.7%。全区金融机构各项人民币存款余额达 1 670.9 亿元，比上年末增长 27.2%。金融机构各项人民币贷款余额达到 475.6 亿元，比上年末增长 20.9%。从数据中透露出的信息显示通州区金融服务正处于迅速扩张阶段。在明确的政策导向下，通州区在硬件设施上也给金融服务业提供了良好的土壤。作为北京市已经确定重点规划建设的四个金融后台服务区之一（所谓金融产业后台服务是指与银行等金融机构的直接经营活动相对分离，并为其提供服务与支撑的部门。该支持体系具有科技含量高、人才密集、吸纳就业量大、提供数据集中和技术保障能力强、直接支持前台业务发展的特点，正在成为金融机构创新发展的重要支撑），通州新城商务园，将成为通州新城金融服务区，主要为国内金融机构和国内外大型企业集团向新城转移提供后台服务，目前在建的大型项目包括金融街园中园规划建筑面积34万平方米，总投资达35亿元，未来将打造成可持续发展的商务集群，为总部型企业、金融后台及现代商务企业入驻提供承载地。另外还有北京商务公园，总建筑面积13.3万平方米，投资6.5亿元，是承载金融企业与电子商务企业办公、展示绿色办公环境与生态科技的示范项目。

通州目前依然以汽车制造、化学原料、设备制造等工业为主要经济支柱，其他现代化的生产性服务业，如信息服务、科技服务以及物流等发展较为迟缓，其中较为突出的属物流这一块。为了打造服务环渤海经济圈战略的"桥头堡"，通州在马驹桥镇建设物流基地，规划面积5.04平方公里。该物流基地集现代物流功能、内陆口岸功能、流通加工功能于一体，辐射环渤海地区及全国的重要物流枢纽，为北京市进出货物的集散和大型厂商在环渤海地区以及全国采购和分销提供物流平台，定位于公路—海运国际货运枢纽型物流基地。2014年1—8月实现销售收入137亿元，同比增长11%，上缴税收6.44亿元，同比增长4%。

2.2.2 生活性服务业概况

生活性服务业作为服务经济的重要部分，直接与居民大众的物质及精神生活息息相关，主要业态包括餐饮、住宿、零售、旅游、文娱等，大力发展生活性服务业，有利于转变经济发展方式，扩大消费需求，增加就业，优化经济结构，富民惠民，改善民生，增进社会和谐。

通州区生活性服务业一直以来的特点都是地域性小型商贸中心和个体经营众多，主要为满足居民日常基本生活需求，而随着通州国际化新城的定位逐渐突显，服务行业亟须细化和升级。比如，生活性服务业态空间布局不合理，高中低档的生活性服务场所发展比例不够协调，缺少品牌意识和高端服务业创新，以及服务人员工作素养需要提升等。具体数据见图3。

目前，通州区正在提升生活性服务业发展水平的进程中。运河核心区确立了6项重点项目，均定位于打造集5A级办公、五星级酒店、精品商店、高端会所、旅游观光、艺术品博览、高端公寓及大型文化主题活动空间于一体的区域，其中珠江国际御景湾项目已于2012年9月破土动工，预计2015年9月建成。另外，通州将建设文化旅游区，是以主题文化体验旅游为特色，涵

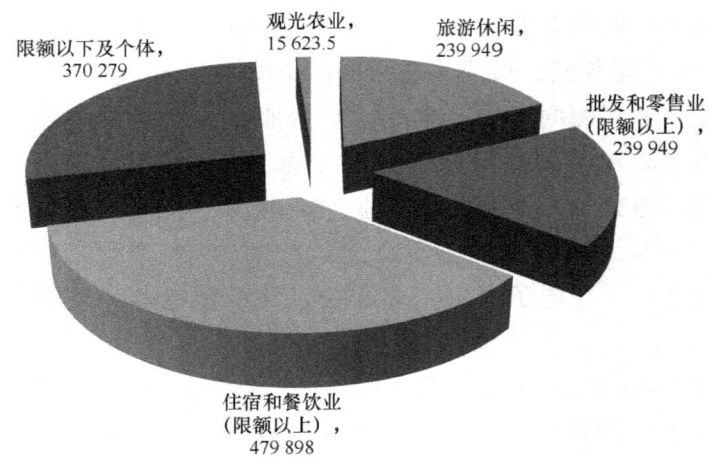

图3　2012年主要生活性服务业态产值结构图

资料来源：数据来自通州区2012年社会经济指标表

盖休闲度假、文化娱乐、特色商业等产业于一体的现代文化旅游产业集群。

　　同时，文化创意产业将成为通州的一大特色支柱产业。据统计，2013年，通州区规模以上文化创意产业实现营业收入1 000 702万元，利润927 425万元，从业人员平均人数16 266人。行业龙头——宋庄文化创意产业集聚区，规划面积14.6平方公里，以艺术原创与会展交易产业、动漫网游产业、创意设计产业、娱乐休闲产业为四大主导产业，着力打造创意设计研发基地、动漫网游产业基地及大型综合演艺广场，中国动漫产业的龙头三辰卡通已入驻。通州也启动建设了全市文化创意产业集聚区中第一个开工的公共服务平台项目。该项目总投资7 743万元，项目建筑面积12 729平方米，主要建设创意孵化培训平台、投资咨询平台、创意展示交流平台、网络信息平台等几大公共服务平台。通州宋庄文化创意聚集区未来很可能成为在国际上具有典范性意义的世界一流的文化创意社区。

3　通州区现代服务业展望及建议

　　虽然目前来看，通州区的经济总量偏低，现代服务业发展水平不高，但通州区正迎来难得的历史契机，在北京市第十一次党代会上，北京市委、市政府明确提出"聚焦通州战略，打造功能完备的城市副中心"。通州的"十二五"规划中，也着重规划经济产业结构调整，开展诸多重大项目发展现代服务业。2013 年第三产业投资累计完成 505.5 亿元，同比增长 19.9%；2014 年 1—7 月，第三产业投资累计完成 253.7 亿元，同比增长 35.2%，对服务业的投资依然保持高歌猛进势头。可以预见通州在未来将逐渐发展成为集物流、金融、信息、咨询、会展、文化、旅游、商贸等现代服务业于一体的与首都发展相适应的现代化国际新城。

当然，这个过程中仍有以下突出问题需要解决：

首先，应增强经济支撑能力，加大招商引资力度，树立通州产业品牌。重点引进和培育符合新城规划和发展的独具特色的城市功能和产业项目。

其次，应进行产业结构合理调整。形成以高端商务、文化创意、现代物流、光机电、新能源和环保产业为主导，现代制造业、生产性服务业、生活性服务业和都市型农业相互融合、相互支撑的产业发展新格局。

最后，拓展新兴服务业态。包括计算机和软件服务、移动通信服务、信息咨询服务等。提高现代化信息技术的应用范围和操作水平。信息科技作为现代服务业的技术支持作用不可或缺，而通州区还应加强在这一领域的投入和创新。

结论：整体上看，通州区经济正在逐步增强，符合新城定位的项目逐渐增多，加之明确地政策导向以及区位优势，为发展现代服务业提供了良好的条件。通州重点打造以行政办公、商务、金融、文化、会展等功能为核心的城市综合服务中心，未来应学习和借鉴发达国家现代服务业发展的经验，努力完善市场环境，克服产业结构不尽合理、产业的集中度和关联度不高等突出问题，坚持高端产业发展之路。总之，通州欲打造现代服务业发展先驱，不能一蹴而就，还需从实处落实。

参考文献

［1］陈宏毅.2010 年通州区社会经济主要指标统计表.

［2］陈宏毅.2011 年通州区社会经济主要指标统计表.

［3］王葆刚.2012 年通州区社会经济主要指标统计表.

［4］蒋三庚.CBD 现代服务业集聚发展的演变规律［J］.北京工商大学学报（社会科学版），2009.

［5］宋国琴，邓红蕾，郑胜华，章俊杰.现代服务业产业链整合及其发展策略研究.2012—2015 年转型期的中国.

［6］徐旭.现代服务业理论分析框架初探［J］.生产力研究，2010（1）：24 - 26.

［7］蒋三庚，李艳杰.试析北京 CBD 的品牌塑造与提升［J］.北京工商大学学报（社会科

学版），2011.

　　［8］王葆刚．北京通州年鉴统计表．2012 年通州区社会经济主要指标统计表．

　　［9］金泽林．加快推进生产性服务业发展［J］．网络财富，2009（12）．

　　［10］朱晓青，林萍．北京现代服务业的界定与发展研究［J］．北京行政学院学报，2004（4）．

北京资源环境及综合承载力研究

刘建新①

摘　要：近年来，北京不断向国际化大都市迈进，但资源短缺、环境恶化、人口膨胀、住房紧张、交通拥挤等一系列问题却不断显现出来。综合承载力是研究一个城市资源环境能否可持续发展的重要指标，通过构建北京综合承载力评价指标体系，确定目标层、基础层、准则层、指标层各个指标数据，并利用突变级数法得出北京2008—2012年的综合承载力。由数据可得北京综合承载力从2009年开始呈递减趋势，虽然经济承载力不断上升，但是资源承载力和环境承载力却不容乐观。这对北京的资源配置、环境保护、结构优化具有重要的指导与现实意义。

关键词：北京；综合承载力；突变级数法；资源利用；环境保护

1　北京资源环境现状

北京是我国的政治、科教、文化中心，也是经济、金融决策中心。截止到2013年年末，北京常住人口已达到2 014.8万，并以每年将近50万人口的速度剧增，相当于一个中等城市的大小，人口密度由1999年的766人/平方公里增加到2011年的1 230人/平方公里，远远超出了土地资源人口的承载力；北京的水资源也处于严重短缺的状况，据统计，北京的人均水资源占有量近10年下降一半以上，仅为150平方米左右，远远低于国际1 000平方米的重度缺水标准，而北京人均水资源需求量约为345平方米，存在严重的供给空缺，水资源承载力已不堪重负。除去资源问题，北京的环境问题也不容小觑，北京每天产生将近2万吨的垃圾，但是解决垃圾的能力仅为1.3万吨，有较大缺口，而北京10年产生的垃圾总量需要3 200亩的土地填埋，对环境

---

①　作者简介：刘建新，首都经济贸易大学。

承载力无疑是一个较大的压力；再将北京与美国测度出来的雾霾指数对比，北京天气近五年来仅有 25 天处于良好状态，我们不得不开始为自己的生存环境担心。一系列的数据表明，北京的资源环境已不堪重负。

2 北京综合承载力指标的选取

2.1 综合承载力

城市综合承载力是指一个城市在没有任何外在因素破坏时能承受的最大负荷，即城市的资源禀赋、生态环境、基础设施等对城市经济活动和社会活动的承载能力。1921 年，帕克和伯吉斯在生态学研究中最早提出了承载力概念，认为可以根据食物资源来确定人口承载力大小。随着全球性的资源问题和能源问题不断凸显，承载力的概念与内涵不断拓展，目前已扩展到资源与循环合理利用领域、环境与生态保护领域，并逐渐将社会与经济因素也纳入其中，形成了较完整的综合承载力指标选取与评价体系。我国自 2005 年 1 月提出要着重研究城市的综合承载能力，以促进城市的可持续发展。

2.2 北京综合承载力指标的选取

基于北京的资源、环境和社会经济状况，构建北京综合承载力评价指标体系（如表 1 所示）。此指标体系由目标层、基础层、准则层、指标层构成，基础层中包括四个承载力系统，分别是资源承载力、环境承载力、经济承载力和社会承载力系统。每个承载力系统又包括压力指标和承压指标共 24 个指标。评价指标的筛选采用了理论分析法和专家咨询法。

表 1 北京综合承载力评价指标体系

目标层	基础层	准则层	指标层
	资源承载力（A1）	压力指标（B1）	人均用水量（立方米/人）（C1）
			工业能源终端消费量（万吨标准煤）（C2）
			工业用电量（亿千瓦时）（C3）
		承压指标（B2）	供水总量（万吨）（C4）
			水资源总量（亿立方米）（C5）
			建成区面积（平方公里）（C6）

目标层	基础层	准则层	指标层
	环境承载力（A2）	压力指标（B3）	空气质量达到二级以上的天数（天）（C7）
			二氧化硫（SO₂）排放量（万吨）（C8）
			区域环境噪声平均值（分贝）（C9）
		承压指标（B4）	建成区绿化覆盖率（%）（C10）
			城市园林绿地面积（公顷）（C11）
			森林覆盖率（%）（C12）
	经济承载力（A3）	压力指标（B5）	GDP 增长率（%）（C13）
			第一产业占 GDP 的比重（%）（C14）
			人均 GDP（元）（C15）
		承压指标（B6）	社会劳动生产率（元/人）（C16）
			第三产业占 GDP 的比重（%）（C17）
			城镇居民家庭恩格尔系数（%）（C18）
	社会承载力（A4）	压力指标（B7）	人口自然增长率（‰）（C19）
			专任教师数（人）（C20）
			城市客运总量（万人次）（C21）
		承压指标（B8）	私人汽车拥有量（辆）（C22）
			客货运周转量（万吨公里）（C23）
			高等教育校数（所）（C24）

表 2、表 3 给出北京资源承载力各个指标 2008—2012 年的中国统计年鉴数据（其余指标数据见附表中表 10 至表 15）。

表 2 北京市资源承载力压力指标 2008—2012 年中国统计年鉴数据

年份	人均用水量（立方米/人）	工业能源终端消费量（万吨标准煤）	工业用电量（亿千瓦时）
2008	210.817 3	2 264.18	276.339 9
2009	205.8	2 196.98	285.301 8
2010	189.4	2 334.92	308.136 4
2011	189.386 2	2 058.62	289.446 4
2012	175.5	1 999.08	298.064 5

表3　北京市资源承载力承压指标2008—2012年中国统计年鉴数据

年份	供水总量（万吨）	水资源总量（亿立方米）	建成区面积（平方公里）
2008	351 000	34.2	1 310.9
2009	355 000	21.8	1 349.8
2010	352 000	23.1	1 186
2011	360 000	26.81	1 231.3
2012	359 000	39.5	1 261.1

3　评价模型的构建及评价值的计算

北京综合承载力评价模型的构建中，运用突变级数法考察各个指标的相对重要性，将突变理论和模糊数学结合，对评价指标进行多层次的矛盾分解，避免了主观性对指标权重的影响，使得结果更加具有客观性和科学性。常见的突变模型有三种，分别是尖点突变模型、燕尾突变模型、蝴蝶突变模型。尖点突变模型包括2个指标，在本文中则是指代准则层；燕尾突变模型包括3个指标，在本文中则是指代指标层；蝴蝶突变模型包括4个指标，在本文中则是指代基础层。应用突变模型主要包括以下几个步骤。

3.1　对数据进行标准化处理

由于各个评价指标的量纲不同，单位不一致，因此不能进行数据的对比计算分析，因此需要对数据进行标准化处理，将指标的实际测量值转化为评价值。这对数据的分析计算具有重要的意义。在本文中采用曲线形无量纲法，最大限度地减少误差，对北京2008—2012年的24个指标数据进行标准化处理。具体公式如下：

$$\begin{cases} 0.5 + 0.5\sin\left[\dfrac{\pi}{x_{mn.\,max} - x_{mn.\,min}}\,(x_m n) - \dfrac{x_{mn.\,max} + x_{mn.\,min}}{2}\right] & \\ 1 & x_{mn} \geqslant x_{mn.\,max} \\ 0 & x_{mn} \leqslant x_{mn.\,min} \end{cases}$$

通过对数据进行无量纲法处理，将数据全部控制在［0，1］之间，利用上述公式将数据标准化后得到的数据如表4和表5所示。（其余数据标准化结果见附表16至附表21）

表4　北京市资源承载力压力指标2008—2012年标准化数据

年份	人均用水量（C1）	工业能源终端消费量（C2）	工业用电量（C3）
2008	1	0.894 322 755	0
2009	0.950 900 816	0.638 323 762	0.183 669 139
2010	0.336 005 01	1	1
2011	0.335 425 603	0.075 703 673	0.363 892 743
2012	0	0	0.602 187 876

表5　北京市资源承载力承压指标2008—2012年标准化数据

年份	供水总量（C4）	水资源总量（C5）	建成区面积（C6）
2008	0	0.794 481 069	0.756 738 589
2009	0.413 219 48	0	1
2010	0.030 259 697	0.013 328 905	0.014 880 07
2011	1	0.185 129 271	0
2012	0.969 740 303	1	0.601 959 143

3.2　归一化综合量化运算

将上述经过无纲量化的数据进行归一化运算，得出综合的评价值，计算公式和过程如下。

3.2.1　对指标层（如 C1、C2、C3）根据燕尾突变模型进行归一化处理

具体公式如下：

$$Z_{B1} = \frac{\sqrt{C1} + \sqrt[3]{C2} + \sqrt[4]{C4}}{3}$$

根据以上公式通过 C1、C2、C3 可以得出 2008 年 B1 的值为 0.654 485，此即为北京 2008 年资源承载力的压力指标；通过 C4、C5、C6 可以得出 2008 年 B2 的值为 0.619 622，此即为北京 2008 年资源承载力的承压指标。进而通过 C7、C8、C9 可以得出 B3，C10、C11、C12 可以得出 B4，以此类推，得出 2008—2012 年 B1 到 B8 的具体数值，具体数值见表6。

表6　2008—2012年 B1 到 B8 的数值

年份	资源承载力压力指标（B1）	资源承载力承压指标（B2）	环境承载力压力指标（B3）	环境承载力承压指标（B4）
2008	0.654 485	0.619 622	0.333 333	0
2009	0.830 271	0.547 607	0.991 415	0.988 199

年份	资源承载力压力指标（$B1$）	资源承载力承压指标（$B2$）	环境承载力压力指标（$B3$）	环境承载力承压指标（$B4$）
2010	0.859 886	0.387 453	0.978 566	0.923 773
2011	0.592 958	0.523 312	0.637 847	0.980 461
2012	0.312 460	0.868 415	0.589 499	0.991 622

年份	经济承载力压力指标（$B5$）	经济承载力承压指标（$B6$）	社会承载力压力指标（$B7$）	社会承载力承压指标（$B8$）
2008	0.582 830	0.333 333	0.107 838	0.032 423
2009	0.772 350	0.722 242	0.708 348	0.494 453
2010	0.800 965	0.739 973	0.653 510	0.815 111
2011	0.399 919	0.717 962	0.705 330	0.951 19
2012	0.450 566	0.666 667	0.982 8447	1

3.2.2 对准则层（如 $B1$、$B2$）根据尖点突变模型进行归一化处理

具体公式如下：

$$Z_{A1} = \frac{\sqrt{B1} + \sqrt[3]{B2}}{2}$$

根据以上公式通过 B1、B2 可以得出 A1 的值为 0.830 766，此即为 2008 年北京的资源承载力。进而通过 $B3$、$B4$ 可以得出 A2。以此类推，得出 2008—2012 年 A1 到 A4 的具体数值，见表 7。

表 7   2008—2012 年 A1 到 A4 的数值

年份	资源承载力（A1）	环境承载力（A2）	经济承载力（A3）	社会承载力（A4）
2008	0.830 766	0.288 675	0.728 397	0.323 629
2009	0.864 662	0.995 875	0.888 022	0.816 194
2010	0.828 160	0.981 571	0.899 73	0.871 263
2011	0.787 943	0.896 049	0.763 913	0.911 648
2012	0.756 520	0.882 494	0.772 411	0.995 693

3.2.3 对基础层（$A1$、$A2$、$A3$、$A4$）根据蝴蝶突变模型进行归一化处理

具体公式如下：

$$Z_O = \frac{\sqrt{A1} + \sqrt[3]{A2} + \sqrt[4]{A3} + \sqrt[5]{A4}}{4}$$

其中即为综合承载力，也就是目标层，（具体数值见表 8）。

表8   2008—2012 年 O 的数值

年份	综合承载力（O）
2008	0.823 552
2009	0.964 859
2010	0.962 649
2011	0.942 074
2012	0.941 397

4   评价结果的具体分析

4.1   承载力分析

将上述结果绘成折线图，如图1、图2所示。

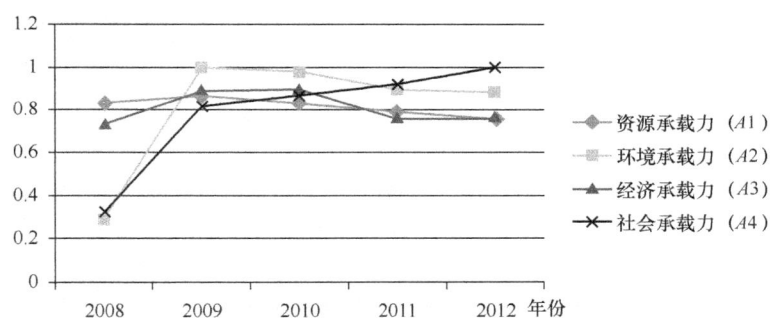

图1   2008—2012 年北京资源、环境、经济、社会承载力趋势

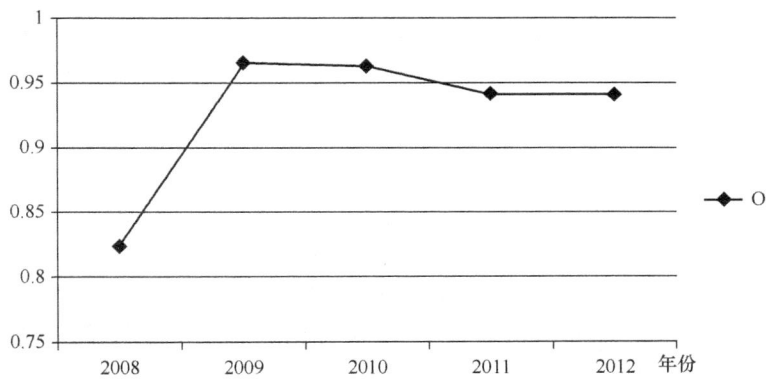

图2   2008—2012 年北京综合承载力趋势

由图 1 可得出，北京资源承载力在 2008—2009 年略有上升，2009—2012
年呈逐渐下降趋势，表明北京的资源承载力相对薄弱，形势不容乐观，如果
不采取合理有效措施，其资源承载能力很可能进一步下降；环境承载力在
2008—2009 年上升幅度较大，2009—2012 年的趋势与资源承载力趋同，也逐
渐下降，虽然 2008—2009 年环境改善很大，但是在后几年却没有继续保持，
且近两年北京的空气质量与环境污染越来越严重，必须引起高度重视；经济
承载力先上升后下降，在 2010 年达到最大值，说明北京的经济增长还是相对
稳定的，没有出现较大幅度的波动，应该在可持续发展的前提下，不断地提
高北京的经济承载力；社会承载力则一直呈上升趋势，这是一个良好的事态，
虽然北京仍然存在客运总量过大等问题，但是在教育投入、人才引进、环境
改善方面已经提高不少，这对北京的综合承载力的提升具有重要作用。

再来看北京 2008—2012 年的综合承载力，2008 年北京的综合承载力很
低，仅为 0.823 552，在 2009 年得到了较大的转变，达到了 0.964 859。但是
在后几年北京的综合承载力却小幅下降，综合承载力能力减弱。因此北京若
是想提高城市综合承载力，必须在保证经济承载力稳定和社会承载力上升的
前提下，不断地加强资源承载力和社会承载力，提高其可持续发展的能力。

4.2 承压指数分析

将表中的压力指标标准化数据去除，则可以得到北京 2008—2012 年的承
压指数，如表 9 所示。

表 9　北京 2008—2012 年的承压指数

年份	资源承压指数	环境承压指数	经济承压指数	社会承压指数
2008	0.619 622	0	0.333 333	0.032 423
2009	0.547 607	0.988 199	0.722 242	0.494 453
2010	0.387 453	0.923 773	0.739 973	0.815 111
2011	0.523 312	0.980 461	0.717 962	0.951 19
2012	0.868 415	0.991 622	0.666 667	1

折线图如图 3 所示。

由折线图可以看出，除社会承压指数呈上升趋势以外，资源、环境、经
济承压指数并没有明显的趋势变化。因此可以得出：虽然社会承载量在不断
扩大，但是由于社会承压能力的上升，社会承载力也不断上升。而在资源消
耗不断增加、环境污染日益严重的情况下，资源承压指数和环境承压指数却

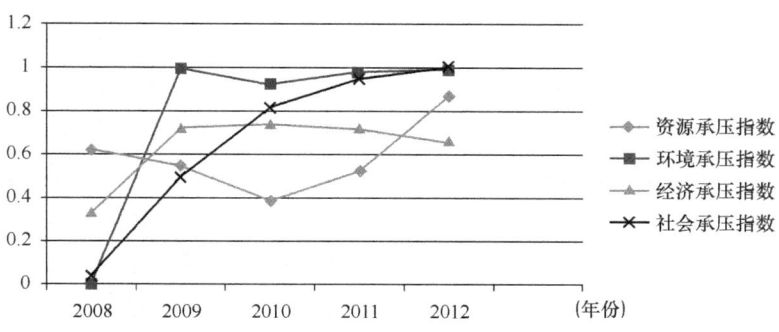

图3 2008—2012年北京资源、环境、经济、社会承压指数

没有加大，因此北京资源承载力和环境承载力从2009年开始呈不断下降的趋势。因此若想提高北京的资源承载力和环境承载力，必须减少资源环境压力水平，提升资源环境承压指数。

5 提高北京综合承载力的建议

5.1 制定相关政策，引导资源需求

北京的资源承载力相对较弱，因此应大力提高资源承载力。其一，制定基于资源承载力的政策和科学决策机制，细化土地、水等资源的综合管理条例，明确资源开发利用的法律边界。其二，优化北京的产业结构，达到资源的合理配置利用。政府和企业应加大对能源替代、能源降耗等新技术的补贴和研发，使北京的产业结构实现生态化调整。其三，应正确引导资源需求，制定合理的奖惩制度，使北京市民树立资源危机意识，养成良好的节约能源的消费方式。

5.2 落实规划纲要，治理环境污染

北京的环境承载能力也处于下降的状态，必须加大环境治理。其一，落实十八大规划纲要，控制京津冀污染物排放总量。近年来，北京雾霾现象之所以越发严重，与污染物的过多排放是分不开的。而京津冀作为整体，必须全面控制。其二，加大对北京生活垃圾和工业垃圾的分类治理，对可利用垃圾进行改造升级，减少垃圾的治理难度和危害程度。其三，加大宣传力度，提高北京人民的环境保护意识，为构造"美丽北京"出力。

5.3 关注第三产业，统筹区域发展

北京的经济承载力需要全面提升，要做到：其一，加大对第三产业的支持力度。一个城市成长为国际大都市的标志是第三产业的发达。第三产业相对于第一、第二产业具有较大的利益上升空间，因此北京需在现有基础上更加关注第三产业。其二，做好城市规划，统筹区域发展。北京现有 16 区，应明确功能核心区、功能拓展区、发展新区、涵养发展区的定位，在减少区域经济差距的同时也要突出重点。

5.4 改善交通现状，积极引进人才

北京的社会承载力态势良好，但仍需要注意以下几点：其一，不断提高北京交通的承载力，制定相关政策减少交通拥堵现象。其二，加大对北京高校的扶持，同时最大限度地保证教育公平性。其三，建立人才引进和保障制度，最大限度地减少人才流失。

5.5 提高整体协调性，不断提高综合承载力

要想提高北京的综合承载力，必须协调北京的资源承载力、环境承载力、经济承载力、社会承载力，使其全面和谐发展。不能为了经济承载力、社会承载力而降低资源承载力和环境承载力，也不能为了环境承载力、资源承载力而放弃经济承载力和社会承载力。针对以上分析：北京应该着重关注资源承载力和环境承载力，同时也应保持经济承载力和社会承载力较快发展。

参考文献

[1] 史宝娟，郑祖婷．河北省综合承载力分析及对策研究 ［N］．河北经贸大学学报，2014 (7)：4 - 35.

[2] 王凡凡，苗承玉，李明玉．延吉市城市综合承载力评价研究 ［N］．河北师范大学学报，2013 (3)：2 - 37.

[3] 刘晓丽，方创琳．城市群资源环境承载力研究进展及展望 ［J］．地理科学进展，2008 (9)：5 - 27.

[4] 傅鸿源，胡森．城市综合承载力研究综述 ［J］．城市问题，2009 (5)，27 - 31.

[5] 孔凡文，刘亚佳，常春光．城市综合承载力的内涵及测算思路 ［J］．城市问题，2012 (1)：26 - 29.

[6] 王坤岩，臧学英．京津冀地区生态承载力可持续发展研究 ［J］．理论学刊，2014 (1)：

1 – 239.

［7］柴国平，徐明德，王帆，左禅．资源与环境承载力综合评价模型研究［J］．地球信息科学，2014（3）：2 – 16.

［8］王树通，郭怀成，王丽婧．北京市相对资源承载力分析［N］．安全与环境学报，2005（10）：5 – 5.

［9］杨静，张仁铎，翁士创，余云军．海岸带环境承载力评价方法研究［J］．中国环境科学，2013（3）.178 – 185.

附表：

表 10　北京市环境承载力压力指标 2008—2012 年中国统计年鉴数据（1）

年份	空气质量达到二级以上的天数（天）	二氧化硫（SO_2）排放量（万吨）	区域环境噪声平均值（分贝）
2008	274	12. 3214	53. 6
2009	285	11. 9	54. 1
2010	286	11. 505	54. 1
2011	286	9. 8	53. 7
2012	281	9. 4	54

表 11　北京市环境承载力承压指标 2008—2012 年中国统计年鉴数据（2）

年份	建成区绿化覆盖率（%）	城市园林绿地面积（公顷）	森林覆盖率（%）
2008	37. 2	46 993	21. 26
2009	47. 7	61 695	31. 72
2010	43. 3	62 672	31. 72
2011	45. 6	63 540	31. 72
2012	46. 2	65 540	31. 72

表 12　北京市经济承载力压力指标 2008—2012 年中国统计年鉴数据（1）

年份	GDP 增长率（%）	第一产业占 GDP 的比重（%）	人均 GDP（元）
2008	9. 1	1. 1	64 491
2009	10. 2	1	66 940
2010	10. 3	0. 9	73 856
2011	8. 1	0. 8	81 658
2012	7. 7	0. 840 073	87 475

表 13　北京市经济承载力承压指标 2008—2012 年中国统计年鉴数据（2）

年份	社会劳动生产率（元/人）	第三产业占 GDP 的比重（%）	城镇居民家庭恩格尔系数（%）
2008	115 565	73.25	33.8
2009	122 807	75.9	33.2
2010	139 057	75.110 9	32.1
2011	154 684	76.1	31.411
2012	164 257	76.5	31.34

表 14　北京市社会承载力压力指标 2008—2012 年中国统计年鉴数据（1）

年份	人口自然增长率（‰）	专任教师数（人）	城市客运总量（万人次）
2008	3.42	199 000	592 523
2009	3.5	204 000	658 785
2010	3.07	207 000	689 789
2011	4.02	200 000	722 552
2012	4.74	205 000	761 578

表 15　北京市社会承载力压力指标 2008—2012 年中国统计年鉴数据（2）

年份	私人汽车拥有量（辆）	客货运周转量（万吨公里）	高等教育校数（所）
2008	2 483 489	6 315 444.7	172
2009	3 002 748	6 265 284.2	178
2010	3 743 814	7 322 889.62	175
2011	3 872 928	8 553 100.83	176
2012	4 055 500	8 895 413.6	179

表 16　北京市环境承载力压力指标 2008—2012 年标准化数据（1）

年份	空气质量达到二级以上的天数（天）	二氧化硫（SO_2）排放量（万吨）	区域环境噪声平均值（分贝）
2008	0	0.999 999 841	0
2009	0.982 876 93	0.949 409 543	1
2010	1	0.819 235 934	1
2011	1	0.045 668 816	0.095 631 97
2012	0.629 345 422	0	0.904 368 03

表 17　北京市环境承载力承压指标 2008—2012 年标准化数据（2）

年份	建成区绿化覆盖率（%）	城市园林绿地面积（公顷）	森林覆盖率（%）
2008	0	0	0
2009	1	0.897 510 734	1
2010	0.625 730 99	0.942 022 935	1
2011	0.904 368 03	0.971 478 033	1
2012	0.950 360 963	1	1

表 18　北京市经济承载力压力指标 2008—2012 年标准化数据（1）

年份	GDP 增长率（%）	第一产业占 GDP 的比重（%）	人均 GDP（元）
2008	0.560 237 935	1	0
2009	0.996 310 001	0.749 885 051	0.027 855 834
2010	1	0.250 114 949	0.356 744 16
2011	0.057 400 156	0	0.849 965 26
2012	0	0.043 501 835	1

表 19　北京市经济承载力承压指标 2008—2012 年标准化数据（2）

年份	社会劳动生产率（元/人）	第三产业占 GDP 的比重（%）	城镇居民家庭恩格尔系数（%）
2008	0	0	1
2009	0.053 721 247	0.918 097 383	0.860 119 35
2010	0.472 477 977	0.612 973 805	0.217 712 314
2011	0.907 481 732	0.962 974 055	0.002 088 056
2012	1	1	0

表 20　北京市社会承载力压力指标 2008—2012 年标准化数据（1）

年份	人口自然增长率（‰）	专任教师数（人）	城市客运总量（万人次）
2008	0.104 660 835	0	0
2009	0.154 997 122	0.691 249 749	0.333 605 122
2010	0	1	0.617 200 726
2011	0.607 273 275	0.0381 745 94	1
2012	1	0.853 412 591	0.999 999 841

表 21　北京市社会承载力承压指标 2008—2012 年标准化数据（2）

年份	私人汽车拥有量（辆）	客货运周转量（万吨公里）	高等教育校数（所）
2008	0	0. 000 920 258	0
2009	0. 246 021 858	0	0. 950 360 963
2010	0. 905 957 619	0. 348 723 66	0. 388 794 988
2011	0. 966 977 371	0. 958 666 171	0. 611 205 012
2012	1	0. 999 999 841	1

北京基础教育功能疏解研究

王雪莹　叶堂林①

摘　要： 随着北京新城的发展，北京市常住人口疏解已经取得了一定的成绩，但是基础教育资源的疏解工作却远远落后于人口疏解。本文通过分析近几年来基础教育资源在首都功能核心区、城市功能拓展区、城市发展新区和生态涵养发展区的空间和数量变化趋势，得出北京基础教育资源仍在集聚的结论；通过对北京教育资源疏解的内部驱动和外部推动两方面的分析得出北京教育功能疏解尚未开始的原因；根据这些原因提出促进北京教育疏解的四个方面的政策建议。

关键词： 教育；功能疏解；北京

1　北京基础教育的功能疏解尚未开始

1.1　北京优势教育资源更多集中在首都功能核心区和城市功能拓展区

北京市基础教育资源分布符合常住人口分布现状，但在优质教育资源上首都功能核心区和城市功能拓展区仍占据优势地位。

一是从基础教育在校学生数量分布来看，首都功能核心区、城市功能拓展区、城市发展新区和生态涵养发展区基础教育阶段在校学生数的变化趋势基本保持一致，在园幼儿数都在上升，符合当前学前教育快速发展的现状；小学在校学生数除生态涵养发展区在下降外其他三区都在上升，而普通中学在校学生数除功能拓展区稍有上升外其余区亦都在下降，符合适龄人口减少的趋势（具体见表1、表2、表3）。其中，2012年北京市常住人口中0～14岁人口数量，首都功能核心区18.5万，城市功能拓展区92.7万，城市发展

---

①　作者简介：王雪莹，叶堂林，首都经济贸易大学。

新区 62.6 万，生态涵养发展区 20.7 万。核心区和功能拓展区在校学生数量大于城市发展新区和生态涵养发展区，前者是后者的 1.4～1.5 倍左右，符合常住人口的数量分布。

表 1 北京市不同功能区在园幼儿数分布　　　（单位：人）

在园幼儿数	2008 年	2009 年	2010 年	2011 年	2012 年
首都功能核心区	22 751	24 812	27 051	28 003	28 583
城市功能拓展区	111 165	120 954	136 649	154 756	163 886
城市发展新区	64 674	71 619	80 139	90 881	99 203
生态涵养发展区	28 091	30 393	33 155	37 777	39 852

资料来源：2009—2013 年北京区域统计年鉴。

表 2 北京不同城市功能区小学在校学生数　　　（单位：人）

在校学生数	2008 年	2009 年	2010 年	2011 年	2012 年
首都功能核心区	95 265	94 742	95 614	99 682	102 357
城市功能拓展区	286 904	285 833	289 905	306 334	317 398
城市发展新区	191 915	187 757	192 202	200 062	225 137
生态涵养发展区	85 416	78 769	75 534	74 379	73 763

资料来源：2009—2013 年北京区域统计年鉴。

表 3 北京市不同功能分区普通中学在校学生数　　　（单位：人）

在校学生数	2008 年	2009 年	2010 年	2011 年	2012 年
首都功能核心区	107 958	102 959	99 207	97 244	95 933
城市功能拓展区	199 098	196 413	194 968	196 345	201 661
城市发展新区	155 615	147 052	142 931	137 197	138 815
生态涵养发展区	81 609	75 927	71 221	66 555	62 606

资料来源：2009—2013 年北京区域统计年鉴。

二是从基础教育专任教师数来看，比较各区县，2012 年朝阳区拥有的幼儿园专任教师数最多，高达 5 573 人，占北京市幼儿园专任教师数的 21.17%；门头沟区最少，为 305 人，仅占 1.16%。海淀区拥有的小学和中学专任教师数最多，分别为 6 644 人和 9 216 人，分别占北京市的 14.20% 和 16.06%；怀柔区小学专任教师数最少，为 1 195 人，仅占 2.55%，门头沟区的普通中学专任教师数最少，为 893 人，仅占 1.56%。根据城市功能区划分，

2008—2012 年首都功能核心区、城市功能拓展区、城市发展新区和生态涵养发展区幼儿园专任教师数都在上升，而小学专任教师数除城市功能拓展区外都在下降，普通中等学校专任教师数除生态涵养发展区外都在上升（见表 4、表 5、表 6）。除在幼儿园专任教师数上，首都功能核心区和城市功能拓展区的专任教师数是城市发展新区和生态涵养发展区的 1.7 倍多，小学和普通中学专任教师数前者与后者基本持平。

表 4　北京市不同功能区幼儿园专任教师数分布 （单位：人）

专任教师数	2009 年	2010 年	2011 年	2012 年
首都功能核心区	2 245	2 394	2 575	2 722
城市功能拓展区	10 751	11 903	13 254	14 002
城市发展新区	4 636	5 175	6 269	7 033
生态涵养发展区	2 120	2 205	2 072	2 573

资料来源：2010—2013 年北京区域统计年鉴。

表 5　北京市不同城市功能区小学专任教师数 （单位：人）

专任教师数	2008 年	2009 年	2010 年	2011 年	2012 年
首都功能核心区	7 583	7 516	7 472	7 068	7 278
城市功能拓展区	18 204	18 862	19 284	17 934	18 485
城市发展新区	14 754	14 854	14 980	13 477	14 124
生态涵养发展区	8 155	8 025	7 744	7 205	6 896

资料来源：2009—2013 年北京区域统计年鉴。

表 6　北京市不同功能分区普通中学专任教师数 （单位：人）

专任教师数	2008 年	2009 年	2010 年	2011 年	2012 年
首都功能核心区	10 231	10 245	9 996	10 207	10 445
城市功能拓展区	16 140	16 797	17 108	20 979	21 862
城市发展新区	15 360	15 260	15 085	17 092	17 260
生态涵养发展区	8 149	7 935	7 684	7 761	7 812

资料来源：2009—2013 年北京区域统计年鉴。

　　三是从基础教育的学校数量和质量分布来看。2012 年北京市基础教育所包含的学校数除在小学学校数量上，首都功能核心区与城市功能拓展区较明显低于城市发展新区和生态涵养发展区外，幼儿园和普通中等学校的数量是基本持平的（具体见表 7）。首都功能核心区和城市功能拓展区虽然拥有学校的绝对数并不是很多，但是两区的学校质量非常高。以高中示范校分布为例，截至目前北京 68 所高中示范校中，首都功能核心区拥有 27 所，占比为 39.71%，城市功能拓展区拥有 23 所，占比为 33.82%，城市发展新区拥有 12 所，占比 17.65%，生态涵养发展区仅拥有 6 所，仅占 8.82。2012 年经市教委同意重新认定的 27 位特级教师中朝阳区 8 位，海淀区 4 位，丰台区 12 位，昌平区 2 位，大兴区 1 位，城市功能拓展区占比 88.89%。

表7　2012 年北京市基础教育各阶段的学校数　　　　（单位：所）

学校数量	幼儿园数	小学学校数	普通中等学校数
首都功能核心区	117	135	94
城市功能拓展区	507	353	224
城市发展新区	393	415	210
生态涵养发展区	249	178	102

资料来源：2013 年北京区域统计年鉴。

1.2　北京基础教育资源集聚趋势仍在不断加剧

一是从基础教育在校学生数变动趋势来看，从在园幼儿数分布上看，首都功能核心区占比下降，城市功能拓展区和生态涵养发展区相对稳定，城市发展新区占比持续上升；从小学在校学生数分布来看，核心区占比略有下降，功能拓展区占比小幅度上升，城市发展新区占比上升，生态涵养区占比下降；从普通中等学校在校学生数分布上看，首都功能核心区和城市发展新区占比下降，城市功能拓展区占比上升幅度较大，生态涵养发展区占比是下降的（见表8、表9、表10）。由此可见，北京市学前教育和小学教育阶段在校学生已呈现疏解趋势，但是在中等教育阶段仍然集中在城市功能拓展区，且仍处在不断集聚过程中。

表8　北京不同城市功能区幼儿园在园幼儿分布　　　　（单位:%）

在园幼儿数	2008 年	2009 年	2010 年	2011 年	2012 年
首都功能核心区	10.04	10.01	9.77	8.99	8.62
城市功能拓展区	49.04	48.82	49.33	49.69	49.43
城市发展新区	28.53	28.90	28.93	29.18	29.92
生态涵养发展区	12.39	12.27	11.97	12.13	12.02

资料来源：根据 2009—2013 年北京区域统计年鉴计算得出。

表9 北京不同城市功能区小学在校学生分布　　　（单位:%）

在校学生数	2008 年	2009 年	2010 年	2011 年	2012 年
首都功能核心区	14.45	14.64	14.65	14.65	14.24
城市功能拓展区	43.50	44.17	44.38	45.02	44.17
城市发展新区	29.10	29.02	29.42	29.40	31.33
生态涵养发展区	12.95	12.17	11.56	10.93	10.26

资料来源:根据 2009—2013 年北京区域统计年鉴计算得出。

表10 北京不同城市功能区普通中等学校在校学生分布　　（单位:%）

在校学生数	2008 年	2009 年	2010 年	2011 年	2012 年
首都功能核心区	19.86	19.71	19.52	19.55	19.22
城市功能拓展区	36.58	37.60	38.35	39.48	40.41
城市发展新区	28.59	28.15	28.12	27.59	27.82
生态涵养发展区	14.99	14.54	14.01	13.38	12.55

资料来源:根据 2009—2013 年北京区域统计年鉴计算得出。

二是从基础教育专任教师数变动趋势来看,从幼儿园专任教师数分布来看,除城市发展新区占比上升外,首都功能核心区、城市功能拓展区和生态涵养发展区的占比都是下降的;从小学专任教师数分布来看,核心区和发展新区占比基本持平,城市功能拓展区占比上升,生态涵养区占比下降;从普通中等学校专任教师数分布来看,除城市功能拓展区占比上升幅度较大外,其余三区都在下降(具体见表11、表12、表13)。由此得出,除在学前教育阶段专任教师呈现疏解趋势外,小学和中等教育阶段,专任教师数仍主要集中于城市功能拓展区和城市发展新区,但是城市功能拓展区占比在不断上升,而城市发展新区却在不断下降,专任教师资源仍在不断聚集。

表11 北京不同功能区幼儿园专任教师分布　　　（单位:%）

专任教师数	2009 年	2010 年	2011 年	2012 年
首都功能核心区	11.37	11.04	10.65	10.34
城市功能拓展区	54.43	54.91	54.84	53.18
城市发展新区	23.47	23.87	25.94	26.71
生态涵养发展区	10.73	10.17	8.57	9.77

资料来源:根据 2009—2013 年北京区域统计年鉴计算得出。

表 12　北京市不同功能分区小学专任教师分布　　　（单位:%）

专任教师数	2008 年	2009 年	2010 年	2011 年	2012 年
首都功能核心区	15.57	15.26	15.10	15.47	15.56
城市功能拓展区	37.38	38.29	38.97	39.26	39.51
城市发展新区	30.30	30.16	30.27	29.50	30.19
生态涵养发展区	16.75	16.29	15.65	15.77	14.74

资料来源：根据 2009—2013 年北京区域统计年鉴计算得出。

表 13　北京市不同功能分区普通中学专任教师分布　　　（单位:%）

专任教师数	2008 年	2009 年	2010 年	2011 年	2012 年
首都功能核心区	20.51	20.39	20.04	18.21	18.20
城市功能拓展区	32.36	33.44	34.30	37.44	38.10
城市发展新区	30.79	30.38	30.25	30.50	30.08
生态涵养发展区	16.34	15.80	15.41	13.85	13.61

资料来源：根据 2009—2013 年北京区域统计年鉴计算得出。

　　三是从基础教育的学校数量变动趋势来看，在幼儿园数量变化上，首都功能核心区是增加的，从 2008 年的 112 所上升为 2012 年的 117 所，上升了 4.46%；增幅最大的是城市功能拓展区，2008—2012 年这 5 年间，从 2008 年的 458 家上升为 2012 年的 507 家，增长了 11.92%；而城市发展新区和生态涵养发展区却是下降的，分别下降了 9.86% 和 6.04%。从小学数量变化上看，四个功能区中，下降幅度最大的是生态涵养发展区，从 2008 年 244 所下降到 2012 年的 178，下降了 27.05%；下降幅度最小的为首都功能核心区，仅下降了 1.46%；城市功能拓展区和生态涵养发展区分别下降了 6.37% 和 6.53%。从普通中等学校数量上，下降幅度最大的仍旧是生态涵养发展区，下降了 12.07%；下降幅度最小的为功能拓展区，仅下降了 1.75%；首都功能核心区和城市发展新区分别下降了 6.93% 和 8.30%（具体见表 14、表 15、表 16）。从上述数据可以看出，基础教育资源不仅没有向周边疏解，聚集趋势反而在加剧。

表 14　北京市各功能区幼儿园分布（2008—2012 年对比）

年份 地区	幼儿园数（所）		幼儿园数比重（%）		增长率（%）	占比增长（%）
	2008 年	2012 年	2008 年	2012 年	2008—2012	2008—2012
首都功能核心区	112	117	8.85	9.24	4.46	0.39

续表

年份 地区	幼儿园数（所）		幼儿园数比重（%）		增长率（%）	占比增长（%）
	2008 年	2012 年	2008 年	2012 年	2008—2012	2008—2012
城市功能拓展区	453	507	35.78	40.05	11.92	4.27
城市发展新区	436	393	34.44	31.04	−9.86	−3.4
生态涵养发展区	265	249	20.93	19.67	−6.04	−1.26

资料来源：2009—2013 年北京区域统计年鉴计算得出。

表 15　北京市各功能区小学分布（2008—2012 年对比）

年份 地区	小学数（所）		小学数比重（%）		增长率（%）	占比增长（%）
	2008 年	2012 年	2008 年	2012 年	2008—2012	2008—2012
首都功能核心区	137	135	11.40	12.49	−1.46	1.09
城市功能拓展区	377	353	31.36	32.65	−6.37	1.29
城市发展新区	444	415	36.94	38.39	−6.53	1.45
生态涵养发展区	244	178	20.30	16.47	−27.05	−3.83

资料来源：2009—2013 年北京区域统计年鉴计算得出。

表 16　北京市各功能区普通中等学校分布（2008—2012 年对比）

年份 地区	普通中等学校数（所）		普通中等学校比重（%）		增长率（%）	占比增长（%）
	2008 年	2012 年	2008 年	2008—2012	2008—2012	2008—2012
首都功能核心区	101	94	14.99	14.92	−6.93	−0.07
城市功能拓展区	228	224	33.83	35.56	−1.75	1.73
城市发展新区	229	210	33.98	33.33	−8.30	−0.65
生态涵养发展区	116	102	17.21	16.19	−12.07	−1.02

资料来源：2009—2013 年北京区域统计年鉴计算得出。

1.3　随着外来务工人员子女的大量迁入，加剧了首都功能核心区和城市功能拓展区的基础教育的压力

北京市每年迁入大量的外来务工人员，随迁子女数量日益剧增且增长迅速。从 2012 年北京市不同功能区常住外来人口数量来看，常住外来人口最多的功能区为城市功能拓展区，为 413 万人，约占 53.37%，生态涵养发展区的人数最少，为 31.2 万人，仅占 4.03%。城市发展新区的外来人口增长速度最快，从 2008 年的 144.3 万人增长到 2012 年的 275.1 万人，增长 90.64%，城

市功能拓展区其次，涨幅为 58.79%，首都功能核心区为 43.04%，生态涵养发展区为 38.05%（具体见表 17）。由此可知，常住外来人口主要集中于首都功能核心区和城市功能拓展区，但已出现向城市发展新区疏解的趋势，相应的随迁子女教育加剧了首都功能核心区和城市功能拓展区的基础教育的压力。

表 17　北京市不同功能区常住外来人口数量　　（单位：万人）

北京常住外来人口	2008 年	2009 年	2010 年	2011 年	2012 年
首都功能核心区	38.1	43.4	54.7	53.4	54.5
城市功能拓展区	260.1	279.7	379.7	400.0	413.0
城市发展新区	144.3	161.0	240.0	257.7	275.1
生态涵养发展区	22.6	25.1	30.7	31.1	31.2

资料来源：2009—2013 年北京市区域统计年鉴。

2　北京基础教育资源尚未开始疏解的主因分析

近年来北京市为了提高优质教育资源供给能力，促进义务教育均衡发展，采取了一系列政策措施，鼓励支持农村基础教育发展、加快完善现代化公共教育服务体系建设，这些措施促进了公共基础教育的发展，但是未能满足中心城区人口疏散、城市功能拓展区和城市发展新区建设对加快教育资源空间布局调整的需要，优质教育资源集中在中心城区的情况没有从根本上改变。本文从基础教育资源内部驱动力和外部推动力两个方面对基础教育资源尚未疏解的原因进行了分析。

2.1　内部驱动力不足

2.1.1　优势积累效应增加了优质教育资源的核心竞争力，导致优质教育资源不愿意被疏解

好学校是因为有众多优秀教师、高的升学率和优质的软硬件设施，而这些好学校凭借高水平的教学质量吸引着众多学生和家长，由于择优录取的招生制度，入学的生源相比较优质。同时由于名校制度完善、收入水平和福利水平高，也吸引着众多优秀教育人才。结果优质的生源加上高质量的教学水平自然形成高的升学率进而加强了好学校的核心竞争力，导致教育资源两极分化趋势日益加剧，形成优势积累效应。优势积累效应使得优质教育资源核心竞争力越来越强，有大批的家长和学生趋之若鹜，疏解的内部驱动力弱。

2.1.2 现存利益导致优质教育资源在缺乏有效利益激励下不愿意向周边疏解

由于历史等方面的原因，北京大部分优秀学校都集中在核心城区和城市功能拓展区，近 10 多年来两区域的地价翻了十几、甚至几十倍不止，从学校角度来说，搬走并不划算。同时，优质教育资源的核心是优秀教育人才，首都功能核心区和城市功能拓展区由于具有生活便利、交通方便等优质公共服务配套条件因而吸引着优秀的教育人才，导致优质教育资源不愿意被疏解。对于学生而言，核心区和功能拓展区不仅交通便利，教育辅助资源亦十分丰富，以北京市公共图书馆为例，首都核心区和功能拓展区的公共图书馆个数与发展新区和生态涵养区基本持平，但是前者的总藏书是后者的 6 倍多（具体见表 18）。因此，在没有有效的利益激励机制的情况下，优质的基础教育资源依靠自身是很难疏解的。

表 18 2012 年北京市各功能分区公共图书馆情况

各功能区	个数（个）	总藏数（万册）	总流通人次（万）	书刊文献外借册次（万）
首都功能核心区	5	272	168	179
城市功能拓展区	9	4 556	824	375
城市发展新区	6	350	158	160
生态涵养发展区	5	378	93	105
全市	25	5 556	1 243	819

资料来源：2013 年北京区域统计年鉴。

2.2 外部驱动因素匮乏

2.2.1 社会力量办学严重滞后，仅依靠政府力量办学，导致基础教育服务供给明显不足

我国民办教育是在我国改革开放的时代背景下产生的，它的产生与成长是改革开放政策在教育领域的一项重要成果。1992 年党的十四大报告指出"鼓励多渠道、多形式社会集资办学和民间办学，改变国家包办教育的做法"；1993 年 2 月中共中央、国务院颁布的《中国教育改革和发展纲要》规定，"改变政府包揽办学的格局，逐步建立以政府办学为主体、社会各界共同办学的体制"，"国家对社会团体和公民个人依法办学，采取积极鼓励、大力支持、正确引导、加强管理的方针"。

尽管政府大力支持民办教育，但社会力量办学仍旧严重滞后。根据

《2013—2014 学年度北京教育事业发展统计概况》，北京市幼儿园总数为 1 384 所，其中民办幼儿园为 518 所，占 37.43%；全市小学学校总数为 1 093 所，民办小学为 61 所，仅占 5.58%；中等教育阶段，全市学校数为 757 所，民办学校为 99 所，占 13.08%。由此可知，在学前教育阶段，民办教育已经发挥了一定的作用；但在义务教育阶段，民办教育发展落后。社会力量办学严重滞后的原因有三：一是政府大力支持公立学校的发展，使其提供了大量基础教育服务，挤占了社会办学机构满足社会教育需求的发展空间。二是现行的义务教育免收学费和杂费政策提高了学生到民办学校就学的机会成本，阻碍了民办教育的发展。三是人才匮乏是社会力量办学最大的障碍。公立学校聚集了大批受过良好教育并具有丰富教学经验的优秀教师，公立学校作为事业单位，在职教师流动受到制约，使民办教育无法聘用到足够多的优秀教育人才。由于基础教育服务供给不足，因此无法产生外部推动的作用。

2.2.2　现存教育评价与家长的教育理解误区，不利于优质教育资源的疏解

当前我国的教育评价制度还不够完善，各级学校招生的录取方式是以志愿为顺序，以分数为依据，择优录取。综合素质评价指标还需进一步落实。家长都十分注重孩子的教育，有数据表明当前教育支出占城市居民家庭收入的 1/3，随着人们收入水平的提高，家长往往不计成本，只希望孩子能得到好的教育进好学校。同时，广大家长和学生普遍存在上重点初中很大程度上就能进重点高中，进了重点高中就代表一只脚迈进了重点大学门槛的教育理解，导致家长与学生对重点学校盲目追从，亦不利于优质基础教育资源疏解。

3　促进北京基础教育资源疏解机制及对策

北京优质基础教育资源需要疏解的原因很多，其根本原因在优质教育资源过度集中，导致北京市区域间教育失衡现象严重，不利于公共教育资源的公平配置和社会的长远发展，同时还导致中心人口密度过大、交通拥堵、学区房价格居高不下等问题。如何使北京优质基础教育资源符合人口疏解趋势有序地向周边疏解，本文认为应该从以下几个方面着手。

3.1　合理调整基础教育空间布局，优化教育投入分配结构

一是要结合首都城市布局规划、人口迁移聚集分布趋势和学龄人口变化趋势，统筹规划城镇建设和学校布局，制定未来几年各区（县）幼儿园、中

小学校空间布局规划。二是政府要有意识地引导优质教育资源向城市发展新区和生态涵养发展区疏解，通过联办、合作办学以及举办分校等形式，推动中心城区优质教育资源的分布调整，实现基础教育空间的合理优化布局。三是要完善教育投入稳定增长机制，进一步完善以政府投入为主、多渠道筹集教育经费体制的同时，加大财政投入向农村和城市发展新区教育倾斜的力度。优化基础教育投入分配结构，建立以办学成本为基础、与物价水平相一致的各级、各类教育生均定额标准动态调整机制。增强经费统筹能力，重点加大对农村教师队伍建设、农村幼儿园、农村寄宿制学校和城镇薄弱学校建设的投入。

3.2 严格落实义务教育免试就近入学制度，解决"择校热"问题

2014 年 2 月《教育部关于进一步做好小学升入初中免试就近入学工作的实施意见》和《教育部办公厅关于进一步做好重点大城市义务教育免试就近入学工作的通知》出台，规定 2014 年包括北京市在内的 19 个重点大城市应制订完善进一步规范义务教育免试就近入学的方案。坚持免试就近入学，完善公平入学规则，实现辖区内符合规定的适龄学生学有其位，确保每一适龄学生入学机会公平。将义务教育免试就近入学制度落实到实处，降低核心区和功能拓展区的核心竞争力，有助于解决"择校热"问题，同时亦有利于优质教育资源的疏解。

3.3 鼓励首都功能核心区和城市功能拓展区的优质教育资源向周边疏解，推进教育资源均衡发展

一是采取各种相关政策，鼓励优秀教师资源向城市发展新区和生态涵养发展区转移，北京市教育发展失衡的一个重要方面即优秀教师资源的分配不均，政府要完善农村教师工资、职务聘任等倾斜和津贴补贴制度，以医疗和住房条件保障为重点优化教育人才发展的生活空间，吸引优秀教师资源向城市发展新区和生态涵养发展区转移。二是完善区县之间"结对子"定向疏解教育资源的工作机制，强化区县人口疏解和教育资源的对接，以确保在疏解人口的同时，实现优质教育资源的疏解，让外迁至新建居住区的居民子女享受到的基础教育质量和水平不下降。三是建立优质资源整合与共享的长效机制，核心区的名校到发展新区及生态涵养区办分校或者是学校间结成友好合作学校，互相学习，资源共享，定期选派优秀骨干教师到互助学校指导课堂教学及教研组活动，互派教师进行业务讲座、经验交流等，真正推进区县之

间的优质资源对接，满足新建居住区居民对优质教育资源的需求。

3.4 鼓励社会力量办学，增强现有基础教育资源的活力

鼓励社会力量办学，加大对民办教育的分类指导和分类管理力度。引导民办学校公益办学、规范办学、优质办学和特色办学。落实民办教育平等优惠政策，建立民办教育表彰奖励制度，重点扶持、培育一批适应社会发展需要的高水平、高质量、有特色的品牌学校。

3.5 完善城市发展新区和生态涵养发展区的公共服务配套设施，增强其对优质教育资源的吸引力

一是降低城市发展新区和生态涵养发展区的生活成本，提高其生活便利程度。当前，阻碍优质基础教育资源向郊区疏解的重要原因是远郊区生活便利程度低、生活成本高、通勤时间长，一定程度上降低了生活质量。建议政府加大新城市政基础设施和生活配套设施的建设力度、提高生活便利程度的同时，对新城各种服务的费用采取更加优惠的政策，以降低郊区生活的成本。二是促进新城功能完善，实现新城公共服务与中心城区的均等化，公共资源均等化才是系统解决城市功能与人口过于集中问题的前提条件和重要基础。有了公平而均等的公共资源，优秀教育人才的流动就能够在各区县之间、城乡之间趋于平衡，北京优质基础教育分布不均的问题自然能够逐步得到解决。因此，今后北京在配置重大公共项目和公共资源时，应优先安排新城建设，通过重大项目在新城的投资倾斜，逐步实现公共资源的均等化，从而增加新城的吸引力。

4 结论

北京作为特大城市，"大城市病"现象十分严重，面临着交通拥挤、环境污染严重、房价居高不下等各项问题，城市功能疏解是解决这些问题的关键所在。随着北京周边新城的发展，人口疏解取得一定的成效，但由于历史的、现实的各种问题，北京基础教育功能疏解尚未开始。由于北京市的优质教育资源过度集中，导致北京市区域间教育失衡，这不仅不利于公共教育的公平配置，而且明显降低了周边新城作为功能疏解承接地的吸引力，北京基础教育功能的疏解势在必行。

参考文献

［1］张晶晶．我国教育资源公平配置的政策研究［D］．南京：南京师范大学，2011.

［2］周彤．"十二五"时期北京教育发展战略研究［D］．北京：首都经济贸易大学，2011.

［3］吴岩，刘永武，桑锦龙．逐步实施十二年义务教育：新世纪北京教育发展的战略选择［J］．教育科学研究，2002（8）：5-9.

［4］高书国．北京教育发展战略构想［J］．教育科学研究，2000（2）：26-31.

北京市环境保护及污染治理对策研究

付李涛①

摘　要：北京作为中国的政治、文化中心，是世界特大城市之一，也是世界上环境污染较为严重的城市之一，环境污染越来越制约着北京的可持续发展，并且危害人民群众的身体健康。因此，研究北京市环境污染控制措施成为急迫的问题。本文通过分析北京市 2013 年环境污染状况，分析北京污染治理的制约因素，在此基础上提出了北京市环境保护及污染治理的对策。

关键词：北京市；环境保护；污染治理

1　引言

一直以来，北京十分关注环境质量改善，尤其 2008 年环境质量出现跨越式提升。但随着人口数量的攀升、城市规模的扩张，环境质量依然不能令人满意。2014 年 10 月，北京的 PM2.5 基本在 100 微克/立方米以上，多数时间在 150 微克/立方米以上，严重污染天数超过 10 天，其中重度污染天数达到 3 天，仅有 5 天没有雾霾。环境污染已经成为北京吸引跨国公司、国际组织和全球高端人才的一道鸿沟，严重阻碍了国际性大都市的建设步伐。北京环境污染不仅带来巨大的经济损失，也给市民的身体健康带来巨大威胁，北京环境污染治理需要借鉴发达国家的先进经验，但更需要探索适合国情、市情的治理对策。因此，全面掌握北京环境污染现状，准确把握其区域差异和演变规律，对于科学提出北京环境污染治理的政策建议，促进北京经济、社会可持续发展具有重要的现实意义，同时也对我国其他城市的环境污染治理政策制定提供有益借鉴。

---

① 作者简介：付李涛，首都经济贸易大学。

2 北京市 2013 年环境污染现状

2.1 大气环境

2.1.1 全市空气质量状况

2013 年全市空气中细颗粒物（PM2.5）年平均浓度值为 89.5 微克/立方米，超过国家标准 156%；二氧化硫（SO_2）年平均浓度值为 26.5 微克/立方米，达到国家标准；二氧化氮（NO_2）年平均浓度值为 56.0 微克/立方米，超过国家标准 40%；可吸入颗粒物（PM10）年平均浓度值为 108.1 微克/立方米，超过国家标准 54%。全市空气中一氧化碳（CO）24 小时平均第 95 百分位浓度值为 3.4 毫克/立方米，达到国家标准；臭氧（O_3）日最大 8 小时滑动平均的第 90 百分位浓度值为 183.4 微克/立方米，超过国家标准 15%。臭氧超标出现在 5 月到 9 月，全日高浓度时段集中于下午到晚间。全市大气降水年平均 pH 值为 5.38，酸雨频率为 16.0%。全市二氧化硫、二氧化氮和可吸入颗粒物多年变化均呈现显著下降趋势。5 年以来，二氧化硫和可吸入颗粒物仍为显著下降趋势，二氧化氮持平（见图 1）。

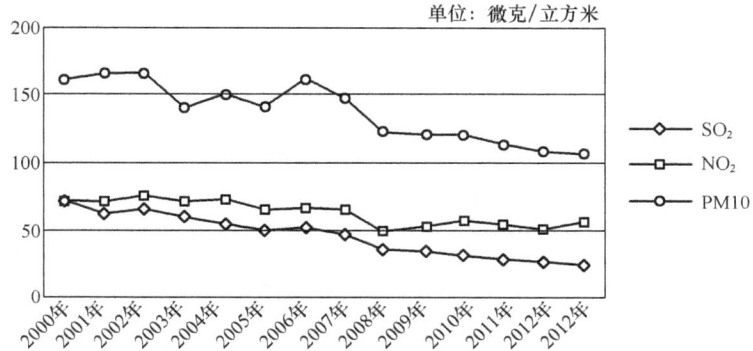

图 1　北京市空气中主要污染物年平均浓度值变化趋势

2.1.2 空气质量空间分布

2013 年全市空气质量南北差异显著。位于北部、西北部的生态涵养发展区好于其他区域。区域背景传输点监测结果表明，北部山区 PM2.5 浓度水平较低，京东北密云水库和八达岭 PM2.5 年平均浓度值为 60.3 微克/立方米，低于全市平均水平 33%；南部平原区 PM2.5 浓度水平较高，京西南琉璃河、京东南永乐店和京南榆垡站 PM2.5 年平均浓度值为 116.3 微克/立方米，高于全市平均水平 30%。交通污染监控点监测结果表明，交通环境 PM2.5 年平均浓度值为 102.1 微克/立方米，高于全市平均水平 14%；二氧化氮年平均浓度值为 78.7 微克/立方米，高于全市平均水平 41%。各区县空气中 PM2.5 年平均浓度范围在 68.0～107.8 微克/立方米，均未达到国家标准；二氧化硫年平均浓度范围在 19.2～38.6 微克/立方米，均达到国家标准；二氧化氮年平均浓度范围在 34.4～65.7 微克/立方米，延庆县、怀柔区和平谷区达到国家标准，其余区县市未达到国家标准；可吸入颗粒物年平均浓度范围在 78.3～131.7 微克/立方米，均未达到国家标准（见表 1）。

表 1　各区县主要污染物年平均浓度值　（单位：微克/立方米）

区县	PM2.5	SO$_2$	NO$_2$	PM10
东城区	93.6	26.8	58.0	109.6
西城区	91.7	28.8	59.6	112.5
朝阳区	91.3	29.7	64.0	112.4
海淀区	98.1	26.9	63.6	115.0
丰台区	96.9	28.1	57.5	118.5
石景山区	92.8	24.9	63.3	116.4
门头沟区	91.1	24.6	51.8	114.8
房山区	106.8	31.2	61.9	131.7
通州区	105.7	38.6	55.8	123.5
顺义区	84.8	20.8	44.8	98.5
大兴区	107.8	33.7	65.7	130.3
昌平区	79.2	25.9	43.5	94.7
平谷区	84.8	20.6	35.0	98.7
怀柔区	76.1	22.3	37.9	95.3
密云区	71.6	21.3	43.6	85.9
延庆县	68.0	19.2	34.4	78.3
北京经济技术开发区	104.9	33.6	57.5	123.2

* 根据城市建成区环境评价监测站监测结果核定。

2.2　水环境

2.2.1　地表水总体水质状况

2013 年全市地表水水质总体保持稳定，其中集中式地表水饮用水源地水质符合国家饮用水源水质标准。水资源短缺和城市下游河道水污染严重的局面尚未根本改变。

全市地表水水质空间差异明显，上游水质状况总体好于下游。全市地表水体监测断面高锰酸盐指数年均浓度值为 7.89 毫克/升，氨氮年均浓度值为 6.17 毫克/升，与上年相比总体稳定，略有上升。其中水库水质较好，湖泊水质次之，河流水质相对较差（见表2）。

表2　河流、湖泊、水库高锰酸盐指数、氨氮年平均浓度值

（单位：毫克/升）

类型	高锰酸盐指数			氨氮		
	2011 年	2012 年	2013 年	2011 年	2012 年	2013 年
总体	8.55	7.75	7.89	6.87	5.97	6.17
河流	9.36	8.36	8.45	8.43	7.22	7.42
湖泊	5.94	5.90	6.08	0.62	0.66	0.63
水库	3.38	3.66	3.57	0.21	0.19	0.40

2.2.2　河流水质

2013 年全市共监测五大水系有水河流 93 条段，长 2 219.1 公里，其中：Ⅱ类、Ⅲ类水质河长占监测总长度的 49.8%；Ⅳ类、Ⅴ类水质河长占监测总长度的 6.1%；劣Ⅴ类水质河长占监测总长度的 44.1%。主要污染指标为氨氮、生化需氧量、总磷、化学需氧量等，污染类型属有机污染型。五大水系中，潮白河系水质最好，永定河系和蓟运河系次之；大清河系和北运河系水质总体较差。城市下游不达标水体断面中化学需氧量、氨氮年均浓度值分别为 70.0 毫克/升和 10.1 毫克/升，与上年相比略有上升，总体呈下降趋势（见图2）。

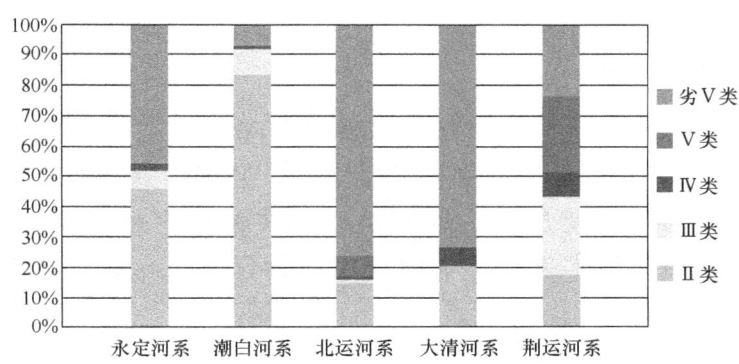

图2　五大水系水质类别长度百分比统计

2.2.3 湖泊水质

2013 年全市共监测有水湖泊 22 个，水面面积 720 万平方米，其中：Ⅱ类、Ⅲ类水质湖泊占监测水面面积的 4.0%，Ⅳ类、Ⅴ类水质湖泊占监测水面面积的 81.0%；劣Ⅴ类水质湖泊占监测水面面积的 15.0%。主要污染指标为总磷、化学需氧量、生化需氧量、高锰酸盐指数等。全市湖泊富营养化现象仍较严重，大部分处于轻度富营养至重度富营养状态（见图3）。

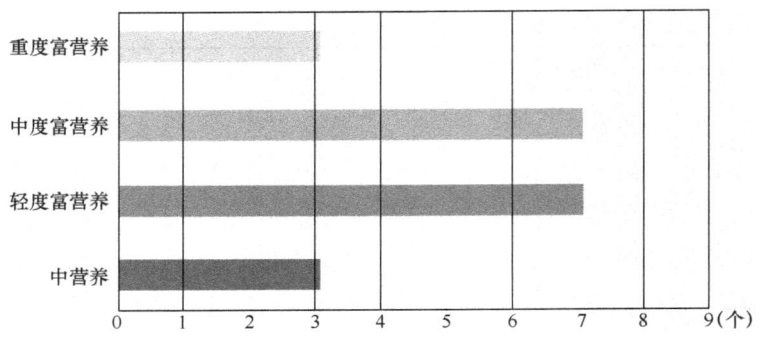

图3　全市湖泊各营养级别个数

2.2.4 水库水质

2013 年全市共监测有水水库 16 座，平均总蓄水量为 15.9 亿立方米，其中：Ⅱ类、Ⅲ类水质水库占监测总库容的 87.7%；Ⅳ类水质水库占监测总库容的 12.3%。主要污染指标为总磷、高锰酸盐指数和化学需氧量。密云水库和怀柔水库水质符合饮用水源水质标准，营养级别属于中营养。官厅水库水质为Ⅳ类，不符合规划水质要求，主要污染指标为化学需氧量、高锰酸盐指数、氟化物及总磷。

2.3 污染物排放

2013 年北京主要污染物排放总量继续下降（见图 4），提前两年动态完成国家下达的"十二五"污染减排任务，但污染物排放总量仍大幅超出环境容量。大气环境质量、地表水环境质量和声环境质量基本稳定，生态环境状况同比基本持平，辐射环境质量保持正常，环境安全得到有效保障。

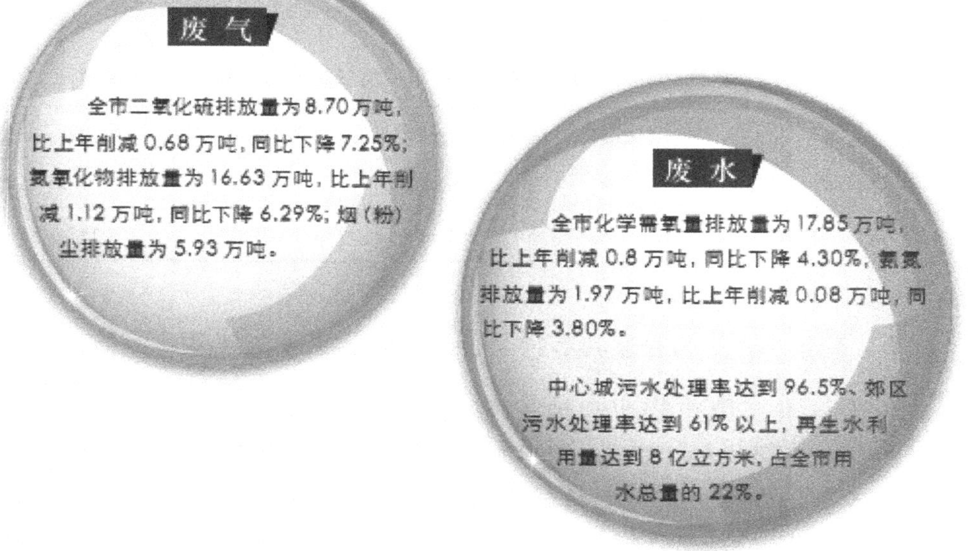

废 气

全市二氧化硫排放量为8.70万吨,比上年削减0.68万吨,同比下降7.25%;氮氧化物排放量为16.63万吨,比上年削减1.12万吨,同比下降6.29%;烟(粉)尘排放量为5.93万吨。

废 水

全市化学需氧量排放量为17.85万吨,比上年削减0.8万吨,同比下降4.30%;氨氮排放量为1.97万吨,比上年削减0.08万吨,同比下降3.80%。

中心城污水处理率达到96.5%、郊区污水处理率达到61%以上,再生水利用量达到8亿立方米,占全市用水总量的22%。

	二氧化硫	氮氧化物	化学需氧量	氨氮
2013 年	8.70	16.63	17.85	1.97
2012 年	9.38	17.75	18.65	2.05
与上年相比变化率（%）	-7.25	-.6.29	-4.30	-3.80
与2010相比变化率（%）	-16.6	-15.9	-10.9	-10.3
"十二五"削减目标（%）	-13.4	-12.3	-8.7	-10.1

图4 全市主要污染物排放量（单位：万吨）

3 北京市环境污染治理的制约因素

3.1 人口规模不断扩大

北京常住人口从2000年的1 363.6万人增长至2014年3月的2 114.8万人，人均地区生产总值从2009年的24 127元增长至2013年的87 475元，随着人口规模不断扩大，人民生活水平的不断提高，也带来了生活能源消费的不断增长（见表3），对北京环境质量带来了较大的负面影响，其中最明显的就是汽车尾气排放增多。截至2014年5月全市汽车保有量达到537万辆，位居全国首位。耗能 690 万吨标准煤,占生活消费耗能的 52%,汽车尾气排放已经成为北京空气的主要污染源。

表 3　2001—2013 年常住人口和生活耗能变化趋势

	常住人口	人均地区生产总值	人均生活耗能	生活耗能总量
2001—2013 年年均增长率	3.54%	11.33%	4.42%	8.12%
2013 年相对 2001 年增长率	51.75%	262.55%	68.10%	155.10%

3.2　第三产业结构存续具有较大惯性,结构调整治理环境污染风险较大

2013 年,北京第三产业吸纳就业人口达到 837.4 万人,占就业总数的 75.6%,是就业吸纳的主渠道。2002—2013 年,生产性服务业和生活性服务业占地区总产值的比重较大而且较为稳定,发展呈上升趋势,发展速度较快(见表 4),说明这种产业结构的存续具有较大惯性,增加了服务业结构优化的困难和风险。因此,通过调整第三产业结构的方式缓和人口压力、降低生活污染水平、进而解决环境污染问题短时间内难以显出成效。

表 4　北京市生产性服务业与生活性服务业发展趋势

	生产性服务业	生活性服务业
2013 年占 GDP 比重	50.3%	26.6%
2002—2013 年占 GDP 平均比重	38%	24%
2002—2013 年平均增长率	18%	16%
2013 年比 2012 年增长率	11%	9%

3.3　环境污染压力不断增强,环境治理资金相对不足

北京环保投资占 GDP 的比重逐年下降,从 2002 年 4.7% 下降到 2013 年的 2.56%,年平均下降 3.38%。世界银行研究显示,环保投资占 GDP 的比例达到 2% ~3% 时,环境质量可有所改善,2010—2013 年环保投资占 GDP 比例分别为 2.53%、2.68%、2.72% 和 2.56%,北京环境质量处于可有所改善阶段。然而,随着环境污染治理压力不断增加,以 2002 年不变价格,环境污染治理投资并不能完全满足环境治理的需要(见表 5)。

表5 环保投资实际值与生活用能源、生活垃圾清运量和生活污水排放量比较

	环保投资总额		生活消费耗能		生活垃圾清运量		生活污水排放量	
	总量	人均	总量	人均	总量	人均	总量	人均
2002—2013 年平均增长率	7.65%	3.88%	6.57%	2.84%	7.19%	3.14%	7.36%	3.29%
2013 比 2002 年增长率	124.98%	51.98%	101.47%	36.10%	114.63%	44.98%	118.34%	47.49%
2013 年比 2012 年增长率	2.7%	-0.31%	4.91%	1.96%	0.22%	-2.60%	33.17%	29.43%

4 北京市环境保护和污染治理对策

由于北京作为首都的特殊性，北京的环境污染已不是单纯的环境问题，而是一个与经济、社会发展交织在一起的复杂问题。北京环境污染的有效治理是一个复杂的系统工程，根本在于经济发展方式和城市发展模式的转变。结合当前北京环境污染的现状和发展趋势，应当遵循短期与长期相结合、治标与治本兼顾的治理原则，科学作出环境污染治理的政策选择。

4.1 空气污染治理

2014 年 10 月 31 日，经过一年半的科学研究，北京市 PM2.5 来源解析最新研究成果发布。北京市全年 PM2.5 来源中区域传输贡献约占 28% ~ 36%，本地污染排放贡献占 64% ~ 72%。在本地污染贡献中，机动车、燃煤、工业生产、扬尘为主要来源，分别占 31.1%、22.4%、18.1% 和 14.3%，餐饮、汽车修理、畜禽养殖、建筑涂装等其他排放约占 PM2.5 的 14.1%。

此次研究的主要结论表明，北京市空气中 PM2.5 主要成分为有机物（OM）、硝酸盐（NO_3^-）、硫酸盐（SO_2^-）、地壳元素和铵盐（NH_4^+）等，分别占 PM2.5 质量浓度的 26%、17%、16%、12% 和 11%。通过模型解析，全年 PM2.5 来源中区域传输贡献约占 28% ~ 36%，本地污染排放贡献占 64% ~ 72%。特殊重污染过程中，区域传输贡献可达 50% 以上。在本地污染贡献中，机动车、燃煤、工业生产、扬尘为主要来源，分别占 31.1%、22.4%、18.1% 和 14.3%，餐饮、汽车修理、畜禽养殖、建筑涂装等其他排放约占 PM2.5 的 14.1%。

研究结果发现，北京市 PM2.5 成分和来源呈现两个突出特点：一是二次粒子影响大，不可忽视。PM2.5 中的有机物、硝酸盐、硫酸盐和铵盐主要由气态污染物二次转化生成，累计占 PM2.5 的 70%，是重污染情况下 PM2.5 浓度升高的主导因素；二是机动车对 PM2.5 产生综合性贡献。首先，机动车直接排放 PM2.5，包括有机物（OM）和元素碳（EC）等；其次，机动车排放的气态污染物包括挥发性有机物（VOCs）、氮氧化物（NOx）等是 PM2.5 中二次有机物和硝酸盐的"原材料"，同时也是造成大气氧化性增强的重要"催化剂"。北京市的硝酸盐与硫酸盐的比例在 2003 年是 3∶5 的关系（硝酸盐/硫酸盐 = 0.6），现在硝酸盐已超过硫酸盐（硝酸盐/硫酸盐 = 1.05）。另外，机动车行驶还对道路扬尘排放起到"搅拌器"的作用。

　　根据研究成果，建议从以下几个方面治理北京空气污染：第一，机动车、燃煤、工业生产和扬尘是北京市 PM2.5 来源的四个主要方面，必须严格控制，这也印证了目前北京市开展大气污染防治的方向是正确的。根据北京市的污染特征，尤其要严格管控机动车污染。第二，区域传输对北京市 PM2.5 来源的贡献高达 28% ~ 36%，要改善北京市空气质量，急需切实开展区域联防联控，削减区域内的污染物排放总量。第三，有机物和硝酸盐是北京市 PM2.5 的最主要成分，建议削减挥发性有机物（VOCs）和氮氧化物（NOx）排放，并协同开展二氧化硫（SO_2）和氨（NH_3）等污染物排放控制。第四，PM2.5 来源解析是重要的基础工作，随着大气污染治理的深化，污染特征还会发生变化，需要创造条件深入持续开展源解析研究工作。

4.2　水污染治理

　　2014 年年底，南水北调工程全线通水，中线工程通水后，年均将有 10.5 亿立方米的水送至北京。届时，南水北调来水将成为北京"主力水源"，北京大部分自备井将逐渐关闭。这不仅能让北京应急水源地"休养生息"，还可对地下水进行天然回补和适当的人工回补，有效遏制地下水水位下降趋势。也为北京市的水污染治理带来契机。要彻底解决北京市的水污染，应从以下几点来着手解决。

4.2.1　完善水法规配套体系，加快立法进程

　　北京市在水污染治理的法律层面上，需要完善水法规配套体系，加快立法进程，适时推行排污权交易，保证水污染治理规划依法有序进行，力求以立法突破带动水环境治理的顺利开展。一方面尽快出台《北京市流域水环境区域补偿办法》，按照"谁污染、谁治理""谁污染、谁补偿"的原则，考核跨区县界水体断面水质是否超标，排放区县将对下游水环境污染实行补偿。另一方面梳理整合规范标准，在对现行有效规范标准进行系统梳理的基础上，重点加快水质水量监测、污泥无害化处理处置等规范标准的制定、修订和整

合，形成覆盖面广、支撑有力的城镇水质量规范标准体系，为水环境治理工作提供坚强有力的法制体系保障。

4.2.2 优化管理模式和管理手段

北京市应根据本市地理环境条件、水资源特点、行政管理体制现状及未来发展趋势、经济社会发展状况等各种因素，探索建立具有自身特色的水环境管理模式，在兼顾效率与公平的前提下，改进水环境管理，促进水资源的可持续利用。一般来说，在水环境治理中，多数国家都经历了从行政命令之类的规制手段向以价格、税收、信贷等经济手段为主导的历程转变。鉴于此，北京市可在治理水污染中因地制宜地运用经济管理手段，使用合理的税收、融资和引进外资，从而开辟更广阔的资金来源，来减轻政府负担。例如，应研究适合北京市的水污染排放权交易模式。北京市现有的环境交易所主要是针对二氧化硫、化学需氧量等主要污染物和二氧化碳等温室气体的排放量所进行的交易。因此可以借鉴大气污染物的排放权交易，适时推出水污染权排放交易。

4.2.3 增强公众参与和科普宣传力度

在公众参与层面，不仅要提高公众环境意识，健全公众举报制度和公众听证制度，而且要依法保护公众的环境知情权，北京市可通过相应的微博、微信与市民互动，普及治污条例，随时分享水污染治理方面的新进展，鼓励市民举报非法排污现象，从而提升水污染治理的效率。掌握信息的政府机构应免费向公众提供相关信息。在制定流域水资源规划和水污染防治规划时征询公众意见，注重公众参与建设项目的战略环境评价，引导绿色生产和绿色消费；加大爱水护水宣传及科普力度，通过媒体宣传、展览、讲座、免费发放宣传册等形式，普及水环境知识和法律法规，宣传河道水体功能区的划分原则、功能要求、保护要求和水质情况现状。保护水环境不仅是政府和部门的责任，也是每个公民应尽的义务。应营造"维护良好水环境人人有责，享受优美水环境人人有份"和"我奉献、我享受"，"爱水护水、从我做起"的舆论氛围；让宣传进学校、进社区、进农家乐，提高市民的水环境忧患意识，增强法制观念，参与水环境保护行动；充分调动企事业单位、土地开发企业、社会团体、新闻媒体和志愿者的积极性，共同参与水环境监督和检查，推进水环境保护，共享水环境治理成果。

4.3 固体废弃物污染治理

2013 年，北京市固体废弃物污染防治工作紧紧围绕建设"人文北京、科技北京、绿色北京"和中国特色世界城市的发展战略，以减量化、无害化、资源化为原则，全面落实固体废物环境管理制度，积极探索社会危险废物管理模式，全力保障首都环境安全。2013 年，北京市工业固体废物处置率达到100%，市区生活垃圾无害化处理达到100%，郊区生活垃圾无害化处理率达97.86%，工业危险废物和医疗废物基本得到安全处置。但是，由于北京市每年产生的固体废弃物量太高，固体废弃物污染防治依然不可忽视，应用新方法防治废弃物污染成为迫切需求。目前从各国实践来看，主要有以下几种有效方法。

4.3.1　分选技术

固体废物分选是实现固体废物资源化、减量化的重要手段，通过分选将有用的充分选出来加以利用，将有害的成分分离出来；另一种是将不同粒度级别的废弃物加以分离。分选的基本原理是利用物料的某些性质差异将其分选开。例如：利用废弃物中的磁性和非磁性差别进行分离；利用粒径尺寸差别进行分离；利用比重差别进行分离等。根据不同性质，可以设计制造各种机械对固体废弃物进行分选。分选包括手工拣选、筛选、重力分选、磁力分选、涡电流分选、光学分选等。

4.3.2　固化处理技术

固化技术是通过向废弃物中添加固化基材，使有害固体废弃物固定或包容在惰性固化基材中的一种无害化处理过程。经过处理的固化产物应具有良好的抗渗透性和机械特性，以及抗浸出性、抗干湿、抗冻融特性。这样的固化产物可直接在安全土地填埋场处置，也可用做建筑的基础材料或道路的路基材料。固化处理根据固化基材的不同可以分为水泥固化、沥青固化、玻璃固化、自胶质固化等。

4.3.3　焚烧和热解技术

焚烧法是固体废物高温分解和深度氧化的综合处理过程。好处是把大量有害的废料分解变成无害的物质。由于固体废弃物中可燃物的比例逐渐增加，采用焚烧方法处理固体废弃物，利用其热能已成为必然的发展趋势。用此种处理方法处理固体废弃物，占地少，处理量大，在保护环境、提供能源等方面可取得良好的效果。焚烧过程获得的热能既可以用于发电，也可以供居民取暖，用于维持温室室温等。目前日本及瑞士每年把超过 65% 的都市废料进行焚烧而使能源再生。但是焚烧法也有缺点，例如投资较大、焚烧过程排烟造成二次污染、设备锈蚀现象严重等，因此需要权衡利弊使用。

4.3.4 生物处理技术

生物处理技术是利用微生物对有机固体废物的分解作用使其无害化。可以使有机固体废物转化为能源、食品、饲料和肥料，还可以用来从废品和废渣中提取金属，是固体废物资源化的有效的技术方法。目前应用比较广泛的有：堆肥化、沼气化、废纤维素糖化、废纤维饲料化、生物浸出等。

结语：城市环境是城市居民赖以生存的基本条件，是城市经济得以持续稳定发展的物质基础，也是标志城市社会文明的象征。在实际的城市各种污染上，我们需要具体问题具体解决，对城市污染中的大气污染、水自然污染、固体污染、噪声污染和辐射污染进行针对性的治理和解决。运用现代环境科学的理论和方法，在更好地利用自然资源的同时，深入认识和掌握污染和破坏环境的根源和危害，有计划地保护环境，预防环境质量恶化，控制环境污染，促进人类与环境协调发展。

参考文献

［1］鲍荣华，吴初国．着力改善环境质量，推进生态文明建设——浅议从源头防治北京空气污染［J］．国土资源情报，2013（2）：17 - 20.

［2］潘小川．PM2.5 的健康危害和经济损失评估研究［M］．北京：中国环境科学出版社，2012.

［3］袁晓玲，李政大，刘伯龙．中国区域环境质量动态综合评价——基于污染排放视角［J］．长江流域资源与环境，2013（1）：118 - 127.

［4］杨万平．中国省际环境污染的动态综合评价及影响因素［J］．经济管理，2010（8）：159 - 165.

从国际经验看生态环境共建共享的条件与机制①

叶堂林　祝尔娟②

摘　要：本文通过对世界大都市由环境恶化到生态良好转变历程的考察，力图揭示生态环境共建共享的内在规律及其实现路径，为京津冀生态环境共建共享提供理论支持和经验借鉴。本文指出，资源环境的"倒逼"、可持续发展理念、低碳绿色发展方式、科技革命和制度安排是实现由环境恶化到生态良好转变的基本条件。其中科学合理的制度安排，对我国跨行政区生态共建及环境治理尤为重要。纵观发达国家"先污染、后治理"的转变历程，政府在战略推动、规划引领、监测监管、政策调控等方面的引导作用不可替代、功不可没；而市场手段，如通过生态资源有偿使用、排放权交易、专项基金、税收奖惩、政府购买等，则是实现生态补偿的基本方式和有效路径。针对京津冀发展实际，制度创新是当务之急，建议拓宽资金渠道、多元化生态补偿；完善资源有偿使用、碳排放权交易等市场机制；加强政府规划、服务、监管职能；完善立法和严格执法。

关键词：生态环境；共建共享机制；国际经验；京津冀

---

　　① 本文为北京市社会科学基金重大项目《京津冀区域协同发展研究——全面推进中的战略重点研究》（项目编号：14ZDA23）、北京市哲学社会科学基金特别委托项目《北京城市功能疏解与首都圈城镇体系研究》（项目编号13JDFXC007）的阶段性成果；获得北京市教委科研基地建设—科技创新平台—都市圈研究中心（2014）（PXM2014_ 014205_ 000015）、北京市经济社会发展政策研究基地资助。

　　② 作者简介：叶堂林，祝尔娟，首都经济贸易大学。

1 生态环境共建共享的研究综述

1.1 基础理论综述

研究跨界生态共建共享，需要从理论上厘清横向生态补偿的依据、对象、标准、机制、范围等问题。目前国外关于横向生态补偿的相关理论主要集中在公共产品理论、外部性理论、自然资源产权理论和效用价值论的相关论述中。

1.1.1 公共物品理论

生态服务属于公共产品或准公共产品，往往具有非竞争性和非排他性的特征，容易导致过度使用、资源短缺、"搭便车""公地悲剧"等问题。跨界生态共建共享就是通过支付补偿金等形式，利用制度设计来激励公共产品的足额提供。具体解决思路有：一是不同层次或不同地区的生态服务或产品应当由不同层级或不同地区间的政府提供，按照事权和财权相统一、收益与成本相统一的原则，当政府间在地区间生态服务或产品的职责权限及支出责任得以界定清楚之后，需要政府间的财政转移支付这种协调机制来解决纵向和横向财政不平衡。二是如果一些公共物品或准公共物品可以被转化为私人物品进行处理的话，可通过成本分担的自由市场谈判方式来完成公共物品的私人生产。[1] 三是生态服务或产品的自愿供给，是一个自主组织与自主治理的过程。奥尔森认为影响集体行动的因素有集体的成员规模、集体成员的差异性、选择性激励、集体行动目标利益所包含的成员受益关系。成员数目越少，每个成员从总收益中得到的份额越大，较大规模和对集体物品兴趣越大的成员能够获得总收益的份额也越大，进而有更强的动机承担全部的成本以提供集体物品。

1.1.2 外部性理论

生态资源在其开发和利用的过程中，既可能产生正外部性，也可能产生负外部性；既可能形成生产的外部性，也可能形成消费的外部性。针对如何解决外部性这一问题，经验研究表明要么依靠政府干预，要么依靠市场行为，两种解决思路也被称之为庇古手段和科斯手段。庇古手段包括税收、补贴和押金退款等制度安排；科斯手段包括讨价还价、兼并和排污许可证交易制度安排等。基于外部性问题的研究思路，地区间横向生态补偿问题研究的重心在于对生态资源开发利用过程中政府和市场行为的讨论。市场行为重在建立一套可信的规则作为交易协商的起点，而政府干预则是试图建立一套税收、收费、惩罚和补贴机制等。

1.1.3 自然资源产权理论

生态资源作为国有资源或者地区间共有资源，在国家代理机构、地区间的共有协议和不影响所有制的前提下，可以通过所有者、业主与索取者、授权用户之间的委托代理及交易转让关系，使某一地区或某一团体能够拥有相关生态资源的进入权和提取权、管理权甚至排他权。在生态资源产权使用的宪法（基本）规则、集体规则和操作规则的共同作用下，清晰界定生态资源的进入权、提取权及排他权，有利于实现生态资源的利用与开发，减少其负外部性。

1.1.4 生态效用价值理论

近年来，生态系统服务价值逐渐成为生态经济学领域的研究热点。生态系统服务价值的研究，为建立生态补偿机制提供了重要依据。人类在进行与生态系统管理有关的决策时，既要考虑人类福祉，同时也要考虑生态系统的内在价值。而市场补偿作为将来最为关键的生态补偿方式之一，其市场化成功与否的关键在于生态系统服务自身价值可否市场化、可否通过市场进行交易。

1.2 理论文献综述

地区间横向生态补偿的市场机制。Mills 和 Porras（2002）[2]从广义角度将生态补偿理解为一种经济刺激机制，指出生态补偿市场化机制的运作可以促进自然资源利用效率的提升。生态补偿本身就是一种以市场为基础的生态环境保护手段，它将生态环境的外部非市场价值转换为对地方环境服务提供者的经济激励（Engel etal.，2008）[3]。从目前来看，主要在碳排放、生物多样性保护、风景区保护与流域水资源保护四个领域开展了生态补偿（Wunder，2007）[4]。以市场为基础的生态补偿，被认为比政府机制更有效率。在市场化的生态补偿机制中，服务的使用者能够以最低的成本从生态服务提供方手中购买环境服务。

地区间横向生态补偿的政府机制。S. L. Zeng 和 Y. L. Ren（2006）[5]认为，与政府主导的生态补偿相比，市场补偿具有以下缺点：赔偿的难度、严重的短期行为赔偿、缺乏相关的法律法规。Daniel H. Cole 和 Peter Z. Grossman（1999）[6]认为，当减排或污染成本低、监督成本高的时候，政府的引导和控制法案可能会比生态产品的市场化交易更加高效。Simon West（2010）[7]认为在一个真实有效的生态工作环境中，市场体系的有效发挥需要首先予以足够的确认，然后至少在边际递增上能够向着一个更为有利的方案迈进，而政府应该在其中一个理想的位置发挥其作用。

地区间横向生态补偿的评估。Pagiola（2005）[8]提出了一份评估生态补偿项目有效性的分析框架，在该文中，将土地所有者的私人收益作为横轴，将其土地所产生的环境服务的收益作为纵轴，这样就形成了四个象限，分别为右上的双赢和左下的双输。在右下角，土地利用的做法是私人盈利，但产生负外部性；在左上角，土地使用无利可图，但产生正外部性。如果生态补偿项目的目的是仅对社会有益、而使私人无利可图的话，便会导致土地所有者采取不合作的态度。Sven Wunder，Stefanie Engel，Stefano Pagiola（2008）对发达国家和发展中国家的生态补偿项目从机制设计、成本、环境效益和成果上进行了比较分析，发现由需求方进行资助的生态补偿项目能够更适应当地的条件与需要，有着更好的监测和更愿意执行的条件，相比政府资助的项目而言，目标少且较为明确[9]。生态补偿的效果评价方法很多，但也广受批判。实施生态补偿，依旧是一个能够缓解持续发展压力和实现更广泛的生态保护目标的潜在重要机制（Quertier 和 Lavorel Gillespie，2011）。

2 生态环境共建共享的条件分析

贯穿人类社会的农业文明、工业文明和生态文明的发展历程，始终存在着人类社会开发自然界的能力和力度与自然界自我净化、自我修复能力的一对关系和矛盾。如果前者大于后者，资源生态环境就会恶化，经济难以可持续发展。工业文明社会以前，这对关系比较和谐，世界资源生态环境尚有较大的发展空间和回旋余地。进入工业文明社会以后，由于科技发展和生产力的极大释放，特别是随着工业化和城市化在全球范围的推进，人类对资源的攫取和对生态环境的破坏，大大超出了自然界自我修复、自我净化的能力，并不断受到自然界的报复和惩罚。如，英、美、日等工业化先行国最先享受到工业化带来的繁荣，也最先受到环境污染带来的冲击，在其工业化中后期，发生过多起公害事件，如英国的伦敦烟雾事件、美国洛杉矶的光化学烟雾事件、日本的水俣事件等。20世纪60年代以来，生态环境问题迅速从地区性问题发展成为波及世界各国的全球性问题，如气候变化、臭氧层破坏、森林破坏与生物多样性减少、大气及酸雨污染、土地荒漠化、国际水域与海洋污染、有毒化学品污染和有害废物越境转移等。随着人们对人与自然关系的认识进一步深化（经济发展不能以牺牲自然环境为代价）、发展方式的转变（由粗放型向集约型、生态友好型、低碳绿色循环经济转变）、科学技术的变革（新材料、新能源、信息技术、节能环保技术的重大突破和广泛应用）、体制机制的完善（稀缺资源和生态环境价值化、碳排放权交易等），人类社会逐步进入到追求经济社会生态协调发展的生态文明阶段。见图1。

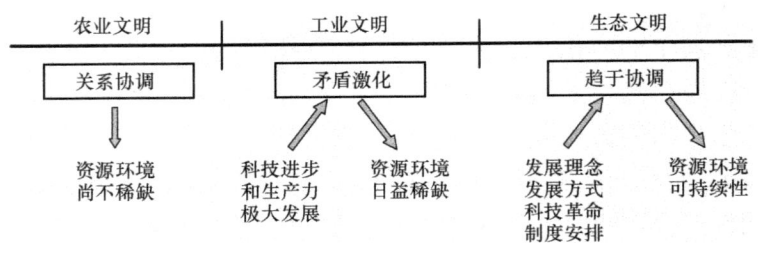

图1

纵观发达国家"先污染、后治理"的转变历程，资源环境的"倒逼"、可持续发展理念、低碳绿色发展方式、科技革命和制度安排在其中起了重要作用，是实现由环境恶化到生态良好转变的基本条件。1972 年在瑞典首都斯德哥尔摩召开的第一次人类环境会议，是国际社会第一次就生态问题召开的世界性会议，会上发表了《人类环境宣言》。1987 年世界环境与发展委员会在《我们共同的未来》报告中第一次阐述了可持续发展的概念，得到了国际社会的广泛共识。此后陆续发表了《北京宣言》（1991）、《里约环境与发展宣言》（1992）、《21 世纪议程》（1992）、《京都议定书》（1997）、《德班一揽子决议》（2011）等，这些具有里程碑意义的会议和文件标志着当今时代全球范围内对生态环境问题的觉醒，世界进入到生态文明阶段和低碳经济时代。随着科技革命突飞猛进地发展，新材料、新能源、信息技术、节能环保技术的重大突破和广泛应用，为发展低碳经济、绿色经济、循环经济提供了技术手段和物质保障。在世界性的生态环境保护浪潮下，发达国家和地区的发展方式朝着技术集约、环境友好方向发展。我国面对资源约束趋近、环境污染严重、生态系统退化的严峻形势，也提出把生态文明建设作为我国的基本国策，着力推进绿色发展、循环发展、低碳发展。生态环境建设由单个城市扩展到区域、国家乃至全球的共同行动。中国作为后起的工业化新兴国家，所面对的资源已经日益稀缺、环境问题也日益严峻，再重走"先污染、后治理"的老路已经行不通了。人们对生态环境问题的觉醒、发展方式的转变以及技术条件的日趋成熟，资源环境价值化、生态产品价格机制（碳汇、碳排放权交易）和生态补偿机制等市场化运作体制不断完善，也都为发展低碳经济、绿色经济、循环经济提供了思想、技术及制度保障。

对我国来说，要实现跨行政区的生态环境共建共享，制度保障尤为重要。大气环境污染是不受城市行政边界限制的，生态建设与环境治理需要区域共建与联防。但区域内部发展往往不平衡，以京津冀地区为例，区域内既有经济发达的现代大都市——京津两个超大城市，又有经济贫困的生态涵养区，如张家口和承德。作为首都的重要生态屏障和水源涵养地区，多年来张家口、承德地区不能上工业项目和耗水农业，为保证京津用水和防风造林做出了巨大牺牲和贡献。如何使生态涵养区在保护生态环境的同时实现地方发展与百姓富裕，既是生态涵养区百姓的迫切要求，也是实现区域生态环境共建共享的关键所在。在资源环境相对稀缺的今天，可持续发展理念、低碳绿色发展方式、技术手段等条件已日趋成熟，当前最为紧迫的是如何在经济发达的大都市与经济贫困的生态涵养区之间，建立起一套区域生态补偿机制、稀缺资源有偿使用等制度安排，使欠发达的生态涵养区能够通过植树造林、退耕还林、退耕还草、涵养水源、湿地保护、生态屏障建设等获得生态补偿，以保护生态环境的服务去换取地方发展的资本和条件，否则，欠发达地区很可能重蹈以牺牲环境换取发展的老路，区域生态环境共建共享便会成为空话。

3　生态环境共建共享的机制探讨

考察国际大都市（圈）从生态恶化到环境良好的转变历程，他们的一些经验、做法和模式，可为我们构建区域生态环境共建共享机制提供有益借鉴。

3.1　政府——引导作用不可替代、功不可没

生态环境是公共产品，政府在生态保护与环境治理方面义不容辞、责无旁贷。政府的作用主要体现在实施战略、制订规划、严把检测、调控政策与完善制度等方面。

3.1.1　政府自觉将绿色发展上升为国家战略

面对 20 世纪 70 年代的世界性能源危机，发达国家开始考虑国家能源安全问题，进而上升到对可持续发展及人类未来生存环境的认识高度，普遍实行绿色发展战略。如，英国政府把建设"绿色城市"作为提高城市整体质量和居民生活舒适度的重要举措，今天更是把建立低碳社会提升为基本国策。伦敦是公认的"绿色城市"和"最适宜居住的城市"，被国际社会所推崇。

其绿地不仅规模大，而且类型多样，包括城市绿地空间、公共开敞空间、都市人行道、运动休闲设施和环城绿带等。在人口稠密的伦敦市区，人均绿化面积达 24 平方米；在寸土寸金的伦敦城市中心区，1/3 的面积被大片公共绿地、众多花园和森林所覆盖。截至 20 世纪 80 年代，伦敦市仅环城绿带面积就达 4 434 平方公里，与城市面积（1 580 平方公里）之比达到 2.82：1。远期绿带规划面积可达 5 791 平方公里，与城市面积之比可达 3.67：1。伦敦的绿地、绿带建设在改善城市大气环境、保持生态平衡和生物多样性、提高城市整体质量和居民生活舒适度、控制城市向外无序蔓延等方面发挥了重要作用。伦敦市由昔日破败的城市衰落区转变为空气清新、环境宜人、绿色城市的历程，凸显了"以人为本"的发展理念。新加坡四通八达的交通线路也处处体现了以人为本的宗旨，地铁线路与公交车相连，可以提供从各个组屋住宅区到市区、商业中心及各个旅游景点的快捷交通服务。

3.1.2　制定统一而持续的生态城市规划，并通过一系列建设工程付诸实施

伦敦由昔日"雾都"到今日"绿城"的根本转变，是在政府规划引导下逐步实现的。从 1995 年起，英国制定了国家空气质量战略，对达不到标准的地区，政府强制其在规定期限内达标。随后英国提出《能效：政府行动计划》（2004）、《气候变化行动计划》（2005）、《英国可持续发展战略》（2005）、《低碳建筑计划》（2006）、《退税与补贴计划》（2007）、《英国能效行动计划 2007》、《国家可再生能源计划》（2008）及《低碳转型计划》（2009）等一系列计划与政策，彰显了英国政府积极应对气候变化的态度与决心。英国政府承诺，到 2020 年，将削减 26% ~ 32% 的温室气体排放；到2050 年，将实现温室气体减排 80% 的长期目标。2009 年布朗政府宣布将"碳预算"纳入政府预算框架，成为世界上第一个公布"碳预算"的国家。自 19 世纪开始伦敦就一直在探索生态城市建设，相继推出了花园城市规划、大伦敦规划、大伦敦发展规划到大伦敦发展战略规划，实施了一系列生态城市建设工程。《英国能源白皮书》（2007）明确规定了英国可再生能源的利用和开发目标，可再生能源占本国能源的比重将由目前的 6% 扩大到 35%，远远超出了欧盟对各成员国 20% 比重的基本要求。

3.1.3　注重应用先进的检测手段，构建完善的监测体系

有效的措施离不开完备的监测体系。德国通过卫星、飞机、雷达、地面和水下传感系统，建立了遍布全国的生态环境监测体系，对德国气候变化、土壤状况、空气质量、降水量、水域治理、污水处理和下水道系统等进行实

时监测。瑞士、法国、德国、荷兰等莱茵河主要流经国，按照统一规划的水质监测断面和监测技术要求，定期进行采样监测，加强对莱茵河水质状况的监控，并实时地公布在网上，将监测数据作为执法的重要依据。

3.1.4 利用经济杠杆加强调控，促进产业调整与升级

20世纪70年代石油危机爆发时，英国为扭转工业发展带来的环境污染和资源短缺"双重压力"的局面，一方面，大规模限制制造业在本土发展。如：对传统制造业、煤炭采掘业的补贴大幅度下降，使得长期依赖政府补贴的纺织、造船、机械、钢铁等产业大幅度萎缩；而对航空、化工、机电、石油等部分制造业，鼓励其通过市场竞争，从规模生产向高端的设计、集成、概念化产品和附加值更高的品牌产品方向转变；同时，积极促进能源进口和污染转移，着力调整能源结构，发展可再生能源。另一方面，加大对服务业的扶持力度和大力发展高新技术产业。经过多年的发展，到1989年，英国三次产业结构由1980年的2.2∶40.2∶57.6调整为1∶31∶68，基本完成了由制造业为主向服务业为主的转变。2012年英国第三产业占比高达78.2%，远高于世界63.6%的平均水平。

3.1.5 创建适合"低碳社会"的一系列制度安排

在能源危机、环境危机的倒逼下，英国政府积极促进能源进口和污染转移，利用处在产业链高端环节的优势，把产业链下游的高能耗产品转移出去。同时，着力调整能源结构，发展可再生能源，并创建了包括征收气候变化税、设立碳基金、建立碳排放交易等在内的制度安排，还采取各种激励和惩罚机制，促使企业和家庭进行节能减排。如《英国能源白皮书》（2007）规定了英国可再生能源的利用和开发目标，可再生能源占本国能源的比重将由目前的6%扩大到35%，远远超出了欧盟对各成员国20%比重的基本要求。再如推出"绿色家庭"计划，利用税收杠杆鼓励家庭购买"绿色汽车"等。

3.2 市场——实现生态补偿的基本方式和主要路径

3.2.1 生态补偿模式

澳大利亚为了解决新北威尔士地区土地盐渍化的问题，引入了"下游灌溉者为流域上游造林付费"的生态补偿模式。上游是生态服务的提供方，下游是生态服务的需求方，双方签订协议，下游向上游支付费用，以用于其植树造林。捷克和德国两国，从1990年起就易北河流域生态补偿问题达成协议，由德国拿出900万马克给捷克，用于双方交界处的污水处理厂建设，同时对捷克进行适度补偿。法国毕雷矿泉水公司是法国最大的天然矿物质水制

造商。为了减少硝酸盐、硝酸钾和杀虫剂的使用，恢复水的天然净化功能，该公司与当地农民签订协议，向流域内的奶牛场提供补偿，条件是农民必须控制奶牛场的规模，减少杀虫剂的使用，放弃谷物的种植以及改进对牲畜粪便的处理方法等。

3.2.2 专项基金模式

通过设立各种专项基金，将来自政府及社会的多元化资金，按企业模式运作，专门用于生态建设。"碳基金"是英国政府为促进可再生能源发展，利用每年大约有 6 600 万英镑的气候变化税作为投资、按企业模式运作的商业化基金，有力地促进了英国商业和公共部门的碳减排。2008 年英国政府启动了"环境改善基金"，对低碳能源和高能效技术示范提供基金资助。2010年英国设立了 10 亿英镑绿色能源基金，用于提高清洁燃料（如风能、海洋波浪能和太阳能）在能源消费结构中的比例。哥斯达黎加设立了国家森林基金，资金来源包括国家投入（如化石燃料税收入、森林产业税收入和信托基金项目收入等）、与私有企业签订协议收取的资金、来自世界银行等国际组织的贷款和赠款以及特定的债券和票据等，专门负责森林生态效益的补偿。

3.2.3 税收奖惩模式

丹麦形成了以能源税为核心，包括水、垃圾、污水、塑料袋等 16 种环境税，其中对化石能源的课税最高，而对风机发电所得不征税，对电动汽车免税，对节能环保产业减免税收。在莱茵河治理上，德国对厂商按照实际排放量征收税费，费率依据水污染物组成来确定，如果其达到标准，费率可减少75%。澳大利亚近年来加大了环保投资（约占其 GDP 的1.6%），对从事环保事业的企业给予税收、设施等方面的优惠。为改善大气环境和缓解交通拥堵，伦敦对进入市中心的私家车征收"拥堵费"；法国对汽车征收燃油税和环保税，处罚高污染汽车，并对低排放汽车给予补贴；新加坡对使用期超过 10 年的老旧车辆征收额外路税；丹麦通过征收汽车购置使用税、增值税和牌照注册费，使税费高达汽车价格的 200%。

3.2.4 碳排放权、排污权交易模式

20 世纪 80 年代初，美国确立了在规定日期前将汽油含铅量削减到原有水平 10%的目标，"铅"交易的目标在于为炼油厂达到该目标要求提供更大的灵活性。1982 年，联邦环保局给各炼油厂发放了一定量的铅权，允许企业在淘汰之前的过渡期内使用一定数量的铅。提前完成淘汰计划的企业，可以将自己富余的"铅权"出售给其他炼油厂。在这种激励之下，炼油厂会尽快削减铅含量，以求可以省出"铅权"来出售。美国南海岸区域空气质量管理区

自 1994 年开始在区域内实行区域大气污染物排污交易项目，通过发放排污许可证，对辖区内企业的氮氧化物和硫氧化物排放进行总量限额控制；排污企业可通过购买排污许可额度，或通过自主减排来满足总量控制的要求。碳排放交易是一种把市场机制作为解决二氧化碳为代表的温室气体减排问题的新路径。从 2003 年起，美国堪萨斯州的一些农民就开始进行碳排放交易，参与的农田总面积达到了 9.2 万英亩。只要农民将碳保留在土壤中，不向空气中释放，就可以得到报酬。温室气体排量大的大企业通过购买农民减排的温室气体以弥补自己的超额排放。2003—2005 年，堪萨斯州的农民通过碳交易获得了 169 938 美元，平均的碳交易价格是每吨 4.4 美元。欧盟已经制订了气体排放交易方案，以减少温室气体排放量。

3.2.5 政府购买生态服务模式

北约克摩尔斯是英国的一个国家公园，建立于 20 世纪 50 年代，以典型的英格兰农村风光而为英国人倍加珍惜。为了长久保护农业风光与生态，英国政府与农场主按照自愿原则达成协议，政府采用购买生态服务的方式，要求农场主保持自然景观和野生动植物价值（包括保留英国北部传统的农业耕作方式）。这种政府付费购买生态服务的模式，成功地保留了英国传统农业的独特景观。

3.3 法律——为生态建设与环境治理保驾护航

3.3.1 制定完善的环境保护法律体系

1956 年英国颁布了世界上首部空气污染防治法案——《清洁空气法》。在此基础上，又相继出台《污染控制法》（1974）、《汽车燃料法》（1981年）、《空气质量标准》（1989 年）、《环境保护法》（1990 年）、《道路车辆监管法》（1991 年）、《清洁空气法》（1993 年修订）、《环境法》（1995 年）、《大伦敦政府法案》（1999）、《污染预防和控制法案》（1999 年）及《气候变化法案》（2008）等一系列空气污染防控法案，以控制伦敦的大气污染。澳大利亚建立了十分完善的生态环境保护法律体系，在联邦层次的环境保护立法有 50 多个，在州层次的法律法规多达百余个。

3.3.2 采取严格的治理模式

美国实行了严格的排污控制许可制度。欧盟要求其成员国 2012 年空气不达标的天数不能超过 35 天，不然将面临 4.5 亿美元的巨额罚款。澳大利亚环保执法十分严格，不论是个人、企业，还是政府机构，只要违反了环保法律法规，都会受到严肃查处。俄罗斯则将生态法律的精神贯彻到生态保险、生态认证、生态审计、生态鉴定、生态监测、生态监督、生态基金、生态税收、生态警察等各项制度中。

3.3.3 制定跨界治理的法律法规

莱茵河流域的许多协定属于国际法范畴，各国在签署协定后就有共同遵守的责任和义务，但同时要在国内的法律框架下通过相关的法律程序。1970年美国成立联邦国家环保局，在全国50州设立10个大区域环境办公室，还建立了生态检察官制度和生态执法信息公开制度。联邦各州要在全国性法律的基础上制定本州的空气治理标准。跨州的南海岸区域制定了区域性的《空气质量管理规划》，依法规范和引导本区域达到联邦和州政府的清洁空气标准。

3.3.4 采取全民参与环境法律的制定与监督

澳大利亚政府的环境法律法规制定，采取全民参与方式，面向社会招标，任何单位和个人都可以竞标，由中标者负责起草法律法规，并将草案散发给广大公民，广泛征求意见。日本注重培育公民的环保意识，将垃圾分类常识纳入日本学生义务教育的内容。如果企业对环保不负责任，消费者就会自发地抵制，其产品会被市场所淘汰。

4 京津冀生态环境共建共享的机制构建

区域生态环境共建共享的实质是在区域内考虑生态环境保护和建设总体目标，通过形成共同参与、成本共担、收益共享的互动机制，以保障区域内不同功能区都能实现公平、和谐地良性发展。

4.1 拓宽资金渠道，多元化生态补偿

一是财政转移支付，对提供生态环境保护服务的单位实施财政补贴，这是当前最主要的资金来源；二是完善保护环境的税收政策，建议在大都市征收汽车尾气碳排放税，专门用于生态补偿，同时开征高碳能源使用税，用于补贴发展低碳新能源；三是建立区域生态共建共享基金，主要接受国际组织、非政府组织、生态环境组织以及民间人士的援助和捐赠，受益地区水价差额以及政府财政资金等；四是向生态涵养区提供生态环境建设的优惠贷款；五是采用政府购买生态服务模式，为了保护和形成独特的农村风光（如大片油菜花、郁金香、薰衣草等田园景观）、古城镇风貌与特有的生态景观，按照自愿原则与农户签订协议，购买生态服务。

4.2 完善资源有偿使用、碳排放权交易的市场机制

一是完善生态资源有偿使用的市场运作机制。包括水资源有偿使用、碳排放权交易、排污权交易等市场化运作机制，使生态涵养区可以通过提供清洁的水资源、涵养水源地、植树造林、风沙整治、湿地保护等服务来得到碳汇和生态的价值补偿，进而实现生态保护、地方发展和居民收入提高"多赢"目标。其中，生态服务价值的计量与评估是关键，可针对每种特定生态服务的特点与性质，参考国内外的成熟做法，探索出专家认可、各方认同的计量方法和标准，以此作为计价的基础。二是完善生态产品资格认证制度。对绿色产品实行生态标签制度，像欧盟那样，凡是能够保证从设计、生产到销售、处理的每一个环节做到对生态环境的完全无公害的产品均给予生态标签认证。由于这种绿色产品比普通产品价格高很多，其实质是由消费者付费的一种生态服务付费机制。三是推动生态产品产业化、环保产业专业化。将污染防治工作从原来"谁污染、谁治理"的企业个体行为，转变为社会化、专业化的环保企业乃至环保行业向污染责任者提供商业性环保服务，实现污染防治活动的市场化和产业化，推进环保事业所需的资料、咨询、监测、人才、技术、设备、资金等各项资源供给的市场化和产业化。

4.3 加强政府的规划、服务、监管职能

4.3.1 实行区域生态建设的统一规划

打破行政区划，建立京津冀生态管理委员会，并在法律上赋予其规划权、执行权、协调权。统一制定区域生态建设的规划，确立区域生态环境建设的近期目标和远期目标，并通过立法，赋予规划在法律上的权威性，后续规划应建立在前期规划的基础上，以保证规划的连续性和生态建设的持续性。该委员会还具有协调功能，在京津冀三方共同参与、共同讨论、相互监督、共同推进的基础上，对一些关系区域生态发展全局的重大问题进行利益协调和矛盾仲裁。

4.3.2 建立区域统一的技术平台和监测平台

针对当前低碳绿色发展的要求，区域技术平台应重点围绕"节流"（主要发展节能技术）和"开源"（主要发展可再生能源技术）进行技术创新和推广应用，通过节能技术来推动建筑节能、交通节能、产业节能和消费节能，通过发展可再生能源（太阳能、风能、潮汐能、地热、生物质能等）技术，来提高可再生能源在能源使用中的比例。加强区域生态检测平台建设，通过

卫星、飞机、雷达、地面和水下传感系统,建立遍布区域的生态环境监测体系,对各地区气候变化、土壤状况、空气质量、降水量、水域治理、污水处理和下水道系统等进行实时监测,同时完善信息通报制度。

4.3.3 实行政府生态问责制,完善社会监督机制

明确政府生态文明建设目标,建立政府生态责任机制,严肃生态监管和执法责任,实行生态问责制。把绿色 GDP 作为各级政府考核的重要指标。完善社会监督机制,建立生态信息公开制度,接受社会公众监督和制约,充分发挥新闻媒体的监督作用,建立社会公众对生态环境破坏事件的举报制度等。

4.4 完善立法、严格执法

生态文明建设需要法律保驾护航。京津冀应尽快完善与生态环境建设有关的法律体系和生态环境经济政策体系,充分发挥生态立法的导向作用,促进经济发展模式转型和产业结构升级。严格实施生态环保法律的立法、司法、执法和监督程序,扭转"违法成本低、守法成本高"的局面,使生态环境建设者和维护者得到应有的奖励和补偿,让生态环境破坏者承担责任并受到严厉处罚。

参考文献

[1] 沈满洪,谢慧明. 公共物品问题及其解决思路——公共物品理论文献综述 [J]. 浙江大学学报 (人文社会科学版),2009,39 (6).

[2] Landell - Mills N, Porras T I. "Silver bullet or fools' gold? A global review of markets for forest environmental services and their impact on the poor". Instruments for sustainable private sector forestry series [J]. International Institute for Environment and Development, London, 2002.

[3] Engel S, Pagiola S, Wunder S. Designing payments for environmental Services in theory and practice: An overview ofthe issues [J]. Ecological Economics, 2008, 65 (4): 663 –674.

[4] Wunder S. The Efficiency of Paymentsfor Environmental Services in Tropical Conservation [J]. Conservation Biology, 2007, 21 (1).

[5] S L Zeng, Y L Ren. Study on ecological compensation mechanism in developing the hydropower resources in Sichuan, China [J]. Journal of Sichuan University of Science & Engineering (Natural Science Edition), 2006, 19 (6): 101 –107.

[6] Daniel H Cole, Peter Z Grossman. When is Command - and Control Efficient? Institutions, Technology, and the Comparative Efficiency of Alternative Regulatory Regimes for Environmental Protection [J]. Wisconsin Law Review, 1999: 887 –938.

［7］Simon West. Command Without Control: Are Market MechanismsCapable of Delivering Ecological Integrity to REDD ［J］. Law, Environment and Development Journal, 2010: 298.

［8］Pagiola S. Assessing the Efficiency of Payments for Environmental Services Programs: a Framework for Analysis ［R］. World Bank, Washington, 2005.

［9］Sven Wunder, Stefanie Engel, Stefano Pagiola. Taking stock: A comparative analysis of payments for environmental services programs in developed and developing countries ［J］. Ecological Economics, 2008, 65: 834 – 852.

［10］覃成林. 区域协调发展机制体系研究 ［J］. 经济学家, 2011 (4): 63 – 70.

［11］魏后凯, 高春亮. 新时期区域协调发展的内涵和机制 ［J］. 福建论坛 (人文社会科学版), 2011, 10: 147 – 152.

［12］刘中虎. 完善横向税收分配机制的国际借鉴与启示 ［J］. 生产力研究, 2013 (2): 138 – 167.

提升特大城市宜居性的若干路径

陈万钦　　陈静姝①

摘　要：城市宜居需要多种条件，除环境需求外还有精神需求。从生态良好、交通快捷、生活方便要求出发，应科学规划城市空间布局，主动调整城市功能布局，合理安排城市产业布局，精心设计城市街区；从体现城市文化、满足精神需求出发，应面向未来设计亲近自然、防震抗灾、具有民族审美和寄托心灵的新型建筑，在城市规划、成长和管理中创造宜居的文化氛围和社会环境。

关键词：特大城市；宜居路径；城市规划

城市宜居包括生态良好、交通快捷、生活方便、身心放松等多种因素。进一步细分，对儿童来说，是有好的学校，上学方便；对中年人来说，是职住平衡，上班方便；对老年人来说，是医疗水平高，看病方便。不同年龄段人群对宜居有不同感受，不同性别、职业、修养对宜居也有不同要求。除了简单的环境需求，还有高层次精神需求。特大城市人口多、空间大且已固化，"城市病"混合多发，实现宜居有更大难度，需要科学规划、综合施治。

1　科学规划城市空间布局

1.1　新建城区采用组团式布局

目前我国多数特大城市采用了"摊大饼"的布局方式，造成城市从外围到中心交通越来越拥堵。今后应采取"小综合、多组团"理念，规划建设城市组团。组团内集办公、居住、商务、餐饮、休闲、娱乐等多功能于一体，金融、信息、研发等一些生产性服务业也建在组团，组团之间用绿地间隔。居民

---

①　作者简介：陈万钦，河北省政府研究室；陈静姝，首都经济贸易大学。

不出本组团，就能够满足工作和基本生活需要，这会大大减少机动车使用频次和废气排放量，有效避免大城市交通堵塞、空气污染等"城市病"。组团之间用绿地和林地隔开，还能形成城市风道，改善城市空气等生态环境，如沈阳未来规划（见图1）。操作要领是：城市首先向一个方向发展，便于规划建设一个完整的组团城区，条件成熟时依次建设新的组团，最终形成"一主多次"的组团城市。

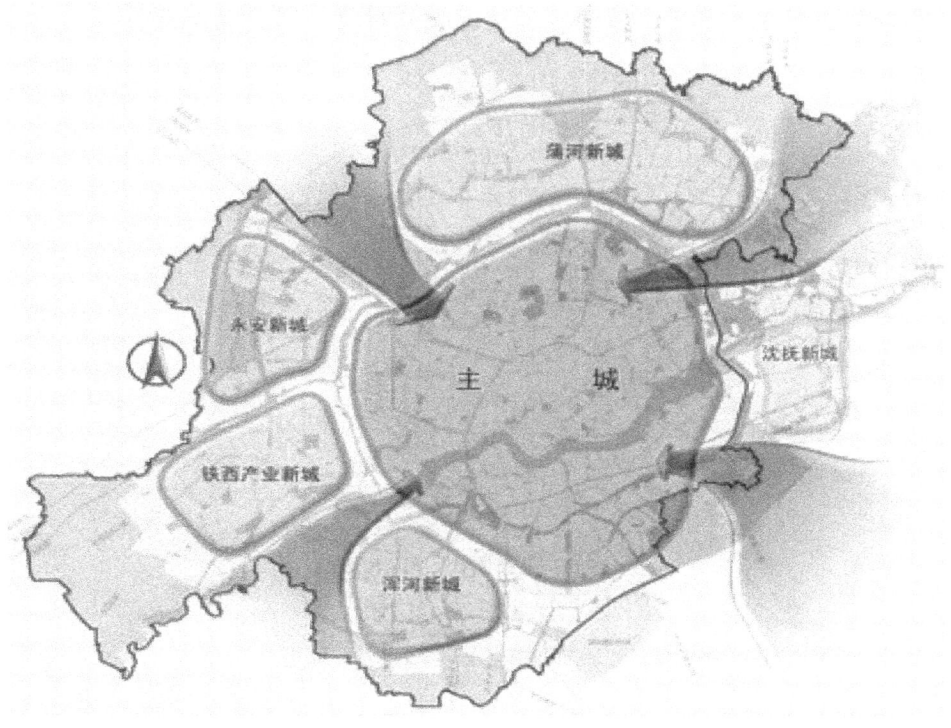

图1　沈阳未来规划

1.2　发展微型中央商务区形成城市多中心格局

从单中心向多中心发展，是特大城市的发展趋势。对于已经形成的单中心特大城市，为方便居民生活和对外服务，应主动培育城市新中心，形成多中心空间形态。以日本东京为例，最早的 CBD（中央商务区）位于都心三区，即东京的核心位置；其后由于经济迅猛发展，原有 CBD 过度拥挤，东京政府在东京圈规划建设了 3 个圈层 19 个 MCBD（微型中央商务区）。第一圈都心三区集中了 CBD 和后期建设的汐留、品川、六本木等 7 个 MCBD；第二圈中心城区集中了新宿、涩谷、池袋、临海副中心、上野/浅草、龟户/锦系町、大崎和临海副中心 8 个 MCBD；第三圈集中了多摩新城立川区、横滨未来 21 世纪港、千叶幕张新中心、琦玉新中心 4 个 MCBD（见图 2）。上述副中心分担部分市区功能，有效地促进了东京由单中心结构向多中心型转变。多中心城市空间形态能够避免人口过度向城市中心集中而形成中心地区建筑群热岛效应，能够有效改善城市生态环境。对于我国特大城市来说，应顺应这一趋势，在 CBD 之外的其他城区规划建设一批规模较小、交通方便且商务配套设施完善，能充分吸纳就业的 MCBD，以便更加接近服务对象，降低租金成本。

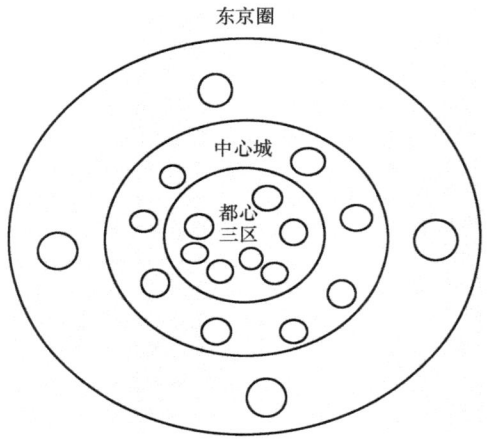

图 2　东京圈 MCBD 布局

1.3　促使有条件的特大城市把原始生态引入城区

奥地利维也纳市有 1 350 平方公里保持原始风貌的天然林，它从西、北、南三面环绕城市，一部分伸入城区，给这座古城增添了无限生机（见图 3）。波兰华沙市绿化面积 126 平方公里，占全市面积的 25％，人均绿地 78 平方米，是我国城市平均水平的 7 倍。莫斯科也有大片原始森林伸入城区。借鉴以上三大城市建设经验，对于周边有浅山丘陵的特大城市，如北京、南京、沈阳等，应把城市绿地同郊外防护林带连接在一起，使市区与郊区形成一个完整的绿化体系；对于水系比较发达的特大城市，如武汉、昆明等，尽量保持原始生态，促进城市与水系融为一体；对于通过合并周边县区组成的特大城市，如济南、石家庄等，应在主城区与新组团之间规划建设永久绿化区带，为打造宜居城市创造条件。

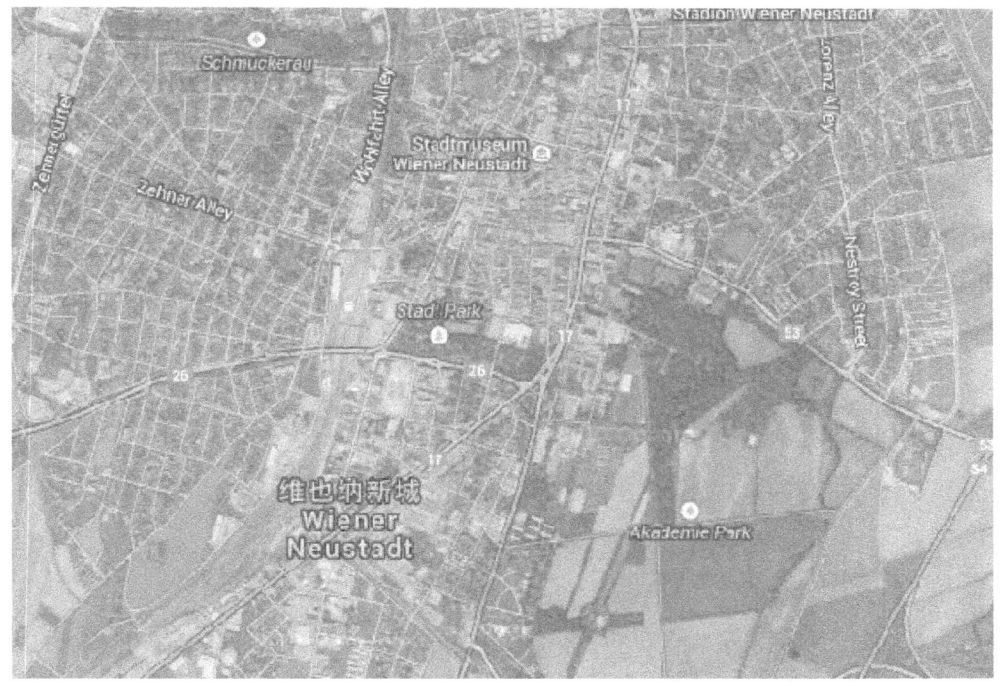

图 3　维也纳城市地图

2　主动调整城市功能布局

2.1　把对外服务的功能安排在城郊交通枢纽地区

区分城市居民和城市外居民服务功能，根据需要分开布局，能够更好地为两者服务，同时解决城市的拥堵问题。以北京为例，目前全国日均有 14 万人在京看病，加上家属超过 40 万人，全年病人和家属接近 1.5 亿人次，北京已经成为"全国看病中心"。按北京地铁每天客流量 500 万人次计算，仅每天乘坐地铁在北京看病的人就占 8%。目前北京大医院布局是在 20 世纪 60 年代确定的，主要集中在中心城区，没有把为本地人一般医疗服务与为全国人民特殊医疗服务的功能区分出来。很多北京医院的专家抱怨，在每天接诊的北京病人中，一半以上是常见病、多发病，根本不需要看专家；而全国各地来京需要专家诊治疑难重症的病人，却由于北京医疗资源紧张又得不到应有的治疗。如果把北京医疗资源分为两部分，一部分为北京本地人服务，既包括普通医疗资源也包括特殊医疗资源；另一部分是为全国服务，专门治疗疑难重症的特殊医疗资源。那么，把为全国服务的医疗资源分离出来，在北京周边机场、铁路等交通枢纽附近，建设一、两个综合医疗功能区（见图4），使全国来京的病人集中在医疗区。这样，不仅病人不用到处跑，就能使疑难重症得到治疗，而且也会大大降低北京市内的医疗和交通压力。

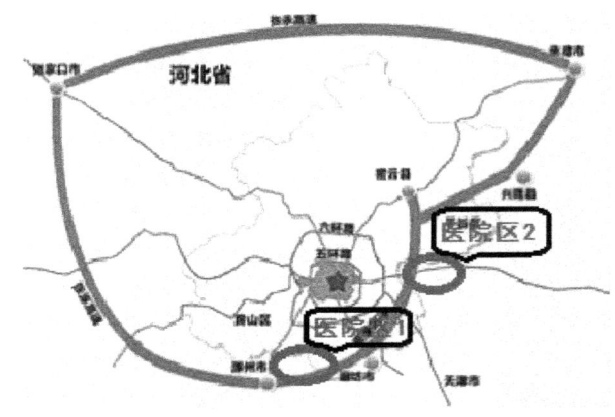

图4 北京疑难重症医疗中心设想区位

2.2 适度聚集行政服务功能

以北京为例，中央和国家各部委处于完全分散布局状态。多数省会城市中省级党政部门处于分散布局状态；有些省会的省委、省政府都不在一起办公，甚至距离较远，比如沈阳、哈尔滨、石家庄。对于应该集聚的行政管理机构，应创造条件使各部门逐步向当地最高行政机构靠拢，建立相对集中的行政办公区，以减少大量会议和公务往来造成的交通紧张状况。

2.3 促进 CBD 与周边城区共同实现职住平衡

CBD 规模由城市级别决定，一般来讲，单中心城市 CBD 一般控制在 2 平方公里范围之内，容积率控制在 2.5 左右；一般 CBD 写字楼建筑面积占50%，商业设施及酒店、公寓住宅各占 20%，其余设施占 10%。纽约曼哈顿商业用地和工业用地占该区总面积的 12.9%，住宅面积占 23.7%，商住楼占11.9%，开放空间和空地占 29.1%，交通设施、公共设施和其他用地占22.5%，包括 CBD 在内的整个城区商业用地与居住用地达到平衡状态。我国普遍对职住平衡问题和生态空间重视不够。如北京 CBD，规划面积 4 平方公里，容积率达到 4，建筑面积达到 1 000 万平方米。按照 2010 年 12 月写字楼存量为 4 133 990 平方米、办公人员 456 111 人比例计算，CBD 建成后约有 56 万人在此办公，而居住仅能满足 10 万人，如果考虑家庭因素，约有 90% 的人员每天需要进出上班，再加上流动人口会形成巨大交通压力。位于石景山的新首钢高端产业综合服务区面积 8.63 平方公里，除去石景山的工业主题园外，如果剩余面积全部建设写字楼，按照朝阳区 CBD 开发强度计算可容纳 100 万人办公，但园区及周边却没有任何居住功能安排，会形成巨大的交通"肿瘤"。因此，应在 CBD 内部和周边规划住宅区（见图 5），即使职住平衡无法在 CBD 内部解决，也应在周边地区就近实现，以减轻 CBD 周边交通压力，创造出宜人的生活空间。

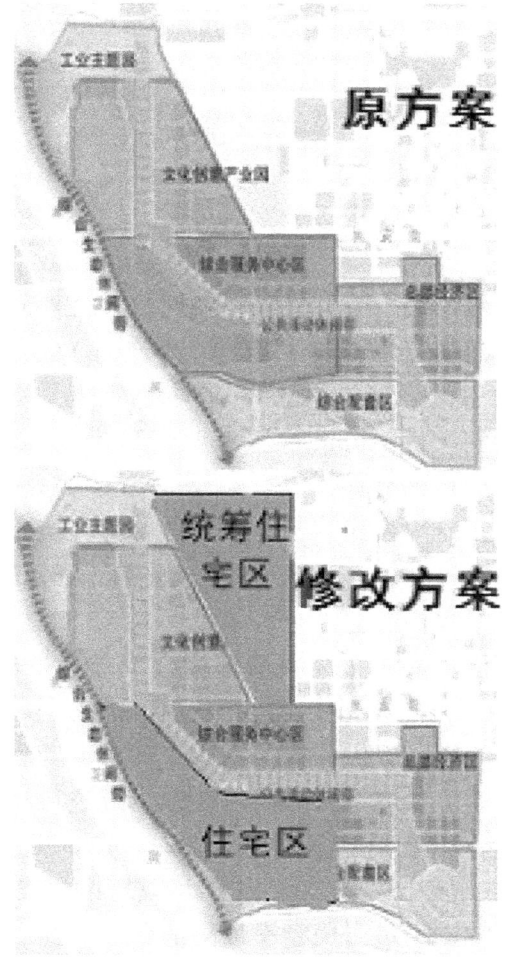

图 5　新首钢高端产业服务区

2.4 及时推动离心型功能向城市周边疏解

离心型功能一般是指对环境或占地面积要求较高的服务业或设施，也包括对居民产生负面影响的服务业和设施。以北京为例，八宝山火葬场过去位于郊区，现在已成为城区重要组成部分，根据北京主风向，应在城市西南、东北的六、七环路之间与主干道交叉位置新设两个火葬场，同时把殡仪馆、公墓等迁至郊外。对于社会保障与福利业中的休闲设施、养老院、福利院等，应鼓励城郊接合部或周边风景宜人、服务价格低的地区兴办。对于传统物流、批发、仓储功能，由于城区内圈层地价上升和交通拥堵，应促进上述功能逐步向郊区或周边城市扩展，在郊区围绕交通设施形成集聚，或发展专业化的卫星城和功能区，如白沟，借此打造北京大都市区的商业批发卫星城或功能区。

3 合理安排城市产业布局

3.1 按照服务行业区位要求进行布局

城市服务业分为生产性、分配性、消费性、社会性服务业 4 大类。其中，旅馆、餐饮、娱乐等消费性服务业，医疗卫生、体育、教育、公共设施、社会福利服务等社会性服务业，在城市中应均衡配置，对区位没有特定要求。有区位要求的主要是生产性、分配性服务业。因此，一是完善生产性服务业布局。对于信息服务、广告代理、法律服务、会计服务、银行、证券、保险等服务企业总部，以及跨国公司、工业企业总部等，统一安排在中央商务区，便于获取信息和金融支持；对于研究开发、计算机服务等高技术服务业，应安排在文教区或接近中央商务区，便于获得人才和智力支持。而对于生产性服务业总部的分支机构，一般布局在城郊接合部交通枢纽区，地价租金较低并方便接触服务对象。二是改进分配性服务业布局。交通运输、仓储物流、邮电通信、批发零售等行业提供人流、物流、信息流等各种要素的流动服务，因而对区位比较敏感，多数应在交通枢纽设施附近进行布局。值得注意的是，近年来出现城市居民购物主要依靠大型超市的现象，因此，应积极对过去人防工程进行改造，或在城市广场建设地下大型超市，使大型超市均衡配置，发挥设施最大供给能力，满足居民频率最高的就近购物需求。

3.2 规划建设服务业聚集区

目前全球生产性服务业集群化发展趋势越来越明显，如华尔街的金融产业集群、硅谷的信息服务业集群、印度班加罗尔的软件产业集群，以及我国的中关村信息产业集群、上海陆家嘴金融服务业集群等。今后特大城市应有意识地规划一些商务区和专业园区，在旧城通过拆迁改造建设相对完整的园区，在新城通过加强基础设施和公共服务平台建设形成吸引企业的软硬环境。围绕城市特色和主攻方向培育产业园区，通过服务业的相对聚集，加强知识传播和创新，提升竞争能力和服务水平，增加整个集群的业务机会，同时方便开展对外服务，减少不必要的交通压力。当然，不同服务行业集聚需求各不相同，如法律、金融业、广告营销集聚需求和聚集程度最高，而现代物流业和房地产业聚集程度最低，这就要求在建设服务业园区时必须尊重行业特性。

3.3 按照服务业配套和产业链要求进行集聚

服务业与工业一样存在配套关系，如中关村科技园区，以科技创新、IT服务为主，其他服务行业配套；服务业与制造业共同组成研发、采购、生产、储存、运营、销售、售后服务产业链。因此，在规划建设服务业园区时必须充分考虑这样几点：第一，配套型园区布局。对于科技创业园、创意产业园、软件与服务外包基地、物流园区等专业园区，在布局时应注意配套金融、保险、培训、咨询等服务业，建立一主多次产业聚集区，发挥好产业集群带来的聚集效应。第二，产业链型园区布局。对产业链各环节聚集区在空间上有序布局，使其能够相互联系和照应。如，总部经济区、研发园区、金融区、物流园区、售后服务区等，应与城市周边的制造业基地按照产业链关系形成最佳空间组合，降低每个环节的运营成本，提高整个产业链条的经营效率和竞争力。第三，产业链与配套复合型园区布局。如北京云计算基地，既包括云服务器、云存储、网络设备、云操作系统、信息服务、互联网、数据中心等组成的云计算产业链条，又需要金融、保险、咨询、法律等服务行业进行配套。在这种情况下，应积极补齐产业链条，完善配套条件，在促进主导产业成长壮大的同时提高综合效益。

4 精心设计城市街区

石家庄城市规划调整后市区人口达到 455 万人，过去很多单位机关与宿舍建在一起，上班时间很短。最典型的是合作路，很多省直机关建在这里，有河北省统计局、国家调查总队、原纺织局、原医药局等，临街是机关、后面家属院（见图6），上班最短仅需要5秒，最长也不超过3分钟，所以虽然省直单位很多、街道很窄却不拥堵。与北京上班平均80分钟相比，形成天壤之别。职住平衡节约时间、能源、道路，减少空气污染，减少因堵车、拥挤造成的坏心情。因此，设计一种成年人上班、儿童上学、老人休闲锻炼和养老方便、家庭日常生活基本可以就近解决的街区非常重要。目前传统特大城市已无工业，新兴特大城市通过"退二进三"也基本实现了城区无工业，因此，完全可以不考虑工业企业空气、噪声污染而进行均衡布局。

图6 河北省统计局机关与住宅

4.1 规划建设全包围式街区

全包围式街区的结构为：在一个方形街区中，最外一层是商务办公楼及小型商场、社区医院、银行、电信、汽车维修等基本服务设施；第二层是住宅楼；第三层是幼儿园、小学、操场和公园。操场在上学时间满足学生需要，其他时间对公众开放。老年公寓可以就近与社区医院联系。这种模式能够做到上班、上学、锻炼方便，平时看病、买菜、修车、存取款方便；由于住宅区不靠大街，能减少居家生活时的噪声污染；如果大街十分拥堵，车辆也可以分流到街区单行道通过（见图7）。

4.2 规划建设半包围式街区

半包围式街区的结构为：方形街区的前半部是商务办公区，后半部是住宅区；或者前半部、左半部、右半部是住宅区，相应后半部、右半部、左半部是商务办公区。两区中心地带是幼儿园、小学、操场和公园。上下班可以穿过公园，基本生活能够就近解决，老年人有病能够得到医院及时照顾。由

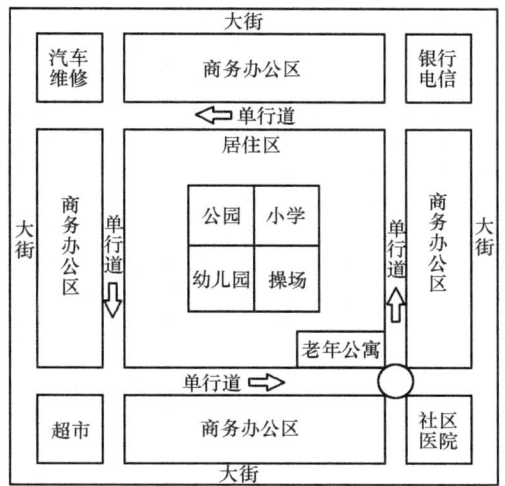

图7　全包围式街区

于中心地带可以不进车辆，能够保证儿童独立上学的安全性（见图8）。

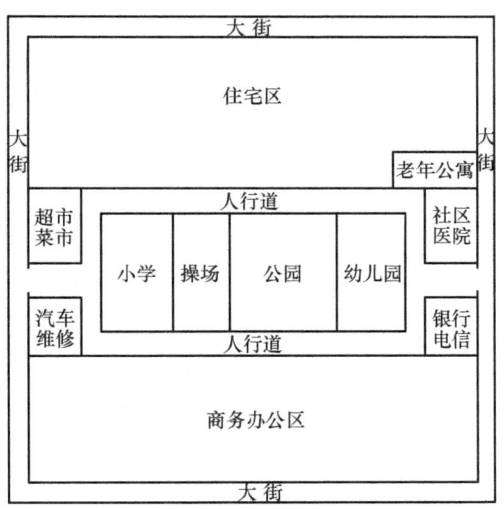

图8　半包围式街区

4.3　新型街区建设要领

上述两种街区结构有利于最大限度地就近工作、学习、锻炼和养老，可以使家庭中一半人口主要活动不用出街区，相当于减少一半的交通量。但前提条件必须是均质街区，即小学、幼儿园、社区医院水平没有差别，不存在择校、择园和择院问题。在操作中应注意：第一，科学规划，准确计算商务办公区人员与住宅区家庭、小学及幼儿园容量的平衡。根据特大城市的年龄结构，小学生年龄段人口约占总人口的4%，以学校合理规模为标准，一个街区居住人口规划应在1万人以上。第二，整个街区同时建设为好；如果不能同时开发，预留出另一半街区和公共服务设施空间。第三，对于大学、政府机构和科研院所等超过一个街区的单位，一律按职住平衡原则规划工作区与住宅区。第四，均衡配置教育、医疗资源，减少择校、择园和择院现象；按照居家养老需要规划建设老年公寓，做到居家养老和社区养老有机结合。第五，政府可以从土地出让金、未来的房产税中拿出部分资金，对于在工作区就近购买住宅给予适当补贴，以鼓励市民就近工作生活，减少城市交通量、能源消耗和污染排放。

5　面向未来设计城市新型建筑

在建筑史上，材料对建筑形式起着决定性作用。土木材料建造了平房，砖木材料建造了楼房，钢筋混凝土建造了摩天大厦。现在钢结构开始广泛使用，完全可以利用其高强度特性，设计建造出一种新的建筑形态。

5.1　亲近自然的建筑

以现在一般住宅楼为蓝本，一栋楼只有一个单元，15层左右，采用钢结构建筑。如果一个单元只有两户，建造30~50平方米的阳台，阳台一层在南侧，二层在两侧，三层在北侧，整个楼呈循环状，不影响下一层的光线。如果一个单元只有一户，阳台一二三四层分别设在不同方向，也可以更大一些，整座楼呈螺旋状以保证平衡。阳台外可以增加钢结构支撑，阳台上可以种菜种花，也可以建亭台阁，使人不在地面，也能有住在园林的感觉。

5.2　表达民族审美和寄托心灵的建筑

我国多数人不信仰宗教，所以反映宗教感情的拜占庭式、哥特式建筑只对少数信教群众有作用，但多数人对本民族、本区域建筑风格有特殊感情。相对而言，苏州园林建筑风格在我国有较大的群众基础。但是，现代城市完全西方化的建筑风格只考虑了实用性，缺乏民族审美情趣，如果有一种体现民族感情的建筑式样，更能得到居民的认同。设想一下，利用钢结构完善现有框架结构，对住宅楼窗户采用扇面窗、六棱窗等，对客厅采用月亮门、扇面门等（见图9）；对办公楼大厅、酒店大堂等按民族风格设计，在建筑中更多地融入民族元素，有利于增强居民归属感和城市宜居性。

图9　建筑中的民族元素

5.3　抗震防灾的建筑

现在多数建筑无论是框架结构还是水泥浇铸，由于其直立高耸的特点，都改变不了抗震能力差的缺点。如果采用钢结构，设计一种长和宽大于高的建筑，采取"工""回""L""E"等多种形状，既能表现出宏大之美，有较大的建筑面积，又能抗震防灾。无论是写字楼还是住宅楼，都可以采用这种形式（见图10）。

图10　比较稳固的建筑样式

6　积极塑造城市文化精神

易中天教授在《读城记》里把城市比做有个性的人：北京"大气醇和"，

上海"开阔雅致"，广州"生猛鲜活"，厦门"美丽温馨"，成都"悠闲洒脱"，武汉"豪爽硬朗"。不同城市在历史积淀、城市面貌、市井民俗等方面可谓千差万别，显示出不同的城市精神。因此，在城市发展中应有意识地培育和塑造城市文化精神。

6.1　在城市规划中体现独特文化

世界主要城市在规划中非常重视体现文化精神。如莫斯科，城市中心点是克里姆林宫，用它象征天上的中心——紫微星座，从克里姆林宫放射出来12条大道一直延伸到城郊，突出了它希望成为世界中心的主题思想，这成为俄罗斯和苏联的国策和精神导向。如华盛顿市，美国国会大厦坐落在詹金斯山丘上，表示清教徒建设"山巅之城"的理想和实践，想让其光辉照亮世界；该市所有建筑高度不许超过国会大厦，表明美国把国会视为民有、民治、民享政权的最高象征；司法广场在离国会山和总统府等距离处，三者形成一个三角形，以示立法、司法和行政三权分立；也有说法是白宫、国会大厦、林肯纪念堂之间的三条轴线与三个顶角象征三权分立；城市设有多个放射米形字路口，一个人若站在这座城市中的任何一个广场上，都会感到自己是城市中心，突出了个人主义；在白宫正南有宪法、独立两条平行大道，分别从国会山从北向南穿过，象征了美国的法治和独立精神。华盛顿城市布局反映了美国强烈的宗教政治文化色彩（见图11）。在我国，北京中轴线体现了中正和谐的思想；郑东新区"如意"图案象征着吉祥幸福。城市是文化的摇篮和土壤，面向未来，在特大城市新组团和新城区规划中，应突出中国精神和

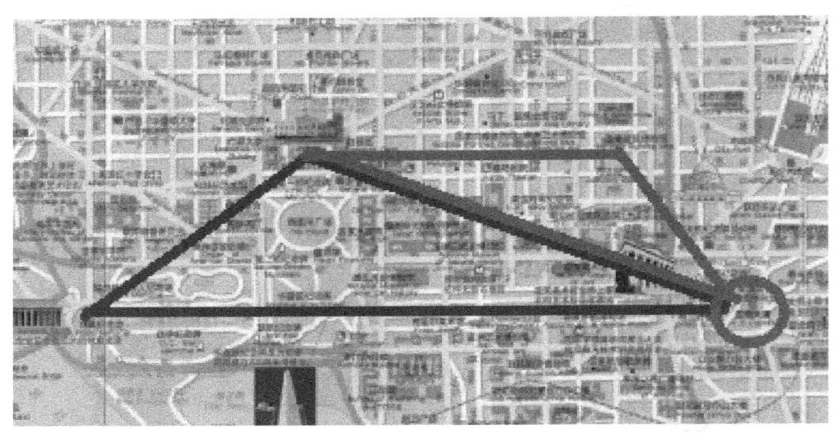

图11　美国华盛顿城市规划体现的文化精神

特色文化，体现核心价值观和时代脉搏，反映城市地理和历史文脉。比如，用核心价值观的街道命名以突出民族精神，以体育设施为主的城区可用五环路作为交通主体框架等，改变"千城一面"的城市形象，增强城市的魅力、活力和影响力。

6.2 在城市成长中丰富文化内涵

随着城市化进程的不断推进，外来人口不断增加，特大城市不断扩容。为促进城市健康发展，应在弘扬城市优秀传统文化的同时，吸收和包容外来文化，让本地人和外来人都能找到归属感，把自己当作城市的主人。通过包容文化吸引不同人才，由人才推动各方面创新，形成城市持续不竭的发展动力。

6.3 在城市管理中创造宜居社会环境

高度重视解决居民收入、医疗、社会保障等问题；建立社会援助、心理疏导机构，让更多有困难的人能够得到政府和社会帮助，不良情绪得到宣泄和化解，最大限度地减少社会负能量。开展技能大赛、专业比赛、娱乐比赛，为普通人提供更多展示自己的舞台，使人们能够发现自己所长、从事自己所愿，更加热爱、更能干好本职工作；在媒体中多展示普通人中的佼佼者，给他们人生出彩、梦想成真的机会。努力让人人都有好工作、好收入、好身体、好心情，过上依靠勤奋劳动能致富、有尊严的生活。

特大城市虽然空间布局相对固化，但是，如果有瞻前顾后的科学规划，对旧城择机改造、调整功能，对新区合理布局、人性化设计，城市空间和功能会不断优化，生态和社会环境会更加宜居，特大城市就能建成幸福城市。

参考文献

[1] 张炜. 服务业集聚发展多极化分布模式研究——基于产业发展与城市建设的互动分析 [D]. 上海：上海社会科学院，2011.

[2] 钟东波. 北京市卫生计生委专题报告 [R/OL]. 北京卫生信息网. http://www.bjhb.gov.cn/wsxw/201406/t20140626_ 86193.htm.

[3] 杨俊宴，吴明伟. 城市 CBD 与产业规模结构量化比较——中国 CBD 发展量化研究之三 [J]. 城市规划，2006（3）：13 - 19.

[4] 孙其军，王咏. 北京 CBD 人才聚集的影响因素及对策研究 [J]. 人口与经济，2008（5）：25 - 31.

［5］高俊川．北京 CBD 区域写字楼与产业、人口发展报告［R/OL］．百度文库．

［6］方远平．大都市服务业区位理论与实证研究［D］．广州：中山大学，2004.

［7］李耀光，赵弘．北京发展生产性服务业的比较优势研究［J］．宏观经济管理，2010：64－65.

利用首都创新优势，驱动京津冀协同发展

张弘　汪洋[①]

摘　要：北京是全国科技创新中心，研发投入强度、专利申请授权量、科技人才储备等均位于全国前列；北京也是政治文化中心，在政策的制定和红利方面具有得天独厚的优势；同时北京也是全国独一无二的深具文化底蕴的特大城市。但实际上北京的创新资源并未对北京市乃至京津冀的经济发展发挥应有作用，北京在全国甚至全球创新领先地位的优势并没有得到充分利用。当前，京津冀协同发展带给了北京难得的历史发展机遇，北京市的创新优势资源积累也呈现了积极的驱动作用。本文立足于分析北京利用科技创新、制度创新、文化创新优势驱动自身经济发展方式转变以及在京津冀产业分工优势、产业链带动、国际影响力提升等方面的重要作用，提出若干可行的政策建议。

关键词：京津冀；创新体制；协同发展

1　目前北京市科技创新、制度创新和文化创新存在的主要问题

1.1　科技创新驱动本地及周边地区经济发展的动力不足

调研结果显示，北京市科技成果本地转化率仅有 40%，大部分流向了长三角地区和珠三角地区，流向河北和天津的仅仅占到 4%，本地经济驱动乏力，对周边经济的带动作用就更加困难。

1.2　体制因素是阻碍北京市创新驱动发展的重要原因，也是京津冀协同发展需要突破的桎梏

北京市科技投入 60% 以上是政府投，而企业中的科技投入大部分都来自

---

① 作者简介：张弘，汪洋，首都经济贸易大学。

企业自身，政府对于科研的主导导致了科研成果和实际社会需求脱离，同时政府对于科技成果转化的规律把握与市场协调不畅，没有充分发挥市场的作用；京津冀缺乏统一的市场体系，不利于成果的地区协同转化。

1.3 文化创新的特色化、产业化与科技手段利用的程度不匹配

自提出文化创新以来，无论是建立文化创新中心还是建立文化创新基地，北京市文化创新的技术供给可以与一流发达国家并举，然而在特色规划、产业链驱动、经济辐射和国际影响力方面还有一定的差距。

2 京津冀协同发展中的功能以及创新驱动对策建议

2.1 发挥北京科技创新的独特优势，通过京津冀产业结构和布局的优化发挥区域协同发展的集聚优势

北京要激发区域经济活力，创造互动机制，通过科技成果转化向周边输血，反过来周边产业结构优化，有利于更好地定位京津冀的差异化优势，并实现互动发展。充分利用北京的研发中心优势，通过产学研一体化将京津冀集聚在一起，通过产业结构和布局的更具目标性的优化，发挥北京创新扩散优势，以产业价值链分解为出发点，通过知识产权等方式实现经济利益的良好分配，激励地区经济协同发展。通过创新驱动的经济发展方式转变，北京市能够利用深化改革和创新升级的倒逼机制推动经济转型发展，在扩大开放中拓展发展空间，推进整个京津冀地区乃至环渤海地区的繁荣稳定发展，而不是简单的硬性资源重组。

2.2 切实发挥市场、企业和中介组织在创新驱动经济发展中的作用

实施引入制度创新的经济发展方式转变战略，深化市场经济体制改革，实现全方位的制度创新；转变思想，从要政策到要改革，充分利用市场和企业引导要素、资源流向效率更高的地方，激发市场活力，发挥中介机构的作用，减少政府在基础科学创新之外的科技创新和价值实现中的干预，利用市场引导合理分配资源，通过需求倒逼创新实践，真正建立企业本身对技术研究的激励机制。同时完善科技成果转换的投融资体制和市场，促进科技成果的实际价值提升。

2.3　构建深层次国家自主创新实验区，提供制度创新供给平台

在创新驱动和国家深化改革背景下，北京市必须寻求更加高效并深入的改革方式，国家综合改革配套试验区是一个良好的契机。从上海自贸区看，2005 年制定的综合改革配套试验区已经从一个单项特色改革突破点转变为一个综合全方位的改革试验区，因此，北京市构建改革开放试验区不仅仅是中关村自主创新示范区，而是要将示范区从技术创新示范拓展到政产学研协同的经济发展试验区，并通过利用这种国家综合配套改革试验区来落实制度创新，发挥制度创新的重要作用。

这些机制发挥作用的平台就是基于北京原先的中关村自主创新实验园的能够更大范围涵盖产学研的国家自主创新实验区，里面不仅包含创新园区、能够进行成果转化的工业园区，还应当包括天津的自由贸易区（北京市现在和上海拼自贸区不太可能，更为现实的选择是成为环首都高度开放体系的核心）和河北的产业成果转化量产的产业园区。京津冀很难短时期内实现全方位一体化，但是实验区可以很快实现一体化并进行协同创新，这样的体制建设是基于市场和企业对经济规律的诉求，是由政府实现平台搭建，而不是政府的硬性规定。

2.4　加强文化创新的特色标签性，扩大经济辐射力

北京市的特色文化是在城市发展历史过程中投射出的理想、情感、愿望与祈祷等深层的结构，它不仅仅根植于北京的历史，也来自于北京的现代化与国际化，不仅是整个城市的心灵结构，也是城市自我塑造的基本原则。因此，要进一步发挥特色文化在推进京津冀、全国乃至全球在北京的文化消费、文化贸易以及文化投融资方面的作用，提高特色增值，强化特色路线。在此基础上，建立良性互动的渠道，实现全球文化和地方文化的对接，把握国际化趋势的变化和升级中提升北京市文化产业和文化经济的重要契机；充分利用文化创新优势实现对京津冀地区的经济、社会、文化、教育、环境的辐射力，实现协同创新发展。重点是扩大文化创新的经济辐射力，即在产业链的驱动、国际影响力方面发挥更重要的作用；培养复合型文化创新人才，建设特色鲜明、优势明显的创新文化与经济有机结合的机制体制。

2.5　积极减少京津冀市场壁垒，推进统一的市场体系建设

京津冀协同发展的根本落脚点实际上是制度创新，其中重要的一点就是

推进统一的市场体系建设，减少京津冀之间的市场壁垒，打破流通障碍，使得要素能够自由利用。政府要从本地经济的长期利益出发，根据自身的资源禀赋条件展开专业化分工，并利用中央和地方财税改革机遇，协调地方政府、部门利益诉求，突破行政干预带来的地区封锁，寻求合理利益分配机制，并加以落实。北京市作为优势地区应当主导统一市场体系的建设，同时推进良好的投入产出机制的确立，实现地区合作的双赢。最后要充分利用虚拟经济的作用，即利用电子商务等对于线下资源的整合，发挥O2O在线上零售和线下物流、消费等方面的积极互动的作用，推进地区统一市场体系的建设和区域传统产业效率的提升。

参考文献

［1］任宝平．经济发展方式转变的创新驱动机制［J］．学术研究，2013（2）．

［2］夏天．创新驱动过程的阶段特征及其对创新型城市建设的启示［J］．科学学与科学技术管理，2010（1）．

［3］刘薇．北京实现创新驱动绿色发展的关键问题研究［J］．北京社会科学，2012（9）．

［4］北京市"十二五"时期科技北京发展建设规划［R］．北京市人民政府公报，2011．

［5］北京市科学技术委员会："十二五"解读．

统筹与培育北京市新的经济增长点问题研究[①]
——北京市文化科技融合发展的模式与路径

王晖[②]

摘　要：本文首先介绍文化科技融合理论，即耦合论（Coupling）、协同论（Synergetic）和动车组理论（EMU theory）；其次阐述新经济增长点理论；再次介绍北京市文化科技融合发展现状；然后给出北京市文化科技融合的具体措施与建议；最后提出北京市新经济增长点路径思路：构筑适应科技与文化融合的政策体系；以重点园区带动新经济发展；兼顾文化科技融合的效率与效益；推进产业集群科技文化融合和完善文化科技创新人才培养体系。

关键词：北京市；新经济；文化科技融合

1　文化科技融合理论

我国文化的发展，目前主要有两条路径——文化事业和文化产业。从微观、中观和宏观三个层面来讲，文化与科技融合就是通过将各类文化元素、内容、形式和服务，与科学技术的原理、理论、方法和手段有机结合，提升有关产品的价值与品质，形成新的内容、形式、功能与服务，更好地满足人民精神和物质文化需求的创新过程。文化科技融合理论主要有：耦合论、协同论、动车组理论。耦合论（Coupling），耦合属于物理学名词，指两个或两个以上的体系通过各种作用彼此影响以至联合的现象，是一种在各自子系统的良性互动下相互依赖、协调互促的动态关联关系。从文化与科技融合的角度讲，耦合是指文化体系与科技体系通过相互影响作用，相互依赖相互关联，形成科技与文化融合的形式，推动了全新的文化产业的产生与发展。协同论

① 本文是 2013 年首都经济贸易大学特大城市经济社会发展研究协同创新中心资助课题：统筹与培养北京市新的经济增长点问题研究（项目编号：TDJD201307）阶段成果。
② 作者简介：王晖，首都经济贸易大学。

（Synergetic），协同论也称"协同学"或"协和学"，开发系统在与外界有物质或能量交换的情况下，通过自己内部协同作用，自发地形成时间、空间和功能上的有序结构。文化与科技作为子系统，其内部各因素之间相互协调配合、共同围绕总体目标齐心协力运作，就能产生 1 + 1 > 2 的协同效应。动车组理论（EMU theory）是依托动车运行理论归纳出来的，就是发挥每组列车的动力作用，进而促进整个列车的运行速度。从历史的发展来看，科技对于文化的发展起着火车头的作用，文化发挥着动车组的作用，只有同时驱动、相互推动、相互协调才能形成合力。

2 新经济增长点理论

OECD（1967）定义新经济增长点（New Economic Growth Point）是指在经济成长和产业结构演变过程中，能够带动整个国民经济上一个新台阶的新兴产业。魏鹏举（2007）认为文化创意产业是一种新的内生经济增长模式。内生经济增长理论可以为文化科技创新融合提供一个战略性的指导理论。新经济增长点是指在经济成长和产业结构演变过程中，能够带动整个国民经济上一个新台阶的新兴产业或行业，具体从微观角度讲就是具有较大的市场需求和潜在的市场需求，成长性好、技术和资金密集度高，能够促进产业结构优化和升级，具有高技术附加值的新产品或服务。

选择新经济增长点的总原则是科学发展观原则，即以本地现状为基础，以市场经济为导向，通过定性与定量相结合的方法分析本地各产业的发展过程、现状、趋势等情况，来理性地确定本地的新经济增长点，以便在相当长的时期内促进本地产业的持续升级和自我调整。分原则有这样几点：①因地制宜原则；②互促共进原则；③整体最优原则；④技术优先原则；⑤环境友好原则；⑥务实与超前原则。要善于创新思路，拓展增长空间。在经济发展环境和模式处于同质化的时代，如果能创新思路，另辟蹊径，就能柳暗花明，抢占先机。在结构调整方面，要突破原有的增长路径，实现从产能扩张型、劳动密集型和存量增长型向技术扩张型、资本密集型和增量增长型的转变。在产业发展方面，要既强调工业的带动作用，又充分拓宽第一、第三产业的发展潜力，通过第一、第二、第三产业间的渗透与融合，提炼和挖掘出新的增长动因。在模式转型上，要克服一味地求高、求大、求特，应立足产业基础，通过科技的创新、品牌的开发、工艺的改进、产业链的延伸来走内涵提升之路，开辟差异化竞争新优势。从全球范围来看，发达地区利用其优越的地理位置，积极培植和培育新经济增长点，则能在短时期内顺利实现经济结构的转型和升级，实现经济发展的新跨越，比较典型的有日本沿海城市和美国的纽约市。

3　北京市文化科技融合发展现状

北京市委、市政府出台《关于实施"双轮驱动"战略加快推进文化科技融合发展的意见》和《北京市推进文化和科技融合发展三年行动计划（2013—2015）》等促进文化科技融合的政策，以及创造良好的文化科技融合的人文氛围等措施、手段，使北京市文化科技融合发展处于全国领先地位。"十一五"时期，北京市文化创意产业取得骄人成绩：全市市级、区级文化创意产业集聚区达70多个；文化事业的文化科技融合发展较快，加大对北京人民艺术剧院、北京京剧院等文化科技融合的扶持力度等；文化产业的文化科技融合发展迅猛，获得中关村国家级文化科技融合示范基地称号等。但是，北京市文化科技融合工作还需要继续完善。北京市文化科技融合管理机构主要有：北京市委宣传部、北京市国有文化资产监督管理办公室、北京市科委、北京市和各区县的文化创意产业促进中心等。

国内外城市文化科技融合管理借鉴模式有：①洛杉矶模式。洛杉矶数字电影对中国传统文化元素的借用及转换取得经济效益和美国价值输出"双赢"。美国文化科技融合的特点，基本克服了产业园区发展的瓶颈——依靠外来的资金输血维持。它的优势是投资主体多元化、形式灵活多样等。②东京模式。东京数字动漫产业具备完整的产业链条，政府制定产业规划和政策扶植中小动漫企业的发展并采取国际化治理模式。③上海模式。《上海推进文化和科技融合发展三年行动计划》提出围绕文化消费主战场的"四屏""两台"和"一网"，重点打造一批以提升技术支撑、激活文化创作和丰富展现形式等覆盖文化产品创新链条的创新示范工程。如，以上海张江"一基地多园区"联动发展为龙头并设计合理的产业组织政策。④深圳模式。深圳采取"文化＋科技＋金融＋旅游"的特区特色。

北京文化与科技融合本身缺乏顶层设计和工作机制，缺乏文化装备的核心技术和关键产品，缺乏规模、品牌、活力兼具的文化科技企业，缺乏文化科技融合的跨界人才。北京市文化科技融合外联空间是集聚区要共享空间框架下的网络关系、共同趣缘构架起的网络关系、周边社区支架起的网络关系共同编织成的创意产业集聚空间。北京市文化科技融合方式有：国家级文化和科技融合示范基地管理方式——中关村示范基地，以高端人才、创新企业、科研机构为主要抓手，以龙头企业水晶石数字科技有限公司的蚂蚁模式为主导；首都核心区的"胡同创意工厂"——雍和园方式；首都功能扩展区发展"工业设计"——顺义区方式。北京市文化与科技融合发展模式主要有：政府引导型、技术驱动型、市场需求推动型、资金驱动型等及其组合模式，并且针对不同的领域，其发展模式的侧重点也不相同。

4　北京市文化科技融合措施与建议

北京市文化科技融合人力资源管理模式是借鉴中关村国家自主创新示范区建设人才特区的成功经验，建立的北京市文化科技融合人才特区。北京市文化科技融合融资管理模式是北京市联合各方搭建专门服务于文化科技融合企业的融资平台，把银行、担保机构、项目、企业、政府联合在一起，综合融资担保、培育上市、设立引导基金等功能，实行"一站式服务"，建立文化创意产业银行模式探析、文化创意产业的资产证券化。北京市文化科技融合示范区中介服务管理模式是建设文化科技融合孵化器的基础环境，同时，加快孵化器与企业加速器的融合。北京市文化与科技融合的实践路径是按照北京市制定的《关于实施"双轮驱动"战略加快推进文化科技融合发展的意见》及《北京市推进文化和科技融合发展三年行动计划（2012—2015）》去实施的。通过本文课题组绘制的 16 个区县发展分布图（见图 1），具体分析北京市 16 个区县文化科技融合的路径：海淀区以中关村海淀园打造北京市文化科技融合的龙头；丰台区的科技服饰业；昌平区的科技十三陵旅游；朝阳区现代电子与艺术；大兴区微电子和数控机床工业设计；西城区的 DRC 工业设计；东城区的创意胡同；石景山区的数字动漫；通州区的光机电一体化；怀柔区的数字影视；顺义区的创意工业设计；房山区的科技周口店旅游；密云县的科技古北口国际旅游休闲谷文化旅游；平谷区的数字乐谷；延庆县的科技八达岭长城文化旅游和门头沟区的旅游文化休闲。

北京市文化科技融合体系的具体构建思路是：建立首都文化与科技融合的基本工作机制；提升首都文化与科技融合的效率和效益；组织文化与科技融合技术攻关和项目推进；扶持"文化与科技融合"的企业主体和培养文化与科技融合领域的人才和机构。推进首都文化与科技融合的具体措施有：大力推进首都文化科技体制改革；制订和实施鼓励文化与科技融合的政策措施；进一步加大文化与科技融合的资金投入；加强文化与科技融合的人才队伍建设；在首都高校中设立文化科技融合学院；支持建设首都大学文化科技园和提高北京文化科技融合的国际影响力。建立首都文化与科技融合六大系统：建立文化科技创新体系；建立文化科技成果的应用体系；建立文化科技融合的承载体系；建立文化科技融合的市场服务体系；建立文化科技融合的支持体系和建立文化科技融合的公共事业服务体系。建立首都文化与科技融合九大工程：文化装备技术水平提升工程；文化科技创新平台建设工程；文化科技集成创新与应用示范工程；文化领域标准规范体系建设工程；文化科技管理工程；文化科技产业集群培育工程；文化科技新业态培育工程；文化科技人才引进和培育工程与文化科技国际和区域合作工程。建立首都文化与科技

图1　北京市16个区县文化科技融合发展分布图

资料来源：笔者设计绘制

融合具体项目有产业融合载体与公共服务平台类项目和共性关键技术攻关及产业化应用示范类项目两大类：数字内容领域的推动信息技术与文化产业融合项目；创意设计领域的全力推进北京"设计之都"建设项目；新闻出版领域的强化新闻出版业传播力项目；广播影视领域的拓展广播影视业影响力项目；文化旅游领域的加快新型文化产业培育项目；演出会展领域的增强文艺演出、高端会展表现力等具体项目。

北京市文化科技融合品牌塑造：打造北京市"创意之都"城市品牌。借助成功加入联合国创意城市联盟的"创意之都"的东风完善北京的城市品牌构建与营销系统建设。同时，在北京文化地图平台建设之际，借助文化科技融合手段提升北京城市品牌"创意之都"的知名度、满意度和忠诚度。最后，重点培育文化科技融合国际品牌，把"北京CBD——定福庄传媒产业走廊"和中关村创意产业先导基地打造成类似"麦迪逊大道"的和"硅谷"一样的国际知名文化科技融合基地。

5　北京市新经济增长点路径思路

培育文化产业成为新经济增长点是北京城市突破资源瓶颈实现经济转型的必由之路，是保存、传承、创新北京特色地域文化的可行之举，也是增强北京文化整体竞争力的必然选择。如果培育成功，必将对区域文化产品生产与消费方式、区域经济文化综合竞争力，乃至区域特色文化文明的保存和传承等产生长期、持续而显著的影响。

将产业经济学、文化地理学和制度经济学的理论引入到对制约北京文化产业成长为新经济增长点的分析中，认为制约北京发展文化产业的因素十分复杂，既有经济因素也有文化因素，既有体制性问题，也有制度性缺陷，既有自然地理区位原因也有历史文化方面的原因。自然地理区位、人才队伍、资本、文化体制、投融资渠道五大制约因素，创造性地对文化产业观念和文化产业环境两大因素提供了注解。北京特殊人文地理环境造成了特殊的文化品格，这种包容开放、多元一体的北京文化特征属于典型的北方文化涵养出来的文化品格。它积极一面表现为诚恳直爽、热情泼辣、幽默风趣的文化性格；不足方面则表现为知足常乐、小富即安、过度粗放的缺陷，缺乏文化创新的动力。这种具有双重性的文化品格衍生出了一些错误的文化产业观念，例如"文化技术化"思维、"文化泛经济化"思维、文化管制思维等，北京在培育文化产业过程中应注意避免上述认识误区。针对当前北京思想文化领域中的保守氛围，在制度经济学家科斯和创意经济理论创始人佛罗里达观点的启发下，本文分析了文化环境对文化产业发展的重要制约作用，提出科学理想的文化产业环境应该具有"自由宽松、包容开放、竞争激励"的特征。受上述多重因素的综合影响，导致北京在培育文化产业成为区域经济发展的新经济增长点过程中面临如下五大问题：一是文化产业管理机构设置不合理，产业法规不健全；二是文化产业规模较小，产业竞争力不强；三是文化产业产品链条不完整，价值链条低端化；四是文化产业还存在传统业态与新兴业态、中心城市与边缘城市和农村、骨干大型文化企业和中小微型企业之间的三大发展不平衡现象；五是文化产业发展动力不足。

从文化产业强国美国、日本和韩国培育文化产业的举措不难看出，日韩两国政府在健全政府文化职能机构、拓展产业融资渠道、开拓海外文化市场等方面的做法，以及美国政府在保护知识产权、推动文化与科技融合、开放思想市场等方面的做法，都为北京振兴文化产业提供了有益启示。北京要培育文化产业成为新经济增长点，首先厘清政府和市场的权力边界，确定双方各自的职责角色，坚持发挥政府的先导性作用和市场的决定性作用，正确处理政府和市场的关系，防止政府对文化市场的过度干预和不当干预，发挥价格规律、供求规律、竞争规律在文化资源配置中的决定性作用；其次，要创新投融资模式，充分发挥财政资金的金融杠杆作用，引导吸收社会资本和外资有序进入文化产业资金紧缺的环节，同时要提高文化企业的经营管理水平，防控文化产业风险，防止文化资源浪费；再次，北京文化产业要超越其他文化产业发达地区的发展水平，关键还在于多出文化艺术精品，实现文化作品的商业化、产业化；最后，要逐步推进文化开放，扩大对外文化贸易规模，提升文化产品和服务的水平和结构，发挥对外出口特殊区域对文化开放的支持作用。

新经济增长模型对于发展北京文化创意产业的启示有这样几方面：①重视人力资本的经济贡献作用；②强化知识和技术的作用，提高知识产权的保护意识；③增强政府服务功能，强化配套设施建设；④突出空间资本优势，提高空间利用水平。

北京市加速文化科技融合培育新经济增长点的对策具体如下。

5.1 构筑适应科技与文化融合的政策体系

文化科技融合作为北京市产业结构优化和转变经济发展方式的重要推手及新兴产业发展的重要方向，制度的顶层设计和机制保障作用至关重要。

第一，建立上下联动、横向配合的协调合作机制。市级层面，要尽快建立由北京市科委、北京市文资办、北京市委宣传部、北京市财政局、北京市经济和信息化委员会、北京市广电局和北京市新闻出版局等组成的科技与文化融合的工作协商制度，构建科技与文化融合的文化创新体系，共同推进科技与文化融合创新，开展科技与文化融合重大项目、示范工程和文化创意产业园区的培育及布局优化，为区县的文化创意产业发展提供强有力的思想指引和政策支撑；区县地方政府层面，科技部门与文化部门要实现高度协同，立足区县特点和文化创意产业发展规律，完善产业扶持政策，发挥政府部门、行业协会、社会团体的力量建立全面、高效的科技与文化融合机制。

第二，建立文化科技融合发展的资金保障机制。北京市各级政府应把文化创新纳入科技创新工程，设立科技专项经费、技术改造资金和文化创意产业投资基金，吸引其他产业资金进入文化科技融合领域；完善文化科技融合企业信贷制度，探索文化科技融合产品创新和文化科技融合企业信用担保的新途径；发挥创业板等资本市场的作用，鼓励、引导和支持符合条件的文化科技融合企业上市或者发行企业债券，构建"政府扶持、金融支持、企业融资"三位一体的资金保障体系，为北京市文化科技融合发展提供有力的资金支持。

5.2 以重点园区带动新经济发展

2012年5月18日，科技部、中宣部、文化部、广电总局、新闻出版总署五部门联合发布了首批国家级文化和科技融合示范基地。北京中关村国家级文化和科技融合示范基地等16家被认定为首批国家级文化和科技融合示范基地。2013年，北京中关村国家级文化科技融合示范基地及其各分基地结合本区产业特色及资源优势，在产业政策制定、公共平台搭建、关键技术攻关及成果推广、文化科技领军人才培育、产业联盟及孵化器建设等方面取得了显著进展：一是编制颁布10项产业发展政策规划，初步形成国家、地方、区县配套的产业促进政策体系；二是推动企业牵头建立"新型数字版权流通服务平台""影视文化出口平台"等16个公共服务平台，满足产业发展的共性服务需求；三是引导社会资本发起3支文化科技融合产业基金，资金规模达3.5亿元；四是认定、新建一批文化科技型创新载体，包括8个文化科技园区、10家文化科技新型孵化器、4个文化科技产业联盟；五是在3D打印、数字版权、动漫游戏、创意设计等领域突破了一批技术成果并转化应用，聚集了新奥特、水晶石、完美世界等一批领军企业；六是组织遴选"千人计划""海聚工程""高聚工程"等文化科技人才培育工程。

北京市应以中关村国家级文化科技融合示范基地为龙头，整合文化科技创新资源。依托各个区县产业园区、高等院校和科研机构等力量，创新产学研合作模式，加快建设文化科技创新公共服务平台建设，积极推进包括文化领域战略性前沿技术、核心技术，文化产业发展的共性关键技术，文化管理的共性技术及文化艺术、广播影视、新闻出版网络文化等行业关键设备与集成系统研制在内的技术研究，努力提高北京市文化科技自主创新能力。

5.3　兼顾文化科技融合的效率与效益

科技与文化融合作为文化创意产业发展的内生引擎，北京市必须考虑两者融合的效率和效益问题。笔者认为，科技与文化的融合必须紧密把握产业发展规律、自有资源和产业发展基础等问题，至少要做到三个兼顾和同步：技术创新与文化内容创新要同步、现代文化产品和服务的培育与传统文化产业转型升级要协调、民族特色和地方特色挖掘与科技创新要相容。北京市文化科技融合的发展应该进一步整合文化资源，挖掘、开发文化资源精华，打造具有各个区县区域特色、民族风格的文化原创精品，创造出既富有浓郁北京特色、北京风格和北京气派，又具有鲜明时代特色、符合当代审美要求的原创产品，形成创意文化新品牌；北京市要加强对文化科技与相关产业融合发展的集成技术的研发和运用，创新文化表现形式，拓展文化传播手段，不断衍生出新型文化形态和新型文化业态。北京市在大力发展文化产业的同时，也要积极开展文化事业提升工程，着力于公共文化服务、文化资源传承和保护以及文化市场管理，推进北京市公共文化服务领域的数字化建设，提高文化资源传承保护和文化市场管理的科技水平，争创国家公共文化服务体系示范区。

5.4　推进科技文化融合的产业集群

与发达城市相比，北京的文化创意产业发展水平还存在一定差距。要使文化科技融合真正步入创意驱动、内生增长的发展轨道，成为推动北京市产业结构调整和经济发展方式转变的强大引擎，必须推进新兴产业集群和业态的发展，切实解决好产业链构建、融合载体建设等问题。北京市文化科技融合发展应在创新创意的基础上，把科技因素和文化因素充分融入研发、生产、管理、销售和服务各个环节，提高产品的科技含量和文化含量，并使之形成上下联动、紧密衔接的整体链；同时要推进"创意"横向延伸，使其广泛运用到包括传统文化产业、制造业、建筑业、旅游业、教育业、体育业、现代服务业、农业和商务等各个领域，促进越来越多的产业与文化创意产业融合，催生出越来越多的新型产业形态，扩大文化创意产业发展空间。同时，北京市要加强对具有文化科技创新优势的企业集团的培育和发展。要大力扶持和发展一批创新能力强、抵御风险能力高和具有核心竞争能力的文化企业，使其成为文化创意产业发展的品牌和引擎，带动其他文化企业的发展和促进文化创意产业链的形成。例如，顺义区大力发展工业设计产业，取得不错效果。顺义区依托区域内丰厚的工业基础优势，积极培育和引进各类研发设计企业，重点发展产品设计、外观设计、广告设计等。以龙头企业为依托，提升顺义综合设计能力和产业竞争力统筹规划，加快建设创意工业设计集聚区，打造北京创意工业设计服务中心。北京（顺义）工业设计服务中心依托顺义区内丰厚的工业基础优势和知名重点企业，建立集中的工业设计企业培育区域，整合资源，创新机制，形成统一布局、专业分工、多元并进、有机互动的工业设计发展新格局，加快设计成果的市场化、产业化进程，扩大专业设计服务产业规模。

5.5　完善文化科技创新人才培养体系

北京市在文化科技融合人才工作上坚持人才培养和人才引进相结合，一方面，推进高等院校专业改革，适当增设创意、设计、媒体和传播等专业设置，培养更多具有深厚中国传统文化底蕴又熟悉北京本地文化资源的文化创意人才；另一方面，在加大对北京传统文化底蕴深厚、国际视野开阔、原创水平高、创意和经营管理能力强的复合型高级人才引进力度的基础上，完善相关激励机制，优化北京市文化创意创业环境。例如，北京理工大学数字媒体技术系于 2005 年针对北京市把文化创意产业作为经济结构调整中新的经济增长点来发展的背景，结合媒体计算、艺术设计、计算机仿真等相关领域知识所具有的关联性，本着"系统规划、集中建设、资源共享"的原则和为文化创意行业培养综合性、创新性人才的目标，构建了数字媒体技术系。2007年以数字媒体技术系建设为主要内容申报了教育部高等学校特色专业建设项目并获得批准，成为国内首批"数字媒体技术"教育部特色专业建设点。2008 年，北京理工大学以数字媒体系为核心，承担了"2008 北京奥运开闭幕式全景式智能仿真系统"，把计算机仿真和虚拟现实技术用于奥运会开、闭幕式的大型文艺演出，这种技术形式引领出文化创意产业中动漫及游戏制作以外又一新的产业形式——"数字表演与仿真"，成为世界范围内的首创。2012年笔者跟随北京市社科联领导去中关村管委会调研，得知海淀区已经实施了中关村人才特区计划，且成为高端和高素质人才的培养基地。同时，海淀区专门成立文化科技融合企业和人才评估机构，通过认证的单位和个人享受国家级高新企业和专家的待遇，目前实施效果较好。

参考文献

［1］John Howkins. Understanding the Engine of Creativity in a Creative Economy ［EB/OL］. World Intellectual Property Orgnization：http：//www. wipo. int/sme/en/documents/cr ＿ interview ＿ howkins. html.

［2］张京成. 中国创意产业发展报告（2012）［M］. 北京：中国经济出版社，2012.

［3］孔建华. 北京文化创意产业集聚区发展研究［J］. 中国特色社会主义研究，2008（2）：15－16.

［4］褚劲风. 创意产业集聚空间组织研究［M］. 上海：上海人民出版社，2009.

［5］魏鹏举. 文化创意产业集聚区的管理模式分析［J］. 中国行政管理，2010（1）.

［6］北京市统计局，www. bjstats. gov. cn，北京市文化创意产业 2102 年统计年报.

［7］北京 DRC 工业设计创意产业基地网站. www. drcchina. com.

［8］刘平. 英国、日本、韩国创意产业发展举措与启示［J］. 社会科学，2009（7）.

［9］赵弘，张静华. 国外文化创意产业的发展及对我国的启示［OL］. 2009－2－18.

［10］牛维麟. 国际文化创意产业园区发展研究报告［M］. 北京：中国人民大学出版社，2007.

金融支持京津冀协同发展问题及对策研究

李晓艳[①]

摘　要：继"长三角""珠三角"之后，京津冀地区成为中国经济增长的第三极。多年来，京津冀地区的规模、集聚效应和协同发展一直相对较弱。2014年，京津冀协同发展问题被纳入到国家战略层面，这无疑对其日后发展增强了信心和期待。要实现京津冀地区更大范围、更广领域、更高层次的合作，就必须加强区域金融紧密合作，更好地发挥金融在区域资源流动和产业合作分工中配置导向和市场调节作用。本文从区域经济发展的角度出发，通过对京津冀地区经济发展状况、存在问题、制约因素分析，探索金融支持如何推动、配合京津冀地区的协同发展。

关键词：金融支持；协调发展；问题；对策

随着京津冀区域经济一体化程度的推进和发展，各类市场主体对信贷资金、金融信息、金融人才等要素的跨地区流动和高效率配置提出了新的需求，以金融服务推动产业布局重整和结构转型升级、要素资源和市场融合，促进资本有序流动，将对中国经济增长产生积极深远的影响。金融如何支持京津冀一体化发展已成为京津冀三地金融工作部门顺应形势、破解难题、改革发展的重要课题。目前国家发改委正在牵头编制京津冀协同发展规划，从中央到地方正逐渐形成合力，京津冀协同发展迎来新的历史机遇。面对国际国内复杂多变的宏观经济形势，急需对京津冀地区经济发展中的金融支持现状进行全面深入的分析，并根据我国现阶段金融支持京津冀经济发展中存在的问题提出相应解决办法，从而促进区域经济健康发展。

---

① 作者简介：李晓艳，首都经济贸易大学。

1 相关文献研究

1.1 相关文献研究概述

多年来，专家学者们一直致力于研究促进经济增长、区域经济发展的因素。例如，资本、劳动力、技术等因素在促进经济增长的过程中作用非常明显，尤其是货币资本在经济发展欠发达国家及地区的影响力更为显著。美国耶鲁大学经济学家雷蒙德·W·戈德史密斯（Raymond. W. Goldsmith）（1969年）提出用金融相关比率①衡量一国金融结构和金融发展水平的存量和流量指标，他认为"在大多数国家，如果对近数十年进行考察，就会发现经济发展与金融发展之间存在着大致平行的关系。随着总量和人均的实际收入及财富的增加，金融上层结构的规模和复杂程度亦增大"；以格力·E. S. 肖和罗纳德·麦金农（1973）为代表的经济学家提出了"金融深化""金融抑制"理论，肯定了金融发展与经济增长的关系，重视货币金融政策对经济发展的作用，突出了金融在经济发展中的地位与作用，但这种研究停留在主观判断上；一些经济学家如赫尔希曼、穆尔多克、斯蒂格利茨等都认为金融约束是一种比金融抑制和金融自由化更有吸引力的模式，是通过选择一组金融政策，如对存款利率、贷款利率加以控制，对市场准入加以限制和对来自资本市场的竞争加以限制等，为金融部门和生产部门制造租金机会，从而为这些部门提供必要的激励，促进它们在追逐租金机会的过程中把私人信息并入到配置决策中，强调了政府对于金融的作用。国内的学者近年来也在论证金融发展与经济的关系。艾洪德、徐明圣和郭凯（2004）对我国区域性金融发展与区域经济增长关系实证分析之后认为金融发展与经济增长之间存在因果关系；陆文喜和李国平（2004）采用 β – 收敛法检验了 1985 年以来我国各地区金融发展的收敛问题，他认为我国各地区金融发展存在着阶段性和区域性的收敛特征，而且这种特征与金融发展政策有关。

总的来说，从经济学家的理论和各地实践证明来看，可以肯定金融发展与经济发展二者之间的积极互动关系，二者是相辅相成、互相制约的。一个好的金融体系可以通过影响储蓄率、提高储蓄向投资的转化率以及优化资源配置效率来促进经济增长，能通过资金的聚合作用支持产业结构转型升级，支持整个社会技术进步与创新所需要资金，而金融支持又是金融发展中核心

---

① 现实生活中，我们通常把这个指标简化为金融资产总量与 GDP 的比率。

部分，金融支持对经济发展的作用也不可否认，因此，在区域发展过程中离不开金融支持，离不开成熟的金融体系和金融机制；同时区域内金融的发展离不开经济的不断前行，要受到区域经济发展水平的限制，而区域经济发展的规模、速度和经济结构又直接影响着区域内金融的发展。

1.2　金融支持的定义

所谓金融支持，是指金融业通过自身的金融行为促进资金产出率和经济运行效率的提高，从而起到缓解资金供求矛盾支持地方经济发展的作用。它不单纯是资金供给，还包括制度、政策环境的保证。金融支持实际上是选择政策安排，合理安排优先次序，充分发挥金融的筹资融资功能，调节经济和资源配置功能，促进经济的发展。

2　金融支持在京津冀地区协同发展中的重要作用

众所周知，京津冀地区的总体经济发展水平比长江三角洲地区、珠江三角洲地区要落后很多，但是京津两地金融规模的发展却超过了区域经济的发展速度，如表1所示，京津冀三地金融增加值逐年增加，金融相关度也呈上升趋势，这表明金融对经济的推动作用在增加且趋于稳定，但发展相对不平衡，由此可见金融发展在京津冀一体化过程中的作用是不可忽视，其作用表现为以下几方面。

表1　2008—2013年京津冀三地金融相关比率

地区生产总值、金融业增加值（单位：亿元），金融相关比率（单位:%）

		2013 年	2012 年	2011 年	2010 年	2009 年	2008 年
北京市	地区生产总值	19 500.56	17 879.40	16 251.93	14 113.58	12 153.03	11 115.00
	金融业增加值		2 536.94	2 215.41	1 863.61	1 603.63	1 519.19
	金融相关比率		0.14	0.14	0.13	0.13	0.14
天津市	地区生产总值	14 370.16	12 893.88	11 307.28	9 224.46	7 521.85	6 719.01
	金融业增加值		1 001.59	756.50	572.99	461.20	368.10
	金融相关比率		0.08	0.07	0.06	0.06	0.05
河北省	地区生产总值	28 301.41	26 575.01	24 515.76	20 394.76	17 235.48	16 011.97
	金融业增加值		913.66	746.01	615.42	525.67	420.74
	金融相关比率		0.03	0.03	0.03	0.03	0.03

		2013 年	2012 年	2011 年	2010 年	2009 年	2008 年
全国	地区生产总值	568 845.21	519 470.10	473 104.50	401 512.80	340 319.95	316 030.34
	金融业增加值	33 535.00	28 722.68	24 958.29	20 980.63	17 767.53	14 863.25
	金融相关比率	0.06	0.06	0.05	0.05	0.05	0.05

资料来源：根据国家统计局数据整理，其中空白处未找到相关数据，因此无法测算当年的金融相关度。

2.1　金融支持可以优化资源配置，提高市场效率

京津冀地区多年来发展缓慢，主要是京津冀三地市场培育不够，政府干预太多，京津冀三地经济与产业发展的差距，实际上是体制差距的体现，现如今转变政府职能、简政放权，这无疑迎来一个发展的新机会，应当充分发挥市场在金融资源配置中的决定性作用，扫除区域间行政壁垒，破除限制资本、技术、产权、人才、劳动力等生产要素自由流动和优化配置的各种体制机制障碍，按照市场规律推动各种要素在区域内自由流动和优化配置，实现金融要素的互联互通。"只有优化金融资源配置，盘活存量，用好增量，才能更有力地支持经济转型升级，更好地服务实体经济发展"①。

2.2　金融支持是区域一体化的要求，有利于京津冀地区实体经济的发展

众所周知，实体经济的健康发展离不开金融业的支持，而金融业自身的发展同样也需要有实体经济引导，金融业只有跟实体经济的发展结合起来，才能有稳固的发展基石，只有两者结合在一起，相互促进、共同发展，才能取得双赢。在京津冀地区协调发展过程中，企业特别是小微企业对资金的需求很高，政府部门加大与金融部门的合作力度，拓宽融资渠道、优化融资结构，才能使小微企业获得更多的信贷机会，从而促进实体经济的发展。这样一方面可以快速缓解在基础设施建设过程中资金短缺的问题；另一方面也促进了地方金融业的快速发展。

2.3　金融业在产业转移过程中肩负着资金支持的重任

国家高度重视京津冀一体化策略，其出发点是为了解决"首都病"，缓解城市人口众多、雾霾天气严重、城市交通拥堵等问题，北京现有的资源已

---

① 《国务院关于金融支持经济结构调整和转型升级的指导意见》，2013 年。

经不能充分满足人口和经济规模上的发展要求，出于产业布局、城市功能重
新定位的需要，适当把北京过度的资源向外分散，让周边省市获利，北京在
向外地转移产业的过程中和日后的建设都需要大量的资金，产业迁移过程中
涉及的企业融资、并购重组、产权改革等多方面的需求也需要资金支持。河
北省在承接产业梯度转移的过程中，地方银行满足不了大量基础设施建设所
需资金，只有京津冀三地金融协作，才能有效地实现产业转移的需求。因此，
金融支持在京津冀地区协同发展的过程中显得尤为重要。

3 京津冀协同发展过程中金融支持的现状及存在问题

3.1 京津冀三地金融发展不平衡

如上述表 1 所示，河北省的金融相关度不仅低于全国水平，还低于北京
和天津。北京和天津的金融相关度超过全国水平，北京的金融相关度最高，
天津排在北京之后，这说明了北京金融发展水平对北京市的影响很大。虽然
京津冀三地虽然地理位置上相邻，但是金融发展差异较大，金融结构不平衡，
京津冀三地差异既有历史原因也有现实的原因。从历史来看，北京作为多个
朝代的首都，在各种资源上相应比其他地区有优势，历史的积淀使其金融资
源、金融市场都比较发达，金融产业集聚效应不断显现。从现实来看，北京
具有特殊的经济资源，汇集了"一行三会"为核心的国家金融决策和监管部
门，政策信息灵通，北京设立的九大金融功能区，也汇聚了众多国内外金融
巨头的跨国总部，具有较强的影响力，同时北京的金融协会相对较多，也能
在首都发展金融过程中协助各级政府发展金融产业，实现桥梁和纽带作用。
天津虽然也是直辖市，但是一直成长在北京的影子里，它只能依托沿海贸易
优势和加工制造业优势，金融也有一定发展，但不及北京。河北省环绕北京
市、天津市，东部濒临渤海，虽然区位优势突出，但是多年来一直处于捍卫
京津、支援京津的地位，其经济发展缺少吸引力甚至在一定程度上受到限制，
总体经济发展水平不高，金融自然缺少了发展的基石。

3.2 金融发展在区域内协同度低，金融产业结构同质化

区域之间的经济差距和发展不平衡增加了地方政府之间合作的难度。政
府多年来一直受发展自己"一亩三分地"的思维限制。京津冀三地在协调发
展过程中，对于区域金融协同发展定位模糊，出于地方利益的考虑，各自都
想发展自己的金融中心，缺少协同发展，金融竞争大于金融合作，金融合作

变成一种博弈，甚至没有实质性的进展。并且金融领域内资金分布不合理，这对经济结构调整和转型升级非常不利。因此在京津冀一体化的过程中，如果不加强协作，就会再一次失去发展的机会，就更谈不上与长三角、珠三角的竞争。

目前我国的金融体系主要是以银行为主，其他非银行金融机构、民间资本所占比重小，京津冀地区的金融体系也是如此，京津冀三地金融政策同质化较强，大多数金融机构都积极支持"高精尖"的经济结构，这也决定了实体经济企业尤其是小微企业获得资金更加困难。三地金融产业结构同质化造成资源浪费和重复性建设。

3.3 区域内金融合作机制落后、不完善影响合作的层次

京津冀的金融合作主要依靠区域协作论坛等会议形式推动，由三地社科联、科协等主办，参会人员以专家、学者为主，这种会议规格决定了对金融一体化的讨论必然是民间式、务虚的，不可能形成任何具有政府权威的、可操作性的合作协议。若要在国务院层面形成一个京津冀区域合作的协调机制，最好在发改委下成立专门办公室，协调三个地方政府，采取共同行动，才能推进更高层次的合作。

3.4 京津冀三地银企之间信息不对称、资本流通效率低增加了信用风险

随着北京相关产业向津冀地区疏解，转出单位会向津冀金融机构提出新的合作需求和资金需求，但是这些客户在当地经营时间较短，知名度较小，津冀金融机构对其实际经营情况不了解，不利于转移企业在津冀地区金融机构获得融资支持。在京津冀一体化的过程中，承接产业转移地区也需要站在国家战略的角度，从京津冀区域协调发展的角度对现有的产业结构进行梳理和改进，这一过程势必会造成一部分企业关门整顿或歇业，这给为提供信贷支持的金融机构带来信贷风险。同时，产业的政策性调整会产生许多的新兴行业，这些行业在发展过程中并不成熟，受政策等方面的影响大，存在着许多的不确定性，这也增加了金融机构的新增信贷风险。

3.5 金融支持的手段方式单一，金融创新程度低

在京津冀协同发展过程中，伴随着产业转型升级，城镇化建设中的大量基础设施建设需要资金支持。具体表现在：一是在现有的金融体系下，资金的需求方只能向传统的银行部门贷款，而单靠这一机构完全满足不了当前的

融资缺口，与此同时票据、电子银行和信息咨询等金融产品匮乏。二是资本市场整体发展相对薄弱，尤其河北省上市公司少，券商仅有一家，受净资本等制约，综合实力与行业龙头仍有差距，与之相适应的资本市场和金融生态环境严重制约了当地经济发展，这也是京津冀协同发展整体战略的障碍。三是民间资本参与度也相对较低，作为支持区域经济的补充力量，目前尚缺乏有效的引导和监督措施。四是 PPP 模式、BOT 融资方式在京津冀地区没有普遍推广运用。总而言之，京津冀地区不论从新型金融机构、金融市场还是金融工具来看，都有待改进提升和创新。

3.6　金融一体化程度低从整体上影响了区域协调发展

金融服务一体化是三地经济实现协调的前提条件之一。金融服务一体化包括结算系统一体化、票据市场一体化、征信系统一体化等。虽然这些年来，金融服务的一体化在三地都有所尝试，但是未能真正形成金融一体化的发展模式。金融服务的一项关键内容是结算手段和渠道的畅通。从当前来看，京津冀三地的结算手段和结算渠道依然不够畅通，许多异地业务及异地支付不能实现即时结算，这一定程度上降低了资金在三地流动的效率，影响了一体化进程。因此三地迫切需要实现清算和结算的一体化，降低社会各界获取金融服务的成本。

4　金融支持京津冀地区协调发展的对策建议

4.1　明确三地功能定位，制定并建立合理的区域金融规划，建立长效沟通协调机制

（1）要实现京津冀区域协调发展，首先考虑建立一个权威性的协调机构，负责制定京津冀地区经济与金融发展战略规划，统一管理权，避免多头管理，协调解决区域内经济发展重大事项，加强日常沟通和信息交流。这里所指的区域经济和金融规划主要包括区域金融布局、金融机构及金融市场建设、金融生态环境建设。

（2）要实现京津冀区域协调发展，就必须参照三地的产业优势，明确各自的功能定位，打破行政壁垒，积极建立区域金融中心，发挥金融在经济发展中的"引擎"作用，可以鼓励现有的金融机构在京津冀区域内互设分支机构，增设网点，以延伸金融服务。具体可以考虑以下方法：

一方面可在北京建立各金融机构的总行，较多地实行金融管理工作；在

天津负责完善各类金融机构运营方面的工作；在河北省建设北京金融后台服务基地和重点金融街区，吸引更多的国内外金融分支机构和地区总部入驻，建设多家金融后台服务、数据备份中心和培训等机构，形成区域内的集聚发展优势，这样既能实现资源的优化配置，又避免了区域之间的重复性建设和无序竞争。

另一方面可在区域内建立多层次的金融市场，在京津冀地区完善和建立资本市场，积极推进股权融资和债券融资，拓宽中小型企业融资渠道。

（3）要实现京津冀区域协调发展，就必须改善金融生态环境。要建立健全社会信用体系，建设良好的信用环境，加强金融风险监管，防范和化解地方性金融风险，积极探索地方稳定协调机制，建立健全金融法律法规体系，保障京津冀区域发展有一个良好的金融生态环境。

（4）要实现京津冀地区的协调发展，就必须建立长效沟通协调机制。京津冀的协调发展是一个长期的过程，需要借鉴长三角、珠三角的成功经验，打破自家"一亩三分地"的思维定式，抱成团朝着顶层设计的目标一起做，充分发挥京津冀地区经济合作发展协调机制，需要把金融与产业合作、技术合作、人才合作、能源合作、环境合作、水资源合作等放在一起看，这样各方的利益共同点会增加，利益协调的难度会大大下降。

4.2 着力构建完整的金融体系，扩大金融覆盖面

在京津冀区域范围内，大力培育和完善金融市场体系。积极鼓励有条件的企业通过股票、债券等直接融资的方式筹集资金，着力构建包括商业银行、保险公司、证券公司、担保公司、小额贷款公司和融资租赁等公司在内的完整金融机构体系，扩大金融服务的覆盖面。目前，北京已形成以商业银行、信托公司、财务公司、证券公司、保险公司、基金公司等金融机构为主导，以担保公司、评级公司、资产交易平台和互联网金融新型业态等中介机构为支撑的金融服务体系。创业板上市公司数量、境外上市公司数量、上市公司总股本、总市值、首发融资、再融资均居全国首位。天津借助滨海新区、于家堡新区、中新生态城等新区大力推进金融改革创新，金融先行优势明显。河北省虽然金融发展相对比较缓慢，但是也在积极探索和拓宽融资渠道和融资方式，创新金融产品，大力发展直接金融，为企业发展提供资金。京津冀三地通过协调，可实现资源信息共享，提高资本运作效率，助力京津冀地区经济稳定发展、协调发展。

4.3 鼓励金融创新，推进区域协调发展

京津冀三地在经济金融发展方面有各自优劣，如果充分利用京津冀经济金融发展的差异性，在协同发展过程中积极创新各种金融支持的方式，加强更深层次的金融合作，则有利于提升京津冀地区的整体经济金融实力，实现互利共赢。金融管理部门应该打破"一亩三分地"思想，应当鼓励北京金融机构开展异地融资产品创新。对于不宜开展异地融资的项目，三地金融机构可在信贷资产证券化领域加强创新合作，或者由三地政府出面协调，多家银行参与相关项目的银团贷款，保障融资客户在京津冀银行间平稳交接，同时也积极鼓励民营资本参与经济发展。对于急需资金的企业，除了传统借贷外，还可以考虑通过金融租赁、票据融资等方式筹集资金，对于那些具有潜力的战略型新兴企业，创业初期可以设立创业引导资金，借助政府引导资金，吸引更多的社会资金参与，推动金融与科技相结合发展，从而助推产业升级顺利完成。

4.4 积极借鉴"长三角""珠三角"的经验，避免走总量扩张的老路

在京津冀金融一体化过程中，要发挥金融资本的带动作用，助推产业升级。要以京津冀一体化的目标、方式、原则和路径为基础，要在遵循市场规律的前提下对区域功能进行调整，要认识到京津冀一体化政策的实施是一个结构调整的过程而不是铺新摊子的总量扩张过程，金融要做的是理性支持与配合，而非主导与盲目跟风或仅追求眼前利益。京津冀发展不可能重走长三角、珠三角自然发展的老路。长三角、珠三角在产业结构转型升级和在金融协调发展过程中有很多经验值得借鉴，应当加强与这些地区的交流与合作，打破行政干预的方式，积极发挥市场配置资源的作用，促进京津冀地区发展。党的十八届三中全会的改革方向是发挥市场在资源配置中的决定性作用，那么对于行政决定的存量资源配置现状，就要以市场化的方式去改变，对于增量的经济发展，就更需重视和尊重市场自发的作用。同时健全京津冀地区产业发展急需的高层次人才、高技能人才、紧缺型人才的引进机制，推进京津冀统一开放的人才资源市场建设，搭建快捷高效的人才交流平台，实现人才的合理开发与应用。

总之，金融支持京津冀地区的协同发展在当前来看既是机遇又是挑战，只有处理好二者的关系，克服区域发展的困难，京津冀地区的发展才能再上一个台阶。

参考文献

［1］陈建华．京津冀一体化与金融合作［J］．中国金融，2014（3）：58－59.

［2］王洋．京津冀一体化和金融促进［J］．金融博览，2014（9）．

［3］何猛．金融支持区域经济协调发展研究—以锡林郭勒盟为例［J］．内蒙古金融，2014（4）：86－88.

［4］吴成颂，范恒冬．金融支持在皖江区域发展中的问题与对策研究［J］．区域金融研究，2011（7）：59－63.

［5］孙翠兰．十二五时期京津冀区域金融产业协同发展总体思路［J］.2010 年度京津冀区域协作论文论文集，2010.

［6］王树华，方先明．金融支持与区域经济发展——基于江苏数据的实证研究［J］．统计与决策，2006（1）：81－83.

［7］张萌．区域金融发展中的金融支持问题研究［D］．天津商业大学，2007.

［8］浅析金融与京津冀一体化协调发展的问题与途径［J/OL］．中国金融界网，2014－8－20.

试析中国特大城市 CBD 管理模式

蒋三庚　　王震　　宋佳娟[①]

摘　要：由于历史原因、发展路径等因素，我国 CBD 现行管理体制表现为多元性。不同的管理体制，对 CBD 的形成与发展会产生不同的影响。结合我国现实情况，借鉴中央商务区管理体制改革和创新的经验，笔者分析我国 CBD 管理体制的现行模式并提出改进管理模式的设想。

关键词：中央商务区；管理模式；发展路径；改进设想

我国特大城市中央商务区（CBD）的管理模式与国外 CBD 的管理模式有很大区别。作为 CBD 建设的重要主导者，政府通过制订详细的城市规划，运用地方政府融资平台筹措建设资金，在产业发展方面着力推进相关产业在区域集聚，增强 CBD 行政服务与管理职能。由于我国主要特大城市的 CBD 都是在政府主导的规划下进行建设的，因而，大多 CBD 管理机构都具有一定的行政审批、土地开发和投融资的权限。本文试图通过对特大城市 CBD 管理模式的梳理，分析其优劣势，并提出改进的设想。

1　CBD 发展路径分析

如前所述，在我国 CBD 的发展历程中，政府居于主导地位，其主要作用贯穿于 CBD 规划和建设的各个阶段，尤其是在 CBD 的初创期和成长期，政府的作用更加明显：一方面，在 CBD 成立之初，政府确定 CBD 的具体选址和区内规划，往往投入巨额资金进行区内基础设施建设，以便利用较好的环境和完善的服务吸引行业内大型企业和组织机构进入，从而成为 CBD 的"招牌"；

---

① 作者简介：蒋三庚，首都经济贸易大学；王震，北京工商局石景山分局干部；宋佳娟，北京工商大学嘉华学院。

另一方面，在 CBD 的建设过程中，为形成一定的区域产业优势，政府往往出台一系列针对性的优惠政策，以便推动高端现代服务业产业快速集聚，扶持其发展。

1.1 特大城市 CBD 初创期建设路径

政府的主导作用在我国特大城市 CBD 的初创期最为明显，主要体现在 CBD 规划设计、基础设施建设等方面，即为 CBD 的形成预先做好"设计"；然后，以强有力的行政指令、政府措施、政府行为推动 CBD 的形成和发展。北京、上海、郑州等城市 CBD 的形成均依靠较强的政府行政力量的推动。

通过对北京、上海、深圳、广州等一线城市，以及杭州、重庆、郑州、青岛等区域中心城市的观察，我们可以发现，无论是原有商业区升级为 CBD（广州、重庆、福州等城市），还是重新规划建设城市新的集聚中心（上海陆家嘴、杭州钱江新城、郑州郑东新区、贵阳观山湖区及南宁五象新区等），地方政府均发挥着主导作用，具体表现在制订城市 CBD 的发展规划，确定 CBD 的区位选择、空间布局规划以及基础设施建设等方面。

1.2 特大城市 CBD 成长期发展路径

当特大城市 CBD 进入成长期时，当地政府往往运用行政手段，通过各类体制性安排，调动各级社会主体进行协同合作，在政策制定、资源配置和管理服务等方面形成合力，使 CBD 经济尽快形成规模，突出其在城市经济发展中的竞争力，有效促进生产要素的融合与 CBD 的成长。其中，贵阳、武汉、郑州等城市 CBD 的发展路径均体现出这一特点。

2012 年 12 月 21 日，经国务院批准，贵阳市金阳新区正式建立行政区并更名为观山湖区。观山湖区按照"6 + 1 战略"的目标，即加快交通枢纽之城、生态宜居之城、会展金融之城、体育文化之城、总部产业之城和商贸物流之城的建设，大力发展实体经济，最终实现以城促产、以产兴城、产城互动的目标。目前，观山湖区计划重新规划 CBD，初步拟定贵州金融城地区。观山湖区未设置专门的 CBD 管理机构，CBD 管理被纳入观山湖区统一管理，具体职能由区发展改革局、商务局和建设局等部门承担。

武汉 CBD 在规划之初便确定了政府引导、市场运作的 CBD 发展模式。2002 年 2 月 8 日，经武汉市政府批准，设立了"武汉王家墩中央商务区建设投资股份有限公司"。截至 2014 年年底，武汉王家墩中央商务区已建成面积近 600 万平方米，投入使用的楼宇面积近 500 万平方米，入驻中小企业 800

多家，服务业已占到本区 GDP 的 90% 以上。武汉王家墩中央商务区建设投资股份有限公司负责 CBD 的基础设施、招商、规划和管理、运营等一系列工作。

郑州市在发展郑东 CBD 的过程中，高起点制订 CBD 规划，坚持规划执行的一致性；以强力开发建设为重点，拓展城市框架，加快龙头企业集聚，加快产业的发展；充分发挥其区域性、经济、信息、科教、文化中心的作用，实现 CBD 的快速发展。2014 年，郑东 CBD 完成营业收入 25.2 亿元，根据 2015 年 5 月的统计数据，郑东 CBD 已入驻 123 家金融业企业，涵盖了金融业的相关领域。

通过对贵阳、武汉、郑州等城市 CBD 的观察，我们可以发现，随着 CBD 由前期的规划建设进入发展成长期之后，CBD 的发展路径由政府主导型路径，转变为政府引导、市场参与的发展路径。政府通过设立专门的 CBD 管委会，制定有针对性的扶持政策，引导 CBD 的发展；同时，积极引入市场化运作，吸引金融机构、企业总部进驻 CBD，成为 CBD 发展的重要支持力量。

2　政府主导与市场运作型管理模式分析

政府主导与市场运作的管理模式主要体现为建设 CBD 的主角不同。受城市发展历史、政府机构设置等因素的制约，我国特大城市 CBD 管理模式呈现多样化特征。从政府与市场的关系角度，CBD 管理模式可以划分为政府主导型和市场运作型两种模式。

2.1　政府主导型模式

根据调研，我国特大城市 CBD 政府主导型模式有以下四种类型。

2.1.1　政府主导、市区两级协调管理模式

在这种类型的管理模式下，CBD 所在地政府成立相应的职能机构，如 CBD 委员会等。该管委会是市级政府在 CBD 区域设立的派出性质的行政机构，级别与所在区一级政府相当，获得市政府授权并代表市政府统一行使 CBD 开发建设和管理职能，由所在区的人民政府代管。这类管理模式体制优势较为明显，CBD 管委会代表市政府统一行使开发建设和管理职能，执行和协调能力较强。这类管理模式具有代表性的有北京 CBD、上海陆家嘴 CBD 和广州天河 CBD。

2.1.2 政府主导、区级管理模式

在这种类型的管理模式下，CBD 所在地政府成立相应的职能机构，如中央商务区管理委员会等。该管委会是区政府在 CBD 设立的派出性质的直属行政机构，级别与所在街道办事处相当，代表区政府统一行使 CBD 开发建设和管理职能。CBD 管委会受到行政权限与级别不高因素的制约，执行和协调能力稍弱。这类管理模式具有代表性的是西安长安路 CBD。

2.1.3 政府主导、一体化管理模式

在这种类型的管理模式下，CBD 规划开发与运营管理被纳入功能区统一体系。CBD 所在地政府未成立专门的 CBD 管理机构，而是由 CBD 所在功能区管理机构负责统一管理。这类管理模式具有代表性的有杭州钱江新城 CBD 与贵阳市观山湖区 CBD。

2.1.4 非管委会型管理模式

与上述三种管理模式不同，不少特大城市的 CBD 由于历史原因，并没有成立专门的管理机构进行管理，CBD 的相关事务往往由所在区的政府特定部门进行统一领导，包括成立之初的项目规划和园区建设、成立之后的统一管理等。在这种类型的 CBD 管理模式下，尽管与前述各种模式相比，其管理机构的级别较高，但是，由于是非专门机构管理，甚至是一个临时议事机构，具体的行政权力有限，其职能行使严重依赖其他政府部门。这类管理模式具有代表性的有杭州武林 CBD、长沙芙蓉 CBD 与深圳福田 CBD。

2.2 市场运作型模式

与政府主导型管理模式不同，市场运作型管理模式更加强调在 CBD 建设过程中以市场为导向和出发点组织 CBD 投资和建设。具体表现为投资项目、投资进度安排、管理服务模式以及硬件设施建设等都以市场容纳度与房地产市场状况为运作决策依据。市场化管理在我国处于起步阶段，武汉王家墩 CBD 与银川阅海湾 CBD 就是这类管理模式的代表。

武汉王家墩 CBD 是我国第一个市场化运作的中央商务区，市政府较早地运用了"政府引导，市场运作"的开发管理机制。武汉市重视 CBD 的建设与管理，于 2009 年设立了以 CBD 所在的江汉区为班底的武汉王家墩商务区管委会。管委会下设 4 个部门：经济发展局、综合计划局、土地管理局、规划建设局。

由于当时武汉市财力有限，武汉 CBD 开发过程中政府不作为投资主体，由武汉中央商务区投资控股集团公司参与 CBD 的开发；同时，CBD 管委会与

武汉王家墩中央商务区建设投资股份有限公司通过例会制度与不定期专题会议进行协调，确保武汉 CBD 开发与规划的协调性。武汉 CBD 基础设施建设具有特殊性，由于采取市场化开发模式，基础设施建设采取 BT（建设—移交）模式，由武汉王家墩中央商务区建设投资股份有限公司负责，建成后也先由开发公司暂时管理，然后再移交政府部门并结算建设资金。

银川中央商务区实行"市区共建、以区政府为主，责任明晰、独立运行，市场运作、自负盈亏"的运作模式。银川市、金凤区共同负责商务区的规划建设、土地运作、招商引资、项目服务、政策优惠等工作，商务区内的企业总部项目和部分基础设施建设项目全部采取市场化运作方式，政府不参与投资，只负责宏观管理。

3 CBD 管理模式的评析

应该说，CBD 管理模式的选择，是特定的发展阶段和相关条件的历史选择。概括而言，政府主导型管理模式和市场运作型模式各有利弊。

3.1 政府主导型管理模式的优劣

3.1.1 优势

从优势的角度讲，政府主导型管理模式的优势体现在三个方面：一是体制优势明显。政府可以调动多种资源进行开发建设，也容易得到上级领导的支持，从而有利于 CBD 在建设规划、产业布局、协同发展等主要方面形成较大的合力。二是服务优势。鉴于政府主导工作的实际，可以为 CBD 园区的企业提供全面高效的行政服务，政府的支持是企业发展的风向标，也是促进 CBD 快速成长的有效手段。三是公共服务多样化。CBD 公共服务能够很好地服务企业及完善生活配套服务。政府主导型管理模式能够有力推动 CBD 的建设与发展。

3.1.2 劣势

与此同时，政府主导型管理模式的劣势也比较突出：首先是与政府部门工作对接困难。多数城市的 CBD 管理机构作为政府派出机构，行政审批权有限，其工作特点为协调性而非专项管理，直接导致 CBD 在顶层设计和区域成长方面的动力不足。其次是缺少管理的一致性。由于上级机构和领导人的更迭，易使 CBD 管理机构职责和权限发生变化。再次是管理权限不清晰，经常导致"多龙治水"，若干部门都能插手 CBD 的开发与管理，影响 CBD 健康发展。

3.2 市场运作型模式的优劣

3.2.1 优势

市场运作型管理模式的优势与政府主导型管理模式正好相反:一是市场运作型管理模式能有效减轻地方政府的财政压力。政府引导与市场化运作模式最主要的区别是 CBD 的建设是由政府还是由企业负责运作。市场运作型管理模式能使 CBD 地产项目更加贴近市场。二是服务效率较高。一般来说,由于职能所限,企业较政府更加接近市场需求,由其提供管理服务必然能够充分尊重市场需求,提供更有针对性的有效服务。

3.2.2 劣势

当然,市场运作型管理模式的劣势也是明显的:一是市场化运营常受到开发资金短缺、经验不足等因素制约。二是 CBD 区域常常跨越多个行政街区,在 CBD 建设过程中,企业的协调力明显较差,主要问题表现在征地拆迁、公共管理服务等方面。

4 改进 CBD 管理模式的设想

为加快 CBD 的发展,应当优化 CBD 管理模式。一是根据所在市、区的情况,整体设计 CBD 管理机构,强化 CBD 管理机构的行政权限,提高管理效能。二是保障管理机构的人事编制。目前有些地区的 CBD 管理机构没有固定人员编制,或由借调人员组成临时机构,这样不利于 CBD 的长期和稳定发展。三是适时转变机构的功能定位。随着 CBD 建设发展的进程,政府应当由资源供给分配的主导者,逐渐过渡为积极发挥市场主体的基础性作用。管理机构由建设主体向服务主体转变,让市场在 CBD 发展中起主导作用。

参考文献

[1] 魏后凯,李国红,等. 商务中心区蓝皮书 2014 [M]. 北京:社会科学文献出版社,2015.

[2] 蒋三庚,王震. 中央商务区管理模式创新探析 [J]. 首都经济贸易大学学报,2015 (1).

[3] 严芳芳. 城市功能区发展模式研究 [J]. 经济研究导刊,2010,(12):134 - 136.

［4］朱桦．上海现代服务业集聚区发展模式探讨［J］．上海经济研究，2012，（8）：90－99.

［5］习少颖，涂亚卓，等．武汉 CBD 渐行渐近［N］．湖北日报，2005－09－06.

［6］姜月娟．浅析深圳 CBD 现状与发展策略［J］．特区实践与理论，2011（4）.

［7］张杰．特大城市中央商务区管理路径研究：北京 CBD 发展分析［C］．第八届（2013）中国管理学年会论文集（选编），2013.

特大城市中央商务区管理路径分析：北京 CBD 视角

张杰①

摘　要：特大城市的区域管理一直是世界尤其是中国面临的重大现实问题，其中特大城市核心功能区如中央商务区的管理状况对于城市发展更具有关键意义。本文以北京市中央商务区——北京 CBD 为例，在借鉴全球主要中央商务区不同特色区域管理模式的基础上，具体分析了城市管理的规划建设、产业发展、管理服务、社会服务、品牌提升等方面的管理路径，希望对我国特大城市中央商务区的区域治理有所推进。

关键词：特大城市；北京 CBD；管理路径；地区治理

1　引言

当前，经济全球化进程日益深刻地影响着世界的经济发展进程和经济空间布局，中央商务区（Central Business District，缩写为 CBD，也译为"商务中心区"）在全球发展中的经济地位和辐射力更加凸显，成为当今特大城市的功能核心和现代国际化大都市的重要象征。以纽约曼哈顿、伦敦金融城、巴黎拉德方斯、东京新宿、北京 CBD 为代表的中央商务区聚集着世界 500 强公司和跨国金融机构，在相当程度上控制着世界性交易市场，已经成为世界城市的标志性区域和全球经济发展的增长极点。

综合来看，目前全球中央商务区逐渐形成了金融商务（曼哈顿 CBD）、会展旅游（拉德方斯 CBD）、物流金融（香港 CBD）和媒体动漫（东京新宿 CBD）等各具特色的现代服务业发展态势。相比之下，以北京 CBD 为代表的我国主要中央商务区的发展独具中国特色，在发展路径上突出显示出系统性、阶段性和层次性等特点。

---

①　作者简介：张杰，首都经济贸易大学。

从城市发展和管理的角度来看，以北京 CBD 为代表，中国各地中央商务区的发展主要通过地方政府进行推动。通过系统规划建设方案和整套招商引资计划来逐渐推进 CBD 的规划建设和产业发展。这种情况使 CBD 发展更多依赖于城市地方政府的规划引导和地区治理而不是市场导向，从而直接形成了规划建设、产业发展、管理服务、社会服务、品牌树立五个方面同时有序发展的现实情况，在规划建设等层次方面又规划发展了交通规划、空间形态、地下空间利用规划、智能交通、绿化系统等专项项目，并进行相应的招商引资和资金配置，因而具有显著的政府推进基础上的整体性、系统性特点。

其次，由于特大城市中央商务区基本上肇始于地方政府的规划引导并辅以市场基础而发展起来的，这使得 CBD 发展具有明显的阶段性、层次性、渐进性特点：规划建设分阶段进行，"九通一平"等交通和基础设施建设完之后进行商业等配套服务发展；产业发展则根据商业、金融业、服务业等层次逐渐进行，通过政府特殊政策引导市场逐渐发展，在市场规律的作用下通过聚集企业形成产业链条并进而产生服务业高地；管理服务往往是成立管理委员会，进而派驻统计、工商、税务等直属机构；社会服务着眼于发展环境和人文氛围；品牌树立则从规划建设的全球性宣传开始，逐步形成系统性、高端性、特殊性的品牌识别系统。

鉴于中央商务区对于特大城市地区治理的重要意义，本文拟在借鉴全球主要 CBD 不同区域发展和管理模式的基础上，具体分析北京 CBD 在规划建设、产业发展、管理服务、社会服务、品牌提升五个方面的管理路径。

2　全球主要中央商务区区域管理模式比较

特大城市的区域管理工作是一个复杂的综合性社会系统的子工程，纵观世界各国的中央商务区，在运营和管理上各有千秋。科学的管制模式是其发展的关键，也是中央商务区运转的根本动力。合理的 CBD 管制模式可以为其可持续发展提供有力支撑。

2.1　伦敦金融城——"商务区自治"管理模式

伦敦金融城是全球性的金融中心。全球外汇收入的 1/3、近 300 家外国银行、近 180 家外国证券公司，在伦敦股票交易所上市的 453 家外国公司等金融要素集聚于此。伦敦还是全球最大的黄金交易市场、世界上最大的有色金属交易市场[1]。

从管理体制来看，伦敦金融城是伦敦市33个行政区中最小的一个，但也有自己的市政府、市长、法庭，是伦敦市中名副其实的"城中城"。政府称为"伦敦金融城市政局"，由伦敦金融城市长、参事议事厅、政务议事厅、商业行业公会组织委员会以及由选举产生的市政委员会委员、城市管家等重要机构和人员组成。其主要职能包括：一是发展金融商业服务业；二在住房供给、公共卫生（垃圾收集）、教育、社会服务、环境健康和城市规划等方面对城市进行规划管理，为金融服务业创造良好的运营环境；三设立独立的警察机构和全国中央刑事法庭，管理泰晤士河口、西斯港、希思罗机场检疫站等。

2.2 纽约曼哈顿——"政府引导 + 市场运作"管理模式

曼哈顿是纽约市的中心区，面积57.91平方公里，占纽约市总面积的7%。纽约著名的百老汇、华尔街、帝国大厦、格林威治村、中央公园、联合国总部、大都会艺术博物馆、大都会歌剧院等名胜都集中在曼哈顿岛。曼哈顿CBD主要集中在老城和中城，其中位于老城的华尔街，长仅1.54公里、面积不足1平方公里，集中了1 248家银行业分支机构、4 319家证券分支机构以及1 016家保险分支机构，金融服务业从业人数达29万多[2]。

20世纪60年代末，政府采取调控手段，改善投资环境，加强纽约的全球性商务贸易中心功能。为此，纽约市政府专门聘请专家、学者、集团公司主席、政府机构官员等组成了"35人委员会"，作为政府咨询机构，识别曼哈顿CBD商业发展机遇并提出对策。通过政府引导和市场运作，20世纪70年代中期，逐步形成了曼哈顿CBD。

2.3 东京CBD——"多中心并行发展"管理模式

通过政府部门对东京CBD各区域进行系统管理规划，并对各副中心的功能进行明确定位细分，东京CBD逐渐形成了典型的多中心系统发展模式。

东京CBD发源于东京火车站。由于发展过程中区域商务成本逐渐增高、商务环境质量降低，同时居住人口开始减少，从而导致区域性衰退。为提升竞争力，日本政府于1997年制定了"区部中心部整治方针"，将该区域划分为都心、都心周边区域以及都心接近居住区域三个类型并分别进行整治，如在CBD的核心区大手町、丸之内、有梁町地区，联合公共以及民间力量积极参与投资建设，重新修建大量老化建筑物，使区域发展趋向文化、交流、商业等多样化功能。同时将东京的7个副都心作为具备商务、商业、文化、娱乐、居住等多样化生活功能的广域据点进行整治和管理，制定了相应的"副都心整治规划"，通过各中心的功能特性区分定位促进了整个 CBD 系统的有序运行，发展出多中心并行发展、相互补充的管理模式①。

2.4 新加坡 CBD——"政府指导 + 公私合作"管理模式

新加坡 CBD 位于新加坡中部地区的中心区，面积大约 6 平方公里。1966年，新加坡"城市复兴局"②成立，职责在于指导 CBD 发展，负责规划、引导和贯彻实施新加坡中心区的建设工作。

URA 通过指导新加坡 CBD 的发展和设计，到 1989 年 8 月共出台了 27 个 CBD 内的土地发售计划，从私营部门获取了 14 亿美元的建设投资，新建了 50 万平方米的商业空间，如罗彬大厦、联合工业大厦和国际广场等标志性建筑，同时采取措施积极吸引国际知名金融机构和跨国公司总部机构入驻。

2.5 上海 CBD——"政府主导 + 合作经营"管理模式

上海陆家嘴金融贸易区是 1990 年国务院宣布开发开放浦东后，在上海浦东设立的中国唯一以"金融贸易"命名的国家级开发区，占地 1.7 平方公里。

为开发管理陆家嘴 CBD，上海市政府成立陆家嘴集团公司，承担陆家嘴金融贸易区的综合规划、开发、建设、出租、中介、销售和城市管理等多种职能。同时积极招商引资，通过和房地产公司等方面的合作经营，推动 CBD 区域的不断发展。

3 北京 CBD 发展概况

由于路径研究所需的时序性，本文对于北京 CBD 发展的情况采用 2006—2014 年的数据资料。纵览北京 CBD 近十年发展历程，可以发现五条清晰的发展脉络并行不悖、同时推进，即规划建设逐步铺开、经济增长持续进行、管理服务逐渐完善、社会建设有序开展、品牌影响最终确立。其中，规划建设奠定了 CBD 发展的空间基础，经济增长夯实了 CBD 发展的产业内容，管理服务完善了 CBD 发展的秩序规则，社会建设优化了 CBD 发展的环境氛围，品牌影响提升了 CBD 发展的核心竞争力。基于上述五个方面，通过有机、有序的

---

① 中国商务区联盟. 国内外中央商务区发展现状［EB/OL］.［2012 - 12 - 05］. http：//ltfzs. mofcom. gov. cn/aarticle/shangwubangzhu/fuwzn/201211/20121108418688. html.

② 现在新加坡 Urban Redevelopment Authority（URA）前身。

区域管理路径，北京 CBD 正在逐步建成国际性、高端化、协调发展的中央商务区。

2010 年，北京商务区区域经济保持年均 35.6% 以上的较快增速。北京 CBD 内的外资金融机构、世界 500 强企业和跨国公司地区总部均已占到北京全市的 65%，五年间 GDP 由 2005 年的 217 亿元增长到 2010 年的 684.5 亿元，增长 2.15 倍。以北京市 0.41% 的空间创造了全市 5.7% 的国民财富，每平方公里产值达到 97.8 亿元，处于全国领先地位，逐渐形成了寸土寸金的商务财富高地[3]。

2014 年，北京 CBD 已基本形成以国际金融为龙头、高端商务为主导，文化传媒聚集发展的产业格局。特别是 2010 年以来，核心区的规划建设全面启动，41 家跨国公司总部、金融机构、大型央企相继入驻。北京 CBD 功能辐射效应进一步提升，对区域发展的支撑作用全面增强。

在行政管理体制改革建设方面，完善了 CBD 建设联席会议制度，行政、事业、企业等"三位一体"式管理运行机制和地税所、国税所、统计所、警务工作站等"三所一站"式区域服务管理体系，服务型政府雏形初现。

4 北京 CBD 区域管理路径分析

本部分将从规划建设、产业发展、管理服务、社会工作、品牌提升五个方面，分析北京 CBD 的发展环境和发展路径，从而绘出北京 CBD 区域管理的路径分析框架，如图 1 所示。

4.1 规划建设路径

近十年来，北京 CBD 立足建设国际化、高水平的商务区，核心区建设深入进行，中心区建设快速推进，东扩区战略适时启动，逐渐形成了"核心区——中心区——东扩区"的发展路径和"规划建设并进 + 拓展空间布局"的发展途径，如图 2、图 3 所示。

（1）核心区建设深入进行。基于 2008 年金融危机和北京市城市经济发展的调整，在 2006 年 CBD 完成核心区一期土地一级开发成本审核工作的基础上，北京 CBD 管委会于 2010 年对核心区规划作出调整，重新编制《核心区控制性详细规划调整方案》并上报市政府。随后北京市设立加快核心区建设工作组，包括市发改委、市规划委等 13 个单位，负责统一协调解决核心区拆迁安置、规划编制、前期手续、政策体制等相关问题。至此，核心区建设实

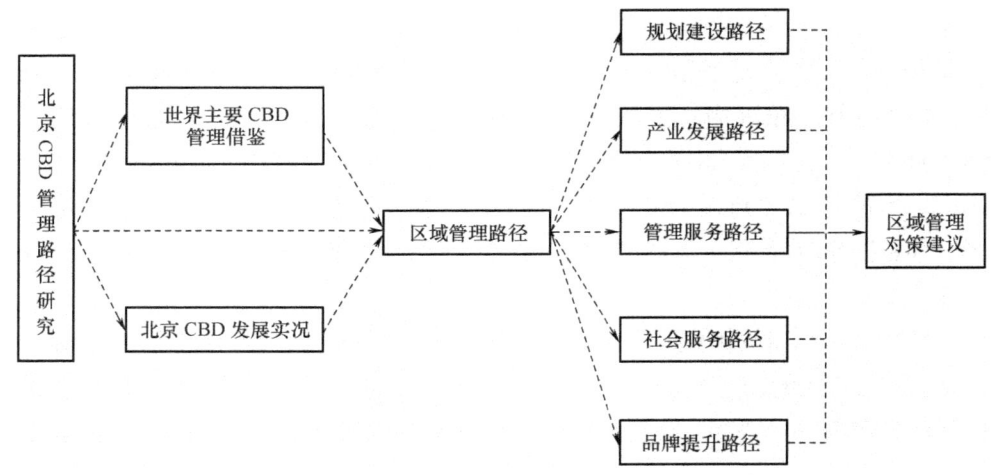

图 1　北京 CBD 区域管理路径分析框架图

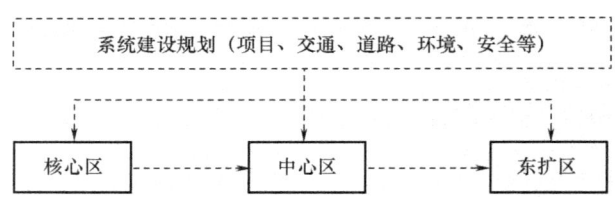

图 2　北京 CBD 区域规划建设路径分析图

际上形成了市级调度、区级推动和管委会具体落实的三级工作机制。

　　（2）中心区建设快速推进。近年来，北京 CBD 全面推进综合规划和各项专业规划，制订了交通规划、空间形态、地下空间利用规划、智能交通、绿化系统等十多项具体规划方案，形成了较为完整的规划体系，对 CBD 加快建设国际化、现代化、高端化的商务中心区起到了积极引导作用，也系统推进了中心区的各项工作。并结合具体情况，大力推进重点项目、道路、绿地、地下空间等专项规划建设，其中项目、道路等基础设施均完成规划的 80%。完成建筑总规模 850 万平方米，集中了北京市 50% 以上的星级写字楼、酒店和甲级写字楼，5A 和超 5A 级的高品质写字楼面积超过 370 万平方米，国贸三期等超高层标志性建筑陆续竣工，银泰中心等重点项目建设基本完成，为国内外企业提供了广阔的发展空间。累计建成道路 18 条，已建约 33 公里，道路用地率高达 39%。形成了"两轴、一区、两点"框架的地下连通系统，已建成 4 550 米地下一层人行系统，基本路网和内部道路微循环已经形成，为

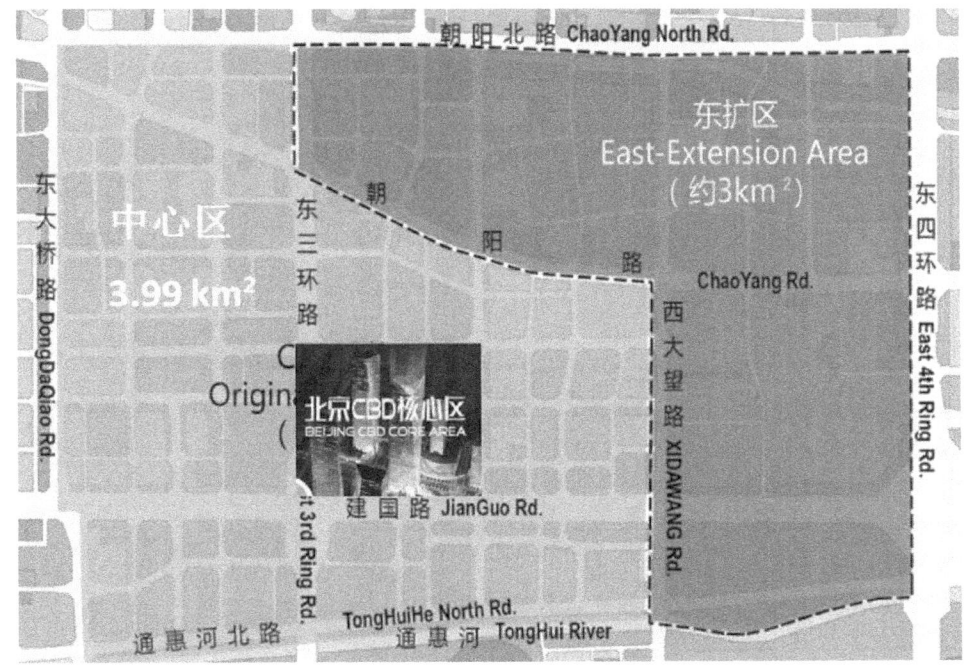

图3　北京 CBD 区域空间布局规划路径分析图

区域经济发展提供了直接支撑，如图 4 所示。

2014 年 7 月，除核心区外，CBD 区域在建项目有 8 个，分别为国贸三期 B 阶段、中央电视台新台址北配楼工程、光华路 SOHO 2 号、以太广场、关东店综合楼（世纪城市项目）、京广中心装修改造、人民日报社报刊综合业务楼、智能电网科技研发交流中心，总建筑面积 188 万平方米（含地下）。建成后，预计可租售写字楼面积将增加 50 万平方米，屋顶绿化面积增加 3 万平方米，绿色建筑增加 5 个，对提升区域发展承载力、建设绿色 CBD 具有重要意义。

（3）东扩区战略适时启动。2009 年 5 月北京市政府专题会正式同意批准 CBD 东扩方案实施。随后，进行东扩现状调查和确定方案征集相关技术指标，开始在全球范围内征集东扩区设计方案。在广泛征集国内外优秀规划方案的基础上，按照国际标准启动 CBD 东扩综合编制规划工作。此外，为顺利推进东扩区发展战略，适时成立了东扩指挥部，为土地一级开发做好了相关准备工作。2014 年 7 月，东扩区在建项目接近 20 个，预计将提供近 370 万平方米的建筑体量。

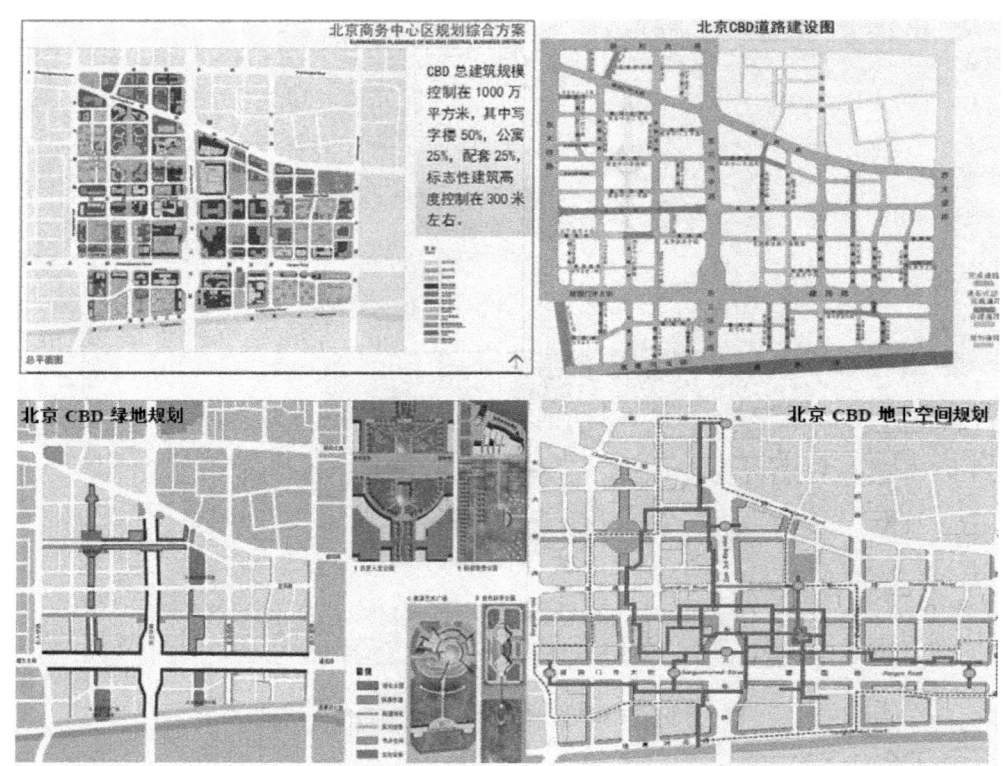

图4　北京CBD道路、绿地、地下空间等综合规划方案图

2012年11月，朝阳区推出"十大发展基地"以推进区域经济新一轮发展。CBD核心区、CBD东扩区、奥林匹克公园核心区、东坝国际商贸中心、垡头环渤海总部商务基地、温榆河生态绿色休闲区、CBD—定福庄国际传媒走廊、大望京科技商务创新区等十个经济发展增长点中，CBD占据两席。

4.2　产业发展路径

近十年来，北京CBD经济发展迅速，经济实力显著增强，基本形成了以总部经济为特征、楼宇经济为载体，以国际金融为龙头、高端商务为主导，文化传媒产业聚集发展的现代服务业发展格局。

企业入驻方面，CBD中心区年均入驻企业数一直保持着24.76%的增长率。2010年入驻中心区企业数量超过2万家，比2006年增长了35%。规模以上企业吸纳就业劳动力达27万多人。2014年1—7月，北京CBD中心区新增企业2 536家，总注册资本501.92亿元，实现税收6 464万元。其中注册资本过亿企业 98 家，总注册资本 388.84 亿元，实现税收 3 312.69 万元。在现代服务业快速发展和高端企业聚集的同时，CBD 企业效益显著提升。

产业经济方面，CBD 在聚集国际金融、总部经济、世界 500 强企业方面取得了辉煌成就：一是 CBD 拥有外资金融机构占到北京市的 60% 以上；以国贸中心、华贸中心、环球金融中心为核心的国际金融主聚集区业已形成。二是 CBD 拥有世界 500 强企业 160 家，占北京市的 65% 以上。三是 CBD 拥有壳牌、丰田、三星等跨国公司地区总部近 50 家，占北京市的 60% 以上。CBD 不仅是北京市落实总部经济政策的试点区，也是中国世界 500 强企业和跨国公司总部集中度最高的地区[3]。

北京 CBD 从 1993 年规划建设，到 2000 年正式启动，再到近十年来的持续发展，以国际金融业、文化传媒产业和商务服务业为主构成的现代服务业逐步形成了"企业进驻龙头——拓展产业链条——开始产业集聚——形成产业集聚区"的发展路径和"国际金融业、文化传媒业、商务服务业三类现代服务业并行发展＋融合发展＋集聚发展的楼宇经济"发展途径，如图 5 所示。

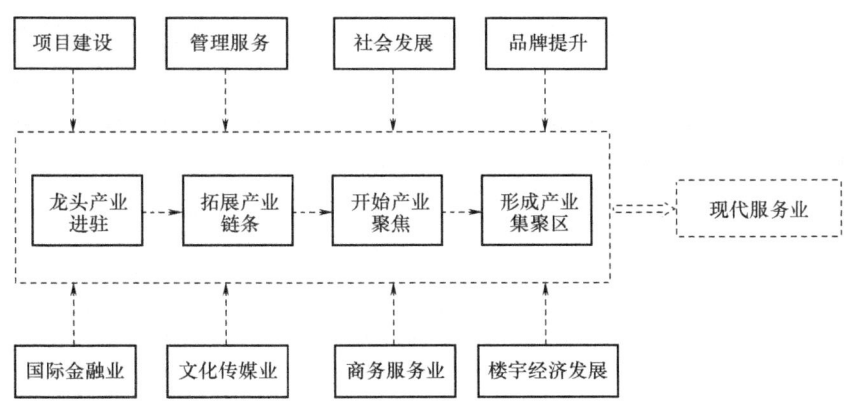

图 5　北京 CBD 产业发展路径示意图

值得注意的是，和国内外其他 CBD 现代服务业发展相比，由于人文历史、地理区位、城市定位、发展目标等地方因素作用，使得北京 CBD 的发展路径逐渐形成了地方特色。主要体现在以下 3 个方面[4]：

（1）路径起点：发端于酒吧服务业。不同于曼哈顿 CBD 等地的零售商业，地处首都使馆区的特殊位置和消费需求使得酒吧服务业最早产生并发展。直至目前，三里屯等地的酒吧依然是许多国内外金融企业家约谈、文化娱乐人员聚会和高端商务人员消费的固定场所。

（2）路径内涵：融合成高端服务业。国际金融业、文化传媒业和商务服务业并行发展、互为借助、共同融合成为北京 CBD 的现代服务业发展内涵，通过金融扶持文化发展，利用商务沟通交易市场，借助全球性资源配置高端服务体系。

（3）路径层次：汇集跨国公司总部。中石油、中信、宝马（中国）、三星（中国）投资、丰田汽车（中国）投资等国家级和 500 强性质的总部机构汇集在北京 CBD，使得该地的商务层次直接链接在全球性发展要素的圈层，可以在全球范围内走出自己的发展路径。

4.3 管理服务路径

近十年间，北京 CBD 行政、事业和企业相互配合的"三位一体"管理运行机制逐步形成，区域服务管理体系不断完善。北京 CBD 金融商会和北京 CBD 传媒产业商会等的建立和发展，搭建了企业交流平台，健全了 CBD 协会体系，从而提高了 CBD 区域的协同力、凝聚力和影响力。工作和管理机制不断创新，中心区建设工作取得重大成果，东扩、核心区建设、楼宇经济等重点工作有序推进，内部管理制度不断完善和规范，区域运行保障能力继续提高。

总的来看，目前北京 CBD 逐渐形成了"调整充实管理机构——推进重点专项管理——搭建管理服务平台——提升综合服务水平"的发展路径。见图 6。

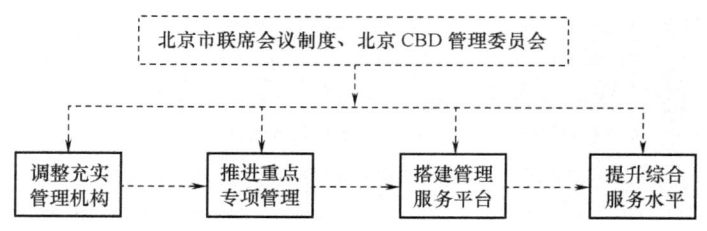

图 6 北京 CBD 管理服务路径示意图

（1）调整充实管理机构。北京市和朝阳区对 CBD 管委会进行机构扩编，设立 CBD 土地资源发展中心和北京商务中心区投资管理有限公司等单位，逐步形成了 CBD 行政、事业和企业有机衔接、相互配合的"三位一体"的管理运行机制。CBD 地税所、国税所、统计所、警务站等直属职能机构的入驻，增强了区域社会服务管理职能，促进了区域内经济的快速发展。

（2）推进重点专项管理。北京CBD不断创新工作机制，集中精力有序推进核心区建设、东扩、楼宇经济等重点工作；同时不断完善内部管理制度，提高管理服务水平。针对2009年东扩、2010年核心区建设、楼宇管理、国际商务节等重点专题发展任务，先后成立了东扩建设指挥部、核心区建设领导小组、综合经济社会资源管理系统等对应管理职能单位以提高工作效率；通过调整财务管理、机关办公等制度和新增环境协调处、产业促进处等机构推进管理体制改革。2013年6月朝阳区编委批复同意CBD管委会增设核心区建设管理工作机构，成立秘书处、工程管理处和工程协调处，进一步增强区域治理能力。

（3）搭建管理服务平台。近十年来北京CBD先后发展和建立了北京CBD金融商会、北京CBD传媒产业商会、北京CBD物业管理及地产开发企业协会、跨国公司地区总部联盟、北京商务中心区HR经理人俱乐部，借助各商协会等举办的各种活动，为成员间、企业与政府间搭建了沟通桥梁，提高了CBD区域的协同力、凝聚力和影响力，推动了北京CBD主导产业的持续发展和国际交流的深入提升。

（4）提升综合服务水平。2008年北京建设了综合资源管理系统，可以实现对CBD产业、企业等信息查询、统计分析等功能，为区域相关部门及企业互动、编写经济报告提供数据和名录等服务；当年6月建立了停车诱导系统，优化了区域静态交通，提高了城市综合管理水平；2009年9月，北京CBD城市管理指挥调度中心（一期）开始试运行，为区域交通疏导、突发交通事件处理提供了现实、高效的平台，进一步增强了北京CBD城市管理的能力；2011年4月正式建成无线网络项目工程，占地3.99平方公里的CBD中心区成为北京首个24小时免费向公众提供无线网络服务的公共区域，满足企业员工、各类商务人群对数据、高质量语音视频等多种商务功能的需要。

4.4 社会服务路径

近十年来，北京CBD社会公共服务进步显著，多元服务体系逐渐形成：教育、医疗卫生等事业发展迅速，公共服务水平显著提高；加强人才服务平台的建设，高端人才集聚；举办各种国际文化活动，形成具有特色的文化交汇场所，文化多元性的特征进一步凸显。概括起来，可以认为北京CBD逐步形成了"提升公共服务水平—集聚高端服务人才—融合多元特色文化—组织开展特色活动—深入完善安全体系—构建和谐社会服务"的发展路径。见

图7。

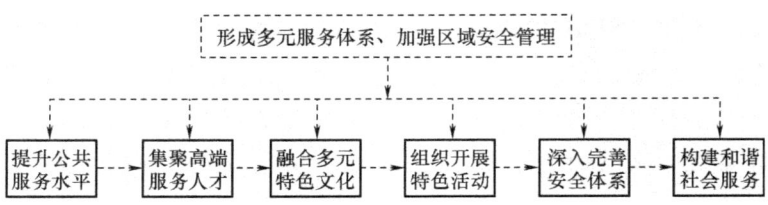

图7　北京CBD社会服务路径示意图

（1）提升公共服务水平。北京四中、人大附中等国内知名中学分校、伊顿双语幼儿园、京城最大的国际学校——乐成国际学校以及众多为国际白领服务的培训机构，如华尔街英语、莎莎拉丁舞俱乐部、IDD国际动画教育等国际性教育资源先后入驻北京CBD，教育服务水平大为提升；包括中华女子医院、蕙兰口腔医院等国内知名机构以及爱康医院、贝尔齿科等国际知名医疗机构等在内，由社区卫生服务组织、专科医院和现代综合医院服务构成的层次清晰、合理分工、双向转诊的两级医疗服务模式逐渐形成；2013年正式启动CBD人才公租房配租工作。2014年CBD东北区域免费商务班车线路开通后，区域内免费商务班车数量达20辆，覆盖楼宇19座，辐射企业近2 500家。公共绿地、免费商务班车以及无线CBD等社会服务功能的建设，大大改善了北京CBD的发展环境，同时提升了政府各部门的服务职能。

（2）吸引全球高端人才。2007年，CBD国际人才港网站开始上线试运行，提供人才市场公共服务的人力资源综合网信息。2009年10月挂牌成立北京海外学人中心CBD分中心，构建起引进海外高层次人才的信息发布平台。2009年北京CBD国际金融研究院成立，支持了CBD金融产业理论研究的发展。2013年设立北京市博士后（青年英才）创新实践基地，中国国际期货有限公司等5家企业设立创新实践基地工作站。

（3）促进多元文化融合。近年来，北京CBD举行各种国际性会议4 000多次，如著名的中外跨国公司CEO圆桌会议、北京CBD国际论坛及每年举办的国际商务节、国际风情节等，促进了国际CBD的经济文化交流；期间建成了东岳庙民俗馆，为弘扬传统文化、保护文化遗产做出了贡献；潘家园等地展示了以中国民俗工艺、古玩展示交易为核心的中国特色文化；西班牙和韩国等国使馆区建起了多元文化中心，展示异国文化；新光天地（现为SKP）聚集了90项国际顶级品牌、938个全球知名品牌，并有许多国际品牌选择在此建立旗舰店，使其成为京城时尚的新地标；蓝色港湾已经成为CBD高端休闲购物的标志和 CBD 区域内中外文化融合的集中体现地；三里屯酒吧街的都市时尚文化产业蓬勃发展。

（4）组织开展特色活动。北京 CBD 注重人文关怀和心理疏导，开展了许多符合 CBD 区域特点的文化体育活动。CBD 文化大讲堂、足球联赛、话剧社、企业家与共和国将军书画座谈联谊会以及文化创意图书馆等项目为 CBD 区域的员工提供了丰富的特色资源。龙舟赛、桥牌赛、摄影大赛等也提供了全面的交流空间。2014 年 11 月专门组织了促进 CBD 区域企业发展政策解读会，对相关总部政策，金融、文创产业发展政策以及工商税务政策进行了详细解读。

（5）深入完善安全体系。北京 CBD 管委会专门设立了突发公共事件应急委员会，成立了 CBD 应急办公室，编制了《北京商务中心区（CBD）突发事件应急分预案》，搭建了 CBD 安全防控平台和安全防控系统，并建立了 CBD 网格分中心，以负责城市管理的监督、分析工作，力图构建突发公共事件应急体系。2009 年，管委会在银泰中心大厦上层成立临时应急指挥中心，积极妥善应对突发事件。2010 年 8 月 9 日，CBD 警务站成立，区域安全管理体系逐步完善。

4.5 品牌提升路径

近十年来，北京 CBD 逐步构建了从广泛宣传交流到塑造独立品牌形象的过程，逐渐形成了"广泛宣传交流——品牌会议强化——国际论坛展示——塑造品牌形象"发展路径。见图 8。

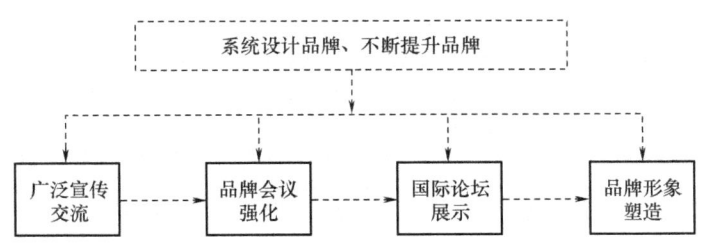

图 8　北京 CBD 品牌提升路径示意图

（1）广泛宣传提高品牌知名度。CBD 管委会加强与各界媒体的交流与合作，强化对外宣传工作。先后出版发行了《北京 CBD》《中国 CBD》等杂志，策划《融金朝阳》《CBD 传媒汇》等三大商会会刊，通过制作商务节专刊、推出形象宣传片、密切联系媒体、完善 CBD 网站等方式广泛宣传，全方位、多角度展示北京 CBD 区域管理情况，力促 CBD 品牌的知名度和影响力不断提升。

（2）通过北京 CBD 国际商务节增强品牌影响力。北京 CBD 国际商务节是北京市政府的重点国际活动之一，每年举办一次，迄今已经举办十二届。CBD 国际商务节通过展览、论坛、投资洽谈和文化交流等多样化的系列活动，为国内外地区、政府、企业间的交流合作搭建了合作平台，也逐步树立了"名节效应"。

（3）国际论坛展示品牌竞争力。北京 CBD 先后举办了"国际经济论坛""跨国 CEO 圆桌会议""北京 CBD 金融企业家联谊会"等多种形式的论坛和会议会展活动，吸引了来自世界各地 CBD 方面的专家、学者和相关领导，广泛交流，深入探讨，使北京 CBD 的全球影响力得到了较大幅度提升。2013 年先后承办或参与组织了第二届京交会跨国公司板块活动、第六届跨国公司领袖圆桌会议等国际活动。

（4）逐步形成品牌影响。2010 年北京 CBD 国际商务节上，北京 CBD 当选为世界商务区联盟新一届轮值主席，成为继法国巴黎之后，世界 CBD 联盟的第二届轮值主席城市，跻身于全球 CBD 发展阵列。2013 年北京 CBD 成功连任中国商务区联盟主席单位，任期 3 年。世界商务区联盟成员增至 21 家。

5　结束语

从全球范围内来看，特大城市中央商务区的区域管理模式各有不同。如何根据自身区位、产业等具体特点，寻找出兼容国际经验和地方特色的管理路径，是中央商务区在城市管理中需要面对的根本问题。

规划建设、产业发展、管理服务、社会工作、品牌提升五个方面是北京 CBD 的区域管理路径方向，也是我国特大城市中央商务区的主要区域管理维度。北京 CBD 近十年来在这五个维度上的具体管理工作，既推进了北京市中央商务区的发展，也为我国各地诸多中央商务区乃至特大城市的区域管理提供了可资借鉴的发展经验。

参考文献

[1] 林彰平，赵楠楠，滕丽，等．主要中央商务区管治模式对珠江新城中央商务区的启示[J]．广州大学学报，2010，9（8）：53.

［2］韩可胜. CBD 的经济结构与政府管理模式研究［D］. 上海：华东师范大学, 2008.

［3］北京商务中心区管理委员会. 北京商务中心区"十一五"发展白皮书［M］. 北京, 2011：1 - 2, 50 - 53.

［4］张杰. 北京商务中心区发展路径分析［J］. 中国商贸, 2011, 12：237.

［5］China Business District Alliance. Status on Central business district development［EB/OL］. ［2012 - 12 - 05］. Http：//ltfzs. mofcom. gov. cn/aarticle/shangwubangzhu/fuwzn/201211/ 20121108418688.

［6］张杰. 探索中央商务区现代服务业发展路径［J］. 经济日报, 2012 - 5 - 31.

［7］张杰. 世界城市：北京的全球战略锚点［J］. 经济, 2013.

首都经济圈建设中北京与山西的合作问题研究

张国　韩巧欠[①]

摘　要： 在新时期首都经济圈的建设中，北京与山西多方面的合作与交流是不可或缺的。通过相互之间的长期合作与交流，既有助于北京世界城市建设目标的顺利实现，也有助于缩短山西转型跨越发展进程。在双方的长期合作与交流中，主要应当从政府部门、企业组织和第三部门等方面开展好相应的工作。

关键词： 首都经济圈；北京；山西；合作；对策

在新的时期，为了推动首都北京及其周边地区经济发展和社会进步，首都经济圈的建设是既是必要的，也是可行的。而在首都经济圈的建设中，需要进一步加强其中所涉及的各个地区之间的密切合作与交流。其中，作为首都经济圈核心的北京市，应当加大与作为其资源与能源重要来源地区的山西省之间的全方位合作，在努力实现北京世界城市建设目标的同时，更好地帮助山西转型发展跨越目标的实现。

1　对首都经济圈的界定

在当今学界，对首都经济圈有着不同的界定，主要体现在对经济圈所包含范围大小的争议上。笔者认为，对首都经济圈划定的范围偏小，将不利于该经济圈的长远发展和建设。在这一点上，笔者比较赞同以北京大学李国平教授为代表的一批专家学者的观点。在研究中，李国平教授将"首都经济圈"划分为三个层次：一是核心圈，包括北京行政区范围；二是紧密圈，是指对首都有较强功能支撑和经济联系紧密的区域，包括天津市与河北省的廊坊、保定、张家口、承德、唐山、秦皇岛6市或津冀全境；三是合作圈，包

---

①　作者简介：张国，北京交通大学；韩巧欠，中国水利水电科学研究院。

括在资源、能源、生态等方面可进行合作的内蒙古、山西等地。[1]在这种对首都经济圈概念界定的情况下，作为这一经济圈的核心，北京市必须加强同作为该经济圈发展中资源和能源主要来源地山西省之间的合作，而且要不断地深化和扩大这种合作，达到两者共赢的目的。

2 在首都经济圈的建设中，北京加强同山西合作的必要性

在研究中发现，在新时期首都经济圈的建设中，北京同山西之间的合作对于双方而言都是极其有利的。

一方面，通过双方的合作，北京可以得到进一步发展所需的资源、能源，并使得自身研发出来的科学技术得到有效利用。众所周知，山西省是我国煤炭资源的主要产地之一，而现阶段，煤炭则是经济发展和社会进步的主要能源之一。通过加强与山西这一煤炭大省的紧密合作，北京自身的经济发展和社会进步就有了稳定和充足的能源保障。同时，北京自身作为拥有近两千万人口的国际化大都市，其农副产品的消耗量巨大，自身又难以实现自给。通过与山西这一特色农产品突出的省份合作，其农副产品的长期供应问题也将在一定程度上得到妥善解决。此外，北京作为我国高校和科研院所分布最为密集的地区，每年都要产生一大批的科技成果。在我国目前创新资源主要集中在高校和科研院所、企业创新能力普遍较弱的现实背景下，深化产学研合作对于推进创新成果产业化、提升产业自主创新能力和国际竞争力具有重要战略意义。[2]在首都经济圈的建设中，北京和山西之间的合作将有助于北京地区科技创新成果的产业化，从而有效地推动山西相关产业实现跨越式发展，极大地提高这些产业在国内外市场的竞争能力。

另一方面，新时期山西的转型跨越式发展需要得到北京的人才、资金、技术等方面的鼎力支持。首先，在新时期，山西要顺利实现跨越式发展，切实解决发展中在生态、环境和资源等方面存在的一系列问题，离不开大批高素质人才的努力和贡献。而北京作为我国高等院校和科研院所最为密集的地区，体现了我国高等教育的最高水平，每年都为社会培养和输送了大批高素质的优秀人才。因此，为了顺利实现经济和社会各方面的发展目标，山西省应当进一步加强同在京高校和科研院所，尤其是其中国家级院校和科研院所的合作，从而真正解决自身发展中人才的短缺问题。例如，在2012年4月11日下午，周其凤和张平分别代表北京大学和山西省在《北京大学—山西省人民政府全面合作框架协议》上签字。根据该协议，北京大学与山西省人民政

府将本着"平等互惠、优势互补、共同发展"的原则，建立全面的合作关系，在科技教育、人才交流、医药卫生、城市和经济发展规划、资源与能源利用、环境开发与保护、文化传承与发展、考古发掘与研究等方面开展全方位、多领域、深层次的长期合作。[3]其次，山西省要顺利实现自身的跨越式发展，也需要大批资金的持续注入。北京作为国际化的大都市，资本市场高度发达，企业的剩余资本也较多；而山西的转型发展也为这些资本提供了很好的发展和营利空间。在此情况下，山西省要努力创造好的硬件和软件环境，做好招商引资方面的工作，富有成效地吸引北京的企业来晋投资设厂，切实缓解本地产业发展中的资金短缺问题。最后，在新时期，山西的转型跨越发展中需要解决很多新技术的运用和旧技术改进等方面的棘手问题。在实践中，在京的高校和科研院所，尤其是其中行业特色突出的高校和科研院所则有能力解决山西省在转型跨越发展中所遇到的这些突出的技术问题。因此，要切实解决在转型发展中的科学技术难题，山西省的政府部门和企事业单位应当进一步密切同在京高校和科研院所的合作，为它们的员工来晋调研创造良好的条件，虚心听取他们对山西转型跨越发展的一些比较中肯的建议。

3　积极推动北京与山西合作的可行性建议

在新的时期，既然北京和山西两地之间的合作具有重要的互补性，能够达到两者之间双赢的目的，那么，两地就应当积极采取有力措施不断将双方的合作与交流引向深入。在实践中，双方的合作主要体现在以下几个方面：

首先，北京市和山西省在各级政府层次的合作与交流。在首都经济圈的建设和山西省的转型跨越发展中，要想达到两者之间双赢的目的，由北京市和山西省两地政府主导而开展的合作与交流处在一个十分关键的位置上。到目前为止，省级层面两地政府之间的合作与交流进展顺利，而且合作的范围得到了进一步的扩大。在 2011 年 11 月召开的晋京区域合作会议上，山西省省长王君指出，山西与北京经济互补性很强，合作前景广阔。希望双方进一步健全合作机制、拓宽合作领域、提升合作层次，共同开创交流合作的新局面。一是进一步加强能源领域的合作，在煤炭清洁利用、深度转化等方面实现互利共赢；二是进一步加强新兴产业发展方面的合作，充分发挥各自比较优势，实现优势互补、共同发展；三是进一步加强现代农业发展方面的合作，以丰富首都农产品市场，加快转变山西农业发展方式；四是进一步加强文化旅游产业发展方面的合作，推动两地文化旅游产业快速发展；五是进一步加强城市建设管理方面的合作，加快山西城镇化进程、加强山西城市的规划、建设和管理；六是进一步加强科技教育人才方面的合作，为山西转型跨越提供强有力的科技和人才支撑。[4] 除了省级层面之间的合作，京晋两地之间在地市级政府层面的合作也要得到重视和加强。在两地之间的合作与交流中，要想将省级层面两地的合作与交流的协议落到实处，就必须高度重视北京的各个区县同山西各个地级市之间的合作。在这一层面的合作与交流中，应当首先考虑到这一层面经济产业部门的相似性和互补性，进而通过合作使得双方都能够得到发展和进步。在这两个层面政府之间的合作与交流中，山西方面的态度和行动更为积极和主动，力求借助于首都经济圈的发展来推动自身转型发展目标的顺利实现。在新的时期，为了使双方的合作与交流能够取得更大的成效，山西省在进一步加强自身的基础设施建设，努力提高硬件水平的同时，还要进一步改善对外合作与交流的软环境建设，努力提升对外服务的能力和水平。在调研中发现，近年来，山西省在基础设施建设方面投入了很大的人力、物力和财力，已经取得了很大的成绩。例如，在 2012 年，山西省重点铁路建设工程一共有 12 项，大约投资额将近 500 个亿左右，这在全国铁路 18 个铁路局里面也是第一位的，随着这些重点工程项目的顺利开通，必将对山西省的转型跨越式发展提供一个坚强的运力保障。[5] 而在软环境建设方面，山西省虽然已经取得了相当大的进步，但是仍然难以适应本省继续扩大对外开放和合作的要求；在新的时期，软环境的建设任务依然比较繁重，建设的重点应当放在法制建设和政府职能的进一步转换方面，在提升公务员和市民素质的基础上切实优化山西全省的招商引资软环境。

其次，北京市和山西省在企业方面的合作与交流。在北京和山西两地各级政府多方面牵线搭桥的情况下，这两地的企业应当积极开展合作与交流，就公共关注的问题来进一步加强合作，达到双赢的目的。例如，"山西的农业以特色取胜，经过这几年有了长足发展，但仍面临规模不大、水平不高，特别是龙头企业带动能力不强的问题。因此，需要通过区域合作，特别是京晋合作，招商引资来壮大山西农业。"山西省农业厅厅长孙连珠这样说。[6] 在同北京企业的合作与交流中，山西的企业界人士应当更加积极和主动些，努力摈除自身存在的保守和故步自封的思想，虚心学习北京地区同行在经营管理和技术创新方面的经验和长处，争取能够实现自身的跨越式发展。在实践中，两地的企业界人士应当努力探索多样化的合作形式，力求收到良好的合作成效。

最后，北京市和山西省在第三部门之间的合作与交流。随着时代的进步，

第三部门在经济发展和社会进步中发挥的作用日益突出，因此，应当采取积极有效的措施来推动社会管理创新，充分发挥第三部门在和谐社会建设中的重要作用。由于经济和社会发展的现代化程度较高，北京市在第三部门的管理和建设方面，尤其在充分发挥枢纽型社会组织积极作用方面积累了不少成功的经验和做法，山西在推动第三部门的建设方面是需要全面学习的。在2009 年 3 月，北京市认定了工、青、妇等 10 家人民团体为第一批市级"枢纽型"社会组织。两年来，各"枢纽型"社会组织积极发挥作用，取得了明显成效，特别是在完善基层社会服务管理体系、引导社会组织参与社会公共服务等方面探索出了许多好的经验和工作亮点。去年底，北京市又认定了市工商联、市贸促会等 12 家单位为第二批市级"枢纽型"社会组织。两批 22 家"枢纽型"组织对市级社会组织的工作覆盖率达到了 80% 以上，"枢纽型"社会组织工作体系的基本框架初步形成。[7] 通过同北京地区第三部门的长期合作与定期的交流，有助于山西的第三部门妥善应对自身发展中存在的一系列问题，从而为山西的转型跨越发展做出自己应有的积极贡献。与此同时，山西省负责社会组织管理的政府部门也要多与北京的同行开展交流与合作，积极吸取它们在这方面一些好的经验和做法。

4　结论

在新时期首都经济圈的建设中，一方面，北京应当通过进一步加强与山西的多方面合作来缓解乃至逐步解决在环境、生态、资源等方面所面临的一系列问题，从而能够真正实现自身的可持续发展，并最终实现社会主义世界城市的建设目标。另一方面，山西为了顺利实现自身的转型跨越发展，应当积极地加强同首都北京在政府运转效率提升、企业管理水平提高、第三部门服务社会能力增强等方面的合作与交流，以更加开放的心态去推动经济的发展和社会的进步。

参考文献

［1］郭隆."首都经济圈"究竟有多大［J］.北京观察，2011（6）：13.

［2］赵燕霞，张劲文.首都经济圈创新合作机制与实现路径研究［J］.北京市经济管理干部学院学报，2012（1）：19.

［3］朱亮亮，季梵.北京大学与山西省人民政府签署全面合作框架协议［EB/OL］.凤凰网.

http：//edu. ifeng. com/gaoxiao/detail_ 2012_ 04/16/13913779_ 0. shtml.

［4］周暹 . 京晋区域合作框架协议签字仪式在京举行［EB/OL］. 千龙网 . http：// beijing. qianlong. com/3825/2011/11/19/6405@7506535. htm.

［5］山西电视台 . 山西省加快基础设施建设推进转型跨越发展［EB/OL］. 中部崛起网 . http：//midchina. xinhuanet. com/2012 – 03/14/content_ 24884444. htm. .

［6］王菲菲 . 晋京区域合作渐趋多元优化农业成为亮点［EB/OL］. 人民网 . http：// finance. people. com. cn/GB/70846/17370228. html.

［7］骆倩雯 . 北京市"枢纽型"社会组织工作体系形成［EB/OL］. 中国日报网 . http：// www. chinadaily. com. cn/dfpd/bj_ zhengwu/2011 – 03 – 27/content_ 2138048. html.

上海自由贸易试验区及对北京的经济溢出效应研究

安佳　逢金玉　李晶　王婉如　陈明明[①]

摘　要：上海自贸区会给中国带来示范效应还是潜在风险？是否具有对北京的经济溢出效应？本文采用比较分析法，从总体效应和金融改革以及贸易便利化诸方面进行分析，实际数据的对比结论是：自贸区一周年的成绩不如预期，金融改革力度不大，贸易改革未见实际业绩。在此基础上，从保持优势和利用优势以及创造优势三个方面提出了北京的应对。

关键词：上海自贸区；经济溢出效应

1　问题的提出

中国（上海）自由贸易试验区的设立，是新一届政府从国内外发展大势出发，统筹国内国际两个大局，在新形势下重启并推进改革开放的重大举措，也是即将开始的深化经济改革的重大落脚点和先手棋。上海自贸区作为中国大陆境内第一个自由贸易区，其意义是全国性的，是在为全面深化改革和扩大开放探索新途径、积累新经验，不仅示范效应的意义重大，其改革创新的潜在影响效应更为深远。

从全国的角度看，上海自贸区对中国经济具有长期意义。

上海自贸区的设立，将对全国产生经济效应。其中投资领域的开放，推进贸易发展方式转变以及深化金融领域的开放创新，将会凭借制度创新在两三年内通过示范作用逐渐向全国辐射和推开。然而，从各国的经验看，很多后发国家在经济发展到一定程度后，都尝试过金融市场化，但出于各种原因，不久就积聚起巨大的债务与泡沫，并在短时间内爆发金融危机。到目前为止，还没有一个后发国家成功地进行过彻底的金融市场化改革。那么，上海自贸

[①]　作者简介：安佳，逢金玉，李晶，王婉如，陈明明，北京邮电大学。

区会为中国经济带来什么结果？示范效应还是潜在风险？这是事关全局的重大课题。

从北京市角度看，上海自贸区将会对北京产生经济溢出效应。

上海自贸区试验的核心在金融领域，上海欲借助自贸区的建设建成能与纽约和伦敦金融中心抗衡的国际金融中心。虽然中国几十年形成的金融分工格局是：国内主要的银行和保险公司总部都设在北京，上海主要承担资本市场的融资功能。但在未来的时间内，上海借助于试验区"不要政策要改革"的措施，将会奠定在全国经济与金融版图中的核心地位，那么，主要金融机构是否会将总部迁到上海，从而对北京金融圈形成竞争性挤压？

上海自贸区成立后，央行出台《关于金融支持中国（上海）自由贸易区建设的意见》，涉及推动资本项目可兑换进程、扩大人民币跨境使用以及稳步推进利率市场化和外汇管理改革等内容[1]。2014年2月，央行上海总部发布《关于支持中国（上海）自由贸易试验区扩大人民币跨境使用的通知》，就人民币境外借款、双向人民币资金池、跨境人民币集中收付、个人跨境人民币业务等做出具体规范[2]。2014年5月18日，央行又启动了上海自贸区外币双向资金池业务。其中，双向跨境人民币和外币资金池业务不仅突破了之前跨境资金单向流动并必须提供用途证明的界限，事实上也突破了之前的分账管理界限，为中外企业根据自己的需要和不同的利率与汇率进行资金调配和资金安排的无因流动提供了机会和平台。

对于上海自贸区的各项开放举措，国内外赞誉甚多，但也存在不同意见：张明（2013）[3]就认为，如果没有相应的制度创新，自贸区的金融开放可能导致全国的资本失去管制，并给中国带来极大的金融风险。余永定（2013）[4]认为，虽然上海自贸区资本和金融账户开放、利率市场化改革及拓展跨境人民币业务的推进步骤清晰可见，但对于自贸区建设中资本大举流入境内的风险，应高度关注并加以有效防范。他还认为（2014）[5]，尽管央行对资本流通渠道和流动数额都有限制，但在当前形势下，部分开放一定会导致资本追求利差和汇差的自由流动。

本文认为，金融市场开放确实可以为开放国带来各种好处，但从政策角度或者国家金融安全角度考虑，从20世纪90年代拉美和亚洲新兴市场经济体开放资本市场的经验考虑，在国内外存在利差或者汇差的条件下，任何以推动资本市场开放为目标的资本市场开放，都是为累积金融风险做准备；绝大部分推动资本市场开放的政府政策，从宏观到微观都是在为境外资本创造无风险套利条件（2005）[6]。以推动各国资本市场开放为己任的IMF，也在2011

年4月发布的一份关于应对资本流动的资本管理建议框架中提出，在面对资本大量流入时，"一些国家基于其汇率状况，考虑审慎措施或资本管制可能比较合适。"

有鉴于此，本文拟对上海自贸区人民币和外币双向资金池业务的改革效应进行分析。本文首先分析资金池业务将会涉及的资本流动渠道，其次分析在利率和汇率改革未曾启动条件下，境内外是否存在利差和汇差，以及历年利差和汇差对资本流动的贡献率；最后对政府宏观政策和微观政策的不协调以及可能为资本流进流出创造无风险获利机会的可能性进行分析。

2　上海自贸区总体经济溢出效应

从实践看，自由贸易区作为一个具有区域经济带动效应的功能区，不仅发挥着积极的区域经济聚集效应和辐射功能，而且自身也取得了良好的经济效益，对国民经济做出了较大的直接福利贡献。自贸区不仅是区内经济的重要增长点，而且是腹地经济与国际接轨的通道，其发展有着重要的区域和宏观经济意义。

国内外对上海自贸区的经济效应有多种预期。

一种是积极预期：认为自贸区将是第二轮经济改革的试验区，其效应将倒逼全国范围的经济改革，是影响中国经济发展进程的标杆性事件；投资和贸易自由化改革将带动中国在全球范围内争夺国际金融服务和自由贸易的自主权，将使上海建成国际经济中心、国际金融中心、国际航运中心和国际贸易中心。

一种是消极看法：认为三年时间将自贸区建设成"可复制、可推广"样本具有相当难度，因此可能难以出现"大爆炸"式效应。而且从国内情况看，如果某种金融体制或金融政策改革无法通过内力推动，那么，通过国际资本突然流入或流出能否实现？这种"倒逼"改革的相应作用机制是什么？在股权分割制度存在缺陷以及资本利得税等税制不配套的情况下，金融改革（利率市场化、资本项目可兑换）以及推行人民币资本项目下可自由兑换，是否会引发金融市场风险？

2.1　自贸区正效应

本文研究了世界六大自由贸易区的源起和发展以及为周边地区带来的经济效应，认为自贸区建设可能具有如下经济效应。

（1）经济增长效应。自贸区通过独特的功能和极富活力的贸易与物流产业群，形成影响城市经济的内在传导机制，并最终诱发和促进城市经济的增长，对毗邻地区和腹地的产业结构、贸易发展及就业增加和收入提高等发挥重要推进作用。

（2）对腹地经济的拉动效应。自贸区是一个与港口发展密切相关的特殊区域，自贸区对国内其他地区的影响将表现在对港口腹地经济发展的推动作用上，并使从国外进口的物资能快捷地服务于腹地经济建设，同时还可大大促进腹地贸易品集装箱化程度的提高。

（3）资源开发效应。自贸区多依托港口设立，自然资源优越，同时自贸区作为最为开放的"政策高地"，社会资源也比较丰富。两种资源在自贸区结合，有利于区内发展，也有利于在区内发展具有高附加值和高活力的第三产业。

（4）产业结构效应。产业结构升级包括：第三产业的比重不断提高；工业中深加工和技术密集型产业比重不断提高；第三产业中新兴的、现代化的服务业比重不断提高。

2.2 自贸区的负效应

同时，自贸区的建立也不可避免会产生一些负面效应。

（1）如果允许自贸区内的银行存款利率可以高于法定利率，资金可能会大量流向区内银行。这种情况下的区内银行业绩无法真实反映利率市场化后息差缩小对银行的负面影响，会失去改革试点的意义。

（2）自贸区内的金融改革可能会带来资本转移和企业套利的风险。这个风险主要体现在自贸区外汇改革的重点即人民币离岸业务方面。现有方案对自贸区内的外汇资金先实行限额管理下的境内外双向互通。外汇资金只需备案，就能自由进出，但不允许资金流出区外或流入国内。这种流动具有技术难度，外管局要么失控，要么达不到简化手续方便企业的初衷。

（3）关于资金流动。上海自贸区离岸金融中心的作用，使中国内地的离岸人民币支付有质的突破。但是在全国利率市场不统一的情况下，自贸区内利率的放开毫无疑问将吸引区外资金大量进入，从而引发大规模的资金空转，或许会给金融创新带来巨大风险。

（4）关于人才流动。自贸区挂牌后，很多入驻的外资会有更大的优势去招揽上海市或长三角自贸区以外区域的各行业优秀人才，会吸引原先上海各处及长三角各行业的最优秀人才群体流到自贸区内外资企业。

（5）虚假企业增多。自贸区成立后，区内出现很多外资或改头换面的企业，其中很多不是真外资，而是在海外注册名号，回到自贸区内冒充外资的"中国外资公司"。这种"外资企业"进自贸区只是为了享受政策，只是为了方便卷钱。

3 上海自贸区金融改革效应：人民币双向资金池讨论

自贸区的金融改革是重点，但一年来最受关注的人民币和外币资金池业务都不是新政，只是由单向变成了双向。2013 年 1 月，深圳前海开始了资金池试点，符合条件的境内企业都可从香港经营人民币业务的银行借入人民币资金，但只限单向流动。2013 年 7 月，昆山试验区也开始了台资企业集团内部人民币跨境双向借款业务，但只允许台资。这一次，门开得更大。根据央行的《意见》框架，任何企业只要在自贸区注册，就可以把企业的海外投资账户、债券增值账户、贷款账户和自贸区的专用账户打通。因此，企业特别是跨国企业，完全可以通过资金池从事跨境投资与融资操作以获取合理回报。

自资本账户部分放开试点（人民币跨境贸易结算）以来，有一些人民币结算产品成为银行和企业套取境内外利差和汇差的套利产品。其中，贸易结算项下有转口贸易、对外支付货款、关联企业贸易信贷等套利方式；贸易融资中的人民币海外代付、订单融资和远期信用证等，都被用来套利；离岸融资中的海外直贷以及企业间人民币外债，也成了套利套汇工具。2013 年第一季度，内地对港进出口贸易增速超过 71%，高出全国水平 58 个点，其中虚构贸易背景的跨境套利交易是这一虚高增速的关键原因（2014）[8]。因此，只要境内外存有利差，市场封闭和开放并不是阻拦资本流动的原因，资本市场开放只是为跨境套利套汇提供了机会和渠道。

从目前的双向资金池放开看，上海自贸区人民币双向资金池适用对象为自贸区内有成员的跨国集团企业，参与资金池的成员不仅包括集团内以资本关系为主要联结纽带的母公司、子公司、参股公司等存在投资性关联关系的成员共同组成的跨国集团公司，而且，区内、区外、境外成员不仅可以参与资金池业务，还能从新加坡和香港兑换人民币划入区内资金池。也就是说，资金可以自区内区外以及境外自由划转。因而增加了基于利差和汇差的资本流动可能性。根据央行和央行上海总部文件的含义，资本流动的开放路线基本如图 1 所示。

从图 1 对资本流动的示意路径可以看出，央行的资本账户开放虽然只限

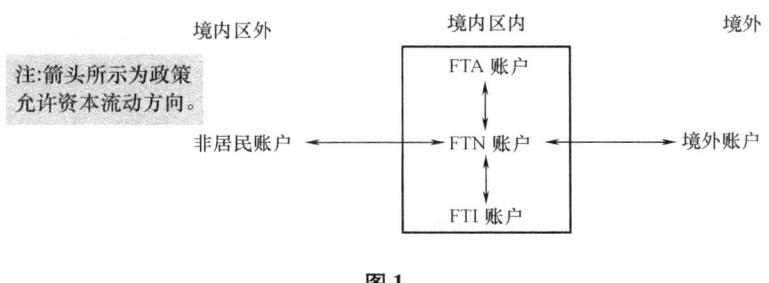

图1

于在上海自贸区开立主账户的企业，但因为这项政策的实施没有脱离人民币汇率和利率存在于两个独立市场的条件，所以在同种商品具有两个价格并形成价格差的条件下，双向资金流动大门的开放一定会引发套利套汇的货币流动。比如2014年3月，银行代客结售汇与涉外收付4倍背离的情况（2014）[10]表明，境内外利差的存在对资本非贸易原因跨境流动的推动作用，在渠道放开的条件下，愈显加大。自贸区放开账户后就出现这种现象很难说只是一个巧合。

虽然根据管理规则，对这项开放措施实施了分账管理模式，即实施这项业务的区内企业必须在区内开立一个主账户（FT）①。但FT账户毕竟实现了与境外账户的自由划转以及与境内账户的（有限）渗透。按照现有政策，这些企业只要在区内开立人民币一般存款账户，并有境内外人民币存款账户，就可以根据自己的需要，为境内外关联企业提供经常项下的集中收付业务。企业在境外账户里的人民币资金还可以直接划转到区内账户这个资金池，外汇资金也可以先在新加坡或者香港等地兑换成人民币，再划转到区内资金池。考虑到在管制严格的时代仍然有大量的所谓热钱进出境内外，因此，这次开放实实在在为中外企业根据自己的需要和不同的利率以及汇率进行资金调配和资金安排提供了机会和平台。

之前的实践已经表明，保证自贸区能够隔离风险的离岸账户分账管理方式，早已被国外投机资本利用来赚取汇差和利差（2014）[9]。在单向资金池试点时期，资金流入就已经利用当时离岸账户资金进出自由的便利条件，将境外资金集中到离岸账户，然后从中分次提取现钞在境内结汇，或者用非贸易收支名义，通过将资金划至境内关联企业办理结汇的方式，转换成人民币在境内套利。资金流出时也利用非贸易外汇支出名义办理购汇汇入离岸账户。

---

① 1区内内资企业FTA账户；区内外资企业FTN账户；区内个人FTI账户。

虽然还是单向资金池,但已经带来了难题:非居民通过离岸账户提取外币现钞并加大外币现钞体外流通量;非居民与境内关联公司的交易增多,模糊了资本项目与经常项目交易界限;突破了境内外汇资金划转到限制条件。

4 上海自贸区成果及对外效应

4.1 上海自贸区成果

截至 2014 年 9 月上海自贸区设立一周年之际,自贸区一年的成绩如下。

4.1.1 金融改革方面

放宽了金融市场准入,内外资企业都可以在自贸区设立分支机构,民营资本可设立多种类型的金融机构;跨境投资和人民币跨境和使用有进展。允许自贸区内注册公司从境外(香港)借入人民币;允许公司在自贸区内注册的实体和境外或中国大陆注册的实体之间转移人民币资金;对国际投资者开放金融资产交易平台,外国投资者可以在区内用人民币在 A 股市场投资;允许区内居民和非居民开设本外币自由贸易账户,即 FT 账户;取消了自贸区内银行的外币存款利率上限。

4.1.2 贸易便利化方面

企业设立审批手续简化,通关手续便利化,放开了对医疗和工程等领域的外资准入限制等;有价格便宜并直接进口的海鲜产品;游戏机 Xbox One 从 2014 年 9 月 29 日通过自贸区开始销售,成为首个在中国大陆合法销售的游戏机。

4.2 上海自贸区的对外效应

我们对上海自贸区一年成就的经济效应评判如下。

4.2.1 金融改革方面

上海自贸区的金融改革在搭建了人民币回流渠道的同时,也给境外投资并购和贷款提供了出海通道。根据业务和渠道引导资金流的经验,该项措施可能引导跨国企业和国内大企业的资金总部和结算中心甚至亚太资金总部迁移上海,并引发国际银行的资金管理中心和各类基金随之转往上海,从而会影响到北京国际银行的动向。资本跨境流动渠道更为畅通,热钱流动将在经常账户贸易渠道和资本账户 FDI 渠道之外,又增加了一个资本账户融资渠道。

上述结论的依据是:第一,当今世界上绝大多数跨国企业由大财团拥有或控制，跨国企业在境外从事生产活动时，财团控制的跨国银行和金融机构也会伴随而来，为企业的生产和经营提供资金管理方面的种种服务。因此，上海自贸区提供的境内区内外币资金池和人民币资金池业务，会吸引在境内区外的跨国企业以及为他们提供服务的国际银行和金融机构的资金总部汇集上海自贸区。第二，跨国企业的资金流动和投融资决策一旦实施集中化管理，必然会由结算中心对各子公司的账户进行统一结算和管理。因此，上海自贸区允许区内跨国企业乃至国内设在区内的大企业拥有人民币和外币两项资金池业务以及外币资金集中管理业务，会吸引在华跨国企业在上海自贸区设立两种资金的主账户，使跨国企业的资金管理中心和结算中心迁往上海，并使为他们服务的跨国银行迁往上海。第三，对世界各大自贸区以及国际金融中心的发展演变所进行的比较研究，以及对近期上海黄金交易所和联合产权交易所以及证券交易所和股权托管交易中心的动向研究，也证明了这一判断。

我们对金融改革的基本评判是：金融领域的改革开放已有推进，但成效尚不显著，力度不大，没有实质性进展。宣传力度过大，实际进展很小。

上述评断的依据是：第一，设定利率和外汇交易方面给予银行更大自由；第二，计划在自贸区建立金融衍生品和外国股票的交易场所；第三，允许外资企业在自贸区内发行人民币计价债券，并且全面放开外资独有投资银行或经纪公司投资中国国内资本市场。

评判的支持数据有：

（1）金融机构没有大规模进场。截至 2014 年 8 月底，自贸区内已有银证保持牌机构 87 家，其中中资银行分行 15 家，外资银行支行 23 家，非银金融机构 2 家；保险公司分支机构 13 家；证监会审批的金融机构再投资项目 15 家；支付结算机构 17 家；类金融机构 453 家（融资租赁企业 296 家，股权投资企业 157 家）。有 41 家银行业金融机构正式获批在试验区设立 45 家营业性网点。

（2）在自贸区成立分行的银行必须通过自贸区分账核算单元的系统验收，才能为其企业客户开立自贸区账户。目前，第一批从央行获得具有重要战略意义的 FTA 业务牌照的 7 家银行都是中资银行，还没有一家外资银行从央行拿到这张关键的业务牌照。

（3）离岸金融中心的地位不显。跨境人民币资金流动总额为 1 560 亿元（合 250 亿美元），仅占上海全市总量的 15%。

（4）上海自贸区正式剪彩挂牌仪式前几天，上海外高桥保税区开发股份有限公司的股价从 2012 年 7 月的每股 14 元人民币，上涨至每股 64 元人民币的峰值。而到了 2014 年自贸区一周年之际，该公司股价却回落在了每股 28 元的位置上。

上海自贸区金融改革之所以有这种结果，原因有二：一是政策的公布与实施都有一个时滞过程，自贸区一年的时间还不足以有明显的政策效应。二是自贸区管理委员会或许存在局限性：①没有很好认识和把握自贸区改革开放的战略重点和突破口，因此在金融改革试验方面基本上是事倍功半或劳而无功。②没有足够显现出与金融监管部门、全国人大财经委、法制委有效沟通，寻求支持，合作推进改革试验的意愿和能力。③思想仍然相对保守，开拓进取的闯劲不足，而成绩的总结与宣传有点华而不实。

上海自贸区成立一周年的成绩不如预期，成绩并不彰显。贸易方面的改革在各类改革区都能看到。区内企业数量虽然增加，但实际业绩未能增长。金融改革方面的步子较慢，至今未见能影响到北京金融环境的成果。

4.2.2 贸易便利化方面

对贸易改革的基本评判可分为优劣两个方面。优势方面是：简化了企业成立的批复手续；降低了企业的成立成本；外贸通关已经控制在 48 小时之内。最为鲜明的改革表现在外国海鲜产品进口和零售方面。不足的地方在于：贸易方面并不比其他保税区或者特区具有更多开放或者更大优惠的空间，自贸试验区里在贸易方面能做的改革，其他地方的保税区一样能做。自贸区成立一年来进出口贸易总额并没有比上年增长。

做出上述评判的支持数据有：

（1）自贸区成立后企业数目快速增加。截至 2014 年 9 月 29 日，自贸区注册企业总数达 11 516 家，其中挂牌以来新注册企业 6 423 家，较挂牌前一年增加 7.2 倍，注册企业中贸易类企业占 68%，物流类企业占 16%。

（2）到目前为止，自贸区共集聚（包括成立前和成立后）跨国公司区域性地区总部 34 家（上海市认定），跨国公司营运中心 208 家（其中贸易型 166 家、物流型 21 家、加工型 18 家、服务贸易型 2 家、融资租赁型 1 家）。

（3）自贸区成立一年来，有进出口经营实绩的区内企业由 3 574 家增至 3 980 家（增加了 400 家，11%）。也就是说，新增加的 6 423 家企业中，只有 400 家在从事实际进出口贸易。

（4）自贸区新旧外商投资企业共计 2 802 家，合计进出口总值 6 113.2 亿元（按 6.11 汇率，约为一千亿美元），但按照上海官方公布的数据，2012 年自贸区成立之前，保税区的进出口总额已经达到 1 130.52 亿美元，只是由挂牌前一年的 80% 升至 81.8%。

（5）负面清单仍然过大，甚至现行的《外商投资产业指导目录》中没有列入禁止类的，在负面清单里却列为禁止项目，包括：禁止直接或间接从事和参与网络游戏运营服务；禁止投资经营因特网数据中心业务；禁止投资经营性学前教育、中等职业教育、普通高中教育、高等教育等教育机构。

自贸区成立之后企业数目增长较快的原因主要在于：注册成本降低是目前中小商户扎堆自贸区的主要动力。按照自贸区企业准入规定，除了银行、证券、基金、保险等行业以外，大部分企业注册时改实缴资本为认缴资本，并且取消最低出资规定，也就是说，企业可以自主决定注册资本的金额，以及在何时、以何种方式缴纳。这项规定在很多人眼里，等同于"零首付注册"。

进出口贸易额增长缓慢的原因有：与中小商户数量增长原因相辅相成。中小商户扎堆自贸区之后并没有足够的实力从事进出口贸易，而是接盘大公司的进口产品，尤其是海鲜和消费品的进口，再在自贸区加价出售。

5 立足于北京的考虑

现代经济活动是资金流和货物流的一体化活动。银行和金融机构产生和发展以及现代金融圈形成的历史经验表明，金融圈从来不是政府政策的结果，而是各种市场力量的综合产物。据此课题组从保持优势和利用优势以及创造比较优势三个方面提出如下建议。

5.1 保持优势

在中央政府已经明确了上海的在岸金融中心地位，且在上海自贸区推行各种金融改革政策的情况下，上海自贸区的商业金融中心地位清晰可见。在无法获得政策支持以推进北京的国际金融中心地位的条件下，北京应首先保持住自己具有国家金融决策中心、金融管理中心、金融信息中心和金融服务中心的比较优势地位。

这一建议的着眼点在于：新中国60多年来在中国已经形成的金融分工格局是：国内主要的银行和金融机构总部几乎都在北京，上海主要承担的是资本市场的融资功能。在可预见的未来，主要金融机构将总部迁到上海的可能性也不是很大。因此，为保持北京现有的总部金融地位，从宏观上讲，首先应该关注北京金融决策圈与上海金融功能圈的联系，从中发现金融增长点。在微观上需要努力做好这样几方面服务工作：①良好的法治制度；②简单的个人和公司税制，不排除低税率的做法；③廉洁且提供高效率服务的政府；
④良好的工作及居住环境。

5.2　利用优势

利用天津的地理优势，共同搭建京津冀金融圈。这一建议着眼于放开视
野，转变思想，破除"土围子"，走出首都经济圈的小圈子，从京津冀经济
金融一体化角度，利用天津地理优势和历史地位，共同搭建京津冀金融圈。
具体方略是：基于自身具有的国家金融决策中心、金融管理中心、金融信息
中心和金融服务中心的比较优势地位，结合由此而来的商业条件，利用首都
空港和天津海港所能提供的便利条件，大力推进首都或者京津冀地区商业和
实业的发展，选择应用世界各大金融中心发展成功的政策手段，吸引追寻金
融商机的金融机构落户京津冀商业圈或者金融圈。

提出这一建议的依据是：根据银行业以及各国金融圈乃至国际金融中心
的发展历史和经验，虽然地理条件以及历史传统是金融中心能否取得成功的
客观条件，但商业或实业的发展则是吸引金融服务业聚集发展的首要条件。
天津具备沿海以及辐射东北亚的地理条件，历史上首先因为是北方商业中心
所以才会随之发展成北方金融中心。当前京津冀一体化的筹划和建设也在不
断升级中，因此可以利用首都的空港经济圈和天津拥有海港可以大力发展工
业和商业的优势，搭建京津冀北方金融圈，利用地理优势再结合优惠政策留
住跨国企业的资金总部和结算中心。

5.3　创造优势

历史一再证明，比较优势是可以人为创造的。金融中心的创建从来都不
是政府选择的结果，而是国内外市场力量共同作用的产物。在上海的国际金
融中心地位已经由政府政策确定的前提条件下，如果无法留住跨国企业的资
金总部和结算中心，应该秉承商业机会就是金融机会的理念，抓住当前互联
网金融蓬勃发展之机以及金融机构总部和高科技企业集中于北京的优势，人
为创造出一个互联网金融比较优势，建设首都科技金融圈，创造一个新的金
融经济增长点。

提出这一建议的依据是：一是互联网金融的实质是普惠金融，普惠金融
需要大数据的支持，当前互联网金融的各种发展模式，无不基于大数据。因
此，抓住了数据就抓住了互联网金融的核心。所以要尽快建立首都互联网金
融数据中心；二是不管是互联网金融还是传统金融行业"触网"，都需要金

融技术系统的支持，才能保证风险的防范和可控。因此应该率先发展互联网金融风险防控技术系统。

参考文献

［1］中国人民银行，《中国人民银行关于金融支持中国（上海）自由贸易试验区建设的意见》，银发〔2013〕244 号。

［2］央行上海总部，《关于支持中国（上海）自由贸易试验区扩大人民币跨境使用的通知》，银发〔2014〕22 号。

［3］张明. 上海自贸区资本市场开放需防火墙［N］. 21 世纪经济报道，2013 - 09。

［4］余永定. 中国应慎对资本账户开放. 金融时报［N］，2013 - 06 - 10.

［5］安佳. 金融危机与国际资本流动［M］. 合肥：安徽人民出版社，2005.

［6］路透社. 人民币跨境套利催生经常项目收付顺差［N］. 2014 - 4 - 25.

区域环境法治下的协同立法研究

刘露欣①

摘　要： 文章以区域协同立法为研究对象，以区域经济、环境、法治一体化发展趋势为立足点，分析协同立法的必要性，强调协同立法对区域法治建设及区域经济与环境协调发展的影响力。区域协同立法有着规范地方立法、统筹地方间及各主体间利益的功能，是区域统筹法治建设、促进法治一体化的关键举措。因此，加快区域协同立法进程，设立专门区域环境协同立法机关，在立法中完善各项协同治理机制并制定多元参与的法律监督体系是区域环境法治中应引起重视的法治要素。

关键词： 区域环境治理；区域法治；协同立法

近年来，区域一体化的发展态势成为"新常态"下我国经济发展所呈现的新趋势，京津冀区域一体化、长三角区域一体化、珠三角区域一体化、江苏沿江大都市带以及琼桂粤北部湾经济一体化等区域一体化蓬勃发展，展现出各个省份及城市之间跨区域互动、综合协作的联合发展态势。但与此同时，由经济一体化所带来的环境问题也相继涌现，例如我国备受困扰的雾霾污染以及已经成为世界三大酸雨区之一的西南、华南的大气污染，淮河、海河等水系污染等，这都成为制约区域经济发展的瓶颈。由此可见，目前我国的区域一体化的发展模式已然突破了单纯的经济一体化，成为推动区域全面协调可持续发展的重要内容，因此，促进区域法治建设，构建区域法制，建立符合区域发展特点的区域法律规范体系对实现区域科学发展十分必要。促进区域经济、环境、法律一体化之间的相互作用，是区域一体化进一步向前迈进的迫切要求，法治是区域经济及环境治理的目标也是长效保障。

---

① 作者简介：刘露欣，首都经济贸易大学。

1　协同立法是区域环境法治的必行之举

对协同立法定义的理解应从"协同"二字入手，协同的内涵是指：治理主体的多元性、治理权威的多样性、子系统的协作性、系统的动态性、自组织的协调性、社会秩序的稳定性[1]。协同不仅有协调合作之意，而且强调由于协调合作而产生新的结构和功能，强调协调合作的结果。[2]因此，笔者认为区域协同立法应理解为区域内各主体通过协调合作，授权区域立法机关制定区域内普遍适用的规范性法律文件的过程。强调协同立法的必然性主要从"协同"的重要性和"立法"的关键性来看，不论是促进区域环境法治建设还是区域一体化发展，协同立法都有着不可替代的优势。

从法治的角度而言，区域经济呈现出的多领域、多形式、多层次的特点及经济的互动态势必然引起法律关系的复杂性和法律主体的多样性。[3]因而，区域法治也必然具有多元化的特性。"区域环境法治"是指基于环境的自然区域整体特征，克服行政区划和经济区划等人为划分的不利影响的法制环境。[4]人为划分的不利影响主要包括以行政区划为界对政府治理范围的行政范围划分和以政府、企业及公民为分类对环境治理主体的划分。而区域环境法治多元化的特征则表现为：首先区域环境法治涉及区域中不同主体之间的相互作用。因此，克服行政区划下各个政府间的行政范围划分，突破地方保护主义，促进地方政府间合作是区域环境法治所应解决的问题之一。其次，区域内各政府、企业及公民间的相互作用是区域环境法治的主导因素。如何规范政府间的合作渠道及责任承担，如何规范各个主体间的相互作用，使区域环境法治做到有法可依成为推进区域环境法治建设的必行之举。如何通过立法来推进并规范多元化主体间的协同合作是区域环境法治的出发点和最终归宿。

从环境与经济的相互作用角度看，环境问题归根结底属于经济问题。经济发展不协调带来环境问题，而解决环境问题的措施在一定程度上也会影响经济的快速发展。但从经济的可持续发展角度而言，发展经济和保护环境是辩证统一的，环境问题的解决最终需要依赖于经济的发展。因此，解决环境问题需要充分考虑环境与经济的相互作用，如何协调处理经济与环境的关系是区域环境法治建设亟待解决的关键问题。解决这一问题的重要手段即为加强区域环境立法，即通过涉及经济利益与环境利益的各个主体及区域间的协调，在经过多角度、多层面的利益博弈与妥协后，将经济因素纳入区域环境立法。强调协同立法是因为协同立法可以通过协调不同地域、不同主体间的利益需求，通过立法将经济与环境相协调的目的落实到具有指引、评价及强制作用的法中。因此，协同立法毋庸置疑属于区域环境法治的重中之重。

2 区域协同立法的功能

区域协同立法是跨行政区的具有区域针对性的立法。从其法律地位上讲，区域环境法与国家基本法的关系属于下位法与上位法的关系，其制定不得违背《环境保护法》等相关法律的规定；区域环境法与行政法规之间属于普通法与特别法的关系，适用特别法优于一般法的效力原则；区域环境法与区域内地方性法规的关系中，区域环境法属于上位法，地方性法规为下位法，地方性法规不得与区域环境法相冲突。因此，区域环境法在环境保护法体系中处于承上启下的地位，也决定了区域立法有着其区别于基本法和地方性立法的独有功能。

区域协同立法在处理整体与局部矛盾中发挥着协调作用。目前，我国地方性环境立法是地方环境治理的主要途径，地方政府发挥着重要作用。但地方性立法局限于地方行政范围内，在实际制定与施行中存在地方保护主义、不切实际地盲目照搬其他地方的立法、行政主体间利益矛盾制约统一执法，以及公众参与度低导致环保主体缺位等一系列问题。地方立法以追求地方利益为出发点，难免存在狭隘的局限性。而区域协同立法则强调区域整体利益，在区域大局下寻求区域间经济与环境间、各个行政区域间及各主体间利益的平衡。区域协同立法所订立的区域环境法，是区域内各地方政府协调的结果，其本身并不否认地方性立法的效力，而是通过上位法指导下位法的途径，为地方性法规提供立法指导，使地方性立法得到统筹和规范的安排，打破地方性立法各自为政的地方壁垒，进一步推动区域一体化进程中区域统筹协调机制的建立。区域协同立法就好比提供了一个划定角色与人物性格的舞台，区域内各主体依规定自由演绎，既保证了演出的个人特色又保证不偏离整体剧情的安排。

区域协同立法在统筹局部各主体间关系上起着关键作用。协同立法通过明确各主体的权利义务，建立政府间及政府部门间的长效合作协调机制，通过法律规范信息公开及合作治理机制，实现区域综合治理保障。区域协同立法突出强调打破行政区划的合作与各部门间的统筹，确保区域内发展目标的一致和互补。通过统一的立法，为区域内各主体间的协调合作提供规范的法律依据，在保障区域立法突出区域特性的同时加快区域统筹协调机制的建立，进一步推动区域一体化的进程。同时，协同立法强调参与主体的多元化，在立法中协调多方利益。因此，协同立法的过程实质上是政府、企业、公民等各个利益主体博弈妥协的过程，将多方利益主体纳入环境治理的范畴中。协同立法还通过明确规范各个主体的权利义务，明确各个主体的法律责任，保障了各个主体的知情权与参与权，有利于各个主体不同作用的发挥，有利于全面协调的治理机制的建立。

3　区域协同立法的立法建议

3.1　立法机关：建立专门的区域环境立法机关

根据《立法法》的规定，立法主体应包括立法参与主体和立法职权主体。区域协同立法强调多层次的协调与合作，立法参与主体具有多元化特点，但协同立法不代表混合立法，因此确立明确的立法职权主体即立法机关依然是协同立法亟须解决的关键问题。地方性立法为地方政府主导，但区域立法却不能沿用政府作为立法机关这一惯例。协同立法强调协同性，政府主导制定区域法律会使政府同时成为区域法律的立法者和执行者，政府权力畸重将会对其他主体的参与权产生影响，使得其他主体的参与无法得到保障。但又由于立法具有专业性和技术性，因此企业、公民、其他组织等作为立法机关亦不现实。因此，笔者认为区域协同立法应当建立专门的协调立法机关，例如建立区域立法联席会议。

首先，建立专门的区域环境立法机关可以实现各方主体的全面协调。以区域立法联席大会为例，联席大会由代表不同利益的各地方政府、企业、专家及相关利益关系民众为会议参与者，通过投票表决的方式通过区域法，这样，既保证了各个主体的协同参与权，又全面协调并反映了各个主体的利益需求。其次，设立专门的立法机关保障了立法的独立性，也同时制约了执法权力的行使。由专门的立法机关制定区域法律，避免了作为执法主体的地方政府同时主导立法，一定程度上防止了由于区域环境治理中地方政府权力独大而重蹈地方政府过分注重本地方利益的覆辙。总之，通过专门立法机关立法可以制约并规范执法权，促使区域环境治理以区域环境治理为出发点，统筹区域协作治理。因此，建立专门的区域环境立法机关是全面统筹区域环境法治，以区域大局为出发点的立法需要。

3.2　立法内容：完善各项区域协同治理机制

3.2.1　建立区域统筹运行机制

建立区域统筹运行机制的首要举措是通过立法设立区域环境保护机构。目前地方环境保护存在种种弊端的重要原因是缺乏强有力的独立监管机制。在地方上，地方环保部门在财政支持及人力调配上受到地方政府的制约，严重依赖地方政府直接导致环保部门执法独立性受阻，受到地方利益的制约，从而在环保措施的实施上瞻前顾后，不能做出强有力的治理措施。从中央角度而言，我国省市众多，环保部门层级复杂，中央环保部门不能兼顾各个地方环保工作，地方环保缺乏直接有力的监管。建立独立的区域环保机构是解决地方环保部门这种尴尬处境的有力举措。通过设立区域独立的环保机构，独立于地方政府又统筹地方环保部门工作，在地方与中央之间形成一个缓冲机制，直接监管区域内环境治理。区域环保机构应由区域内各地方行政官员任职组成委员会，协商制定区域协同治理措施，负责联络、协调区域内各地方的环保工作，真正形成跨地方、跨部门的区域统筹环保机制。

3.2.2　建立污染治理协作机制

污染治理是地方生态环境治理工作的重心，形成区域污染治理协作机制是区域环境立法的重要内容。由于环境污染本身所具有的关联性、扩散性，区域协作治理成为污染治理的最有效举措。协作治理并非新理念，在现实操作中屡屡因为缺乏有效的协作机制而不能得以落实。只有通过区域协同立法确立多方协作的污染治理机制，才能实现跨地方、跨部门的合作治理。区域立法通过协同立法的方式协调各个主体利益，形成法定协作机制，明确规定协作机制中各个主体的权利与义务，并通过设立法律责任加以强制规范，在区域间形成法定的协作机制，具有更加有效的约束力。其中包括设立区域信息公开机制，规定各个地方环保部门定期公布本地方环境信息，并由区域环保机构进行监督审查，形成区域内公开的环境信息平台，更加便于区域合作与交流。污染治理协作机制还应包括对排污权的区域统一规范机制。从法律上明确规定排污权的市场规则、管理机构以及排污权交易的法律条件，做到区域统筹，避免各个地方降低或不遵循标准，各自为政。

3.2.3　完善环境责任承担机制

通过立法建立权责分明的环境责任承担机制。通过立法，引入绿色GDP核算方式，将环境指标纳入区域内地方政府的考核内容。通过立法规定不同主体所应承担的环境责任，建立全面的环境问责制度。通过协同立法的方式，结合政府部门、企业及公民的不同主体能力及特征，设立符合实际的环境责任承担机制，将区域环境责任制度落实到具体的部门、企业和个人，形成罚则分明的制度体系。

3.3 法律监督：促进公众参与及专家辅助

公众参与及专家辅助是协同立法主体多元化的客观要求。协同立法强调各个主体协作立法，保障并协调各方利益，公众作为环境利益的直接利益关系人，参与立法是其理应享有的权利。因此，区域协同立法应制定公众监督机制，由公众监督区域环境保护机构及区域内各行政部门的执法活动，监督企业履行环保责任，充分发挥公众的基础性作用。"一个切实可行并有效的法律制度必须以民众的广泛接受为基础"[5]，因此在立法中不仅需要发挥国家公权力自上而下的主导性作用，更要依赖社会自下而上的主体功能的有序、有效发挥，尊重、确立和保障公民社会在区域环境法治中的主体性地位，保障其利益表达、利益选择、利益协调沟通等自治性权利。[6]协同立法中应通过建立公众检举揭发制度、通过法律规定环境保护组织的参与及诉讼权利等保证公众的监督参与权。

同时，还应当发挥专家的辅助作用。在立法的过程中引入专家进行立法辅助，有利于增加立法的科学性和专业性。专家在参与地方环境立法的过程中，首要的工作就是为地方环境立法建立符合可持续发展要求的价值判断标准。[7]在协同立法中引入专家辅助，不仅符合协同的要求，而且更有利于通过专家科学分析与判断来保障立法中环境利益与经济利益的协调，更好地促进区域一体化进展。

参考文献

[1] 郑巧，肖文涛. 协同治理：服务型政府的治道逻辑 [J]. 中国行政管理，2008（7）.

[2] 李辉，任晓春. 善治视野下的协同治理研究 [J]. 科学与管理，2010（6）.

[3] 何广顺，王晓慧，周怡圃，等. 基于区域经济发展的渤海环境立法研究 [J]. 北京：海洋出版社，2009.

[4] 肖爱. 区域环境法治：困境与对策 [J]. 求索，2011（3）.

[5] E 博登海默. 法理学：法律哲学与法律方法 [M]. 邓正来，译. 北京：中国政法大学出版社，1999.

[6] 肖爱，李峻. 协同法治：区域环境治理的法理依归 [J]. 吉首大学学报（社会科学版），

2014（3）.

　　［7］吕忠梅．地方环境立法中的专家角色初探——以《珠海市环境保护条例》修订为例
［J］．中国地质大学学报（社会科学版），2009（6）.

城乡一体化背景下的中小企业投资策略分析
——以北京为例

马艳林　李艳杰[①]

摘　要：2012 年，党的十八大胜利召开，工业化、信息化、新兴城镇化、农业现代化"新四化"目标确定，我国城乡一体化进程将进入新的阶段。作为竞争优势相对较弱的中小企业，如何在城乡一体化中抓住发展机遇，突出重围显得尤为重要。文本将基于中小企业实业投资的视角，通过分析城乡一体化的动力机制和发展趋势，对比中小企业的竞争优劣条件，寻找城乡一体化背景下中小企业的投资策略，并对北京的中小企业投资进行具体的分析。

关键词：城乡一体化；中小企业；投资策略

1　引言

2012 年 11 月 18 日，党的十八大胜利召开，新的中国共产党中央决策层已经形成，预示着中国经济将迎来新一轮发展格局。2012 年 12 月 16 日，中央经济工作会议胜利闭幕，"积极稳妥地推进城镇化，着力提高城镇化的质量"成为未来扩内需的最大潜力，也成为中央经济工作的主要任务。"城镇化"作为城乡一体化的重要阶段，其作为国家大政方针的基本确定，为竞争实力较弱的中小企业提供了难得的机遇。中小企业如何能够牢抓机遇，在城乡一体化背景下将自己做大做强？投资策略的选择尤为重要。因此，本文将以城乡一体化程度较高的北京市为例，基于区域经济发展理论，选取区位依赖度较强的实业投资，而非区位依赖度较弱的虚拟经济投资作为视角，对城乡一体化进程中的中小企业投资策略进行实例分析。

---

① 作者简介：马艳林，李艳杰，首都经济贸易大学。

2 城乡一体化的基本判断

根据国内外学者的城乡融合理论，以及我国中央决策层近年来所制订的城乡一体化规划体系，本文可以做出以下基本判断。

判断一：短期内，全国范围，特别是中西部地区，城市化进程的步伐不会减缓。中西部地区的城市化路径将依然延续西方发达国家城市化初级阶段的路径，即以工业化促城市化、以城市带乡村的发展路径。具体到实践上，中西部地区将继续以加大公路、铁路、通信等基础设施建设投入和农村剩余人口"市民化"为主。

判断二：未来，东部沿海及京津冀等地区，因经济较为发达，加上有些特大城市已进入后工业化阶段。因此，城市工业化进程将放缓，城市聚集效应开始减弱，城市基础设施投资增量将降低，城乡建设侧重点正由城市中心区向外围乡村转移。

判断三：未来中国城乡一体化进程将出现"双轨制"的推进路径。即经济欠发达地区仍将继续沿着城市化初级阶段路径前进。经济发达地区，将出现逆城市化的过程，实现城市反哺农村，最终实现城乡一体化。"双轨制"路径的出现，即剩余农村人口非本市中心（即向外省特大城市流入）外流将可能导致另一种区域不平衡发展局面扩大。

判断四：信息技术、新能源、节能环保、生物技术等新兴产业的发展将加速城乡一体化的进程。哪个区域能够抓住产业结构升级的机遇，抢占区域发展的增长极，哪个区域就能在新兴产业格局中占领制高点。

3 中小企业投资优劣势分析

3.1 我国中小企业与大型企业的优劣势对比分析

何谓中小企业？通俗表述，中小企业就是相对大型企业而言的规模较小的企业类型。现在的大型企业由过去的中小企业发展起来，现在的中小企业也许就是未来的大型企业。有的中小企业本身就依附着大企业，有的中小企业甚至就是脱胎于大企业，由大企业的子项目部分离出来。虽然从表面看，中小企业与大型、超大型企业主要存在着规模方面的差异。但深入到企业具体的经营、管理环境，却存在着较大的差异性。大致划分，可以体现在以下如表 1 所示的几方面。

表1

评价目标	优劣势	中小企业	大型企业
组织体系	优势	1. 组织框架简单，部门变动灵活，随经营环境变化而变动。 2. 组织管理跨度大，管理层权限大，管理效率高。 3. 组织环境适应复杂多变能力强	1. 组织结构严密，组织架构科学。 2. 组织抗风险能力强。 3. 组织目标明确，部门管理权限清晰。 4. 组织文化感、社会责任感强。 5. 可利用的社会资源较广
	劣势	1. 组织抗风险能力弱。 2. 管理层管理科学性较弱。 3. 组织目标不明确，往往以中短期利润的追逐作为目标。 4. 可运用的社会人脉资源较少	1. 官僚机构较为严重，管理效率低。 2. 组织成员晋升空间狭小，较难激发员工潜能。 3. 管理跨度小，部门管理权限清晰，可供部门创新的空间小
决策效率	优势	1. 组织结构简单，决策成本低、效率高。 2. 决策直觉性较强，往往能随区域产业结构调整迅速作出决策	1. 决策理性科学。 2. 决策团队成熟
	劣势	1. 决策理性较弱，易形成"拍脑门"决策。 2. 决策团队较弱，往往依靠最高决策者直觉，风险因素大。 3. 决策风险成本大，稍有不慎，将面临企业破产危险	1. 决策成本高，效率低，易错过产业更迭的机遇。 2. 人浮于事，决而不断
创新能力	优势	1. 易于接受新事物，能较好镶嵌于新兴产业发展。 2. 能迅速对国外管理、经营、技术等方面的创新成果进行吸纳	1. 企业自身创新团队庞大，资金雄厚。 2. 企业创新环境较好
	劣势	1. 企业自身创新能力弱，缺乏研发团队。 2. 企业自身创新资金、人才缺乏	1. 创新成本高，创新成果转化率低。 2. 企业本身创新意愿不强
经营能力	优势	1. 经营灵活性强，市场适应能力强。 2. 经营成本低	1. 经营团队实力强，市场人脉资源好。 2. 经营环境好，往往占据垄断地位
	劣势	1. 经营门槛低、环境差，往往面临众多竞争者。 2. 经营利润低、风险大，市场开拓能力差	1. 经营成本高。 2. 因占据垄断地位，市场开拓意愿不强

续表

评价目标	优劣势	中小企业	大型企业
投融资能力	优势	1. 融资意愿强，资金使用效率高。 2. 风险资本使用率高，投资回报率大	1. 资金雄厚，投融资实力强，有的企业本身设有金融投资部门。 2. 企业信誉好，金融机构借贷意愿强
	劣势	1. 先天条件不足，自有资金缺乏，融资渠道狭窄，融资成本高，流动资金链有随时断裂的风险。 2. 投融资抗风险能力弱，借贷信誉度低，传统金融部门借贷意愿弱	1. 企业闲置资金转化率低，往往拿钱找项目。 2. 资金利用率低，由于不在乎钱，许多资金往往用在一些不必要的开支上。 3. 投资项目大，风险相应增大
人力资源	优势	1. 人力资源利用率较高，个人提升空间大 2. 人才吸纳意愿较强	1. 人力资源储备雄厚 2. 人才归属性强
	劣势	1. 人力资源储备少，储备结构薄弱。 2. 人才流动性大，人才归属性弱	1. 人力资源利用率第，人浮于事，官僚作风严重。 2. 人才个人提升空间较小，个人主观能动性弱

3.2 城乡一体化进程中中小企业的机遇与挑战

3.2.1 机遇

强基础——城乡一体化不是简单的钢筋加水泥化，但公路、桥梁、商场、高层住宅等基础设施的建设和改造在城乡一体化中发挥着重要的基础作用。只有具备良好、便利的基础设施环境，才能提高农村地区和城乡结合部的生产和经营效率，才能高效推动农业现代化，从而推动工业化与城镇化的良性互动。相比城市而言，目前我国农村和城郊结合部的基础设施环境薄弱，可提升空间大。因此，未来一段时间，我国城乡一体化进程的主要手段仍将是钢筋加水泥化。以政府为主导的城乡公共基础设施建设，将带动钢铁、建筑、水泥、能源、重型机械等与基础设施相关行业新的利润增长点。新的利润增长点的提升，不但能吸引大企业，还能吸引众多有一定经营实力的中型企业镶嵌到城市基础设施建设中去，从而为中型企业的规模扩大提供空间。

扩内需——以政府为主导的城乡基础设施建设力度的加大，必然导致对能源、钢铁、水泥等生产资料需求的加大，从而导致与之相关的产业人口生活资料需求的加大。同时，伴随农村剩余劳动力向城市转移而形成的对衣食住行、就业培训等方面新生活方式的需求，进一步扩大了内需，从而为轻工业、服务业中小企业提供了新的市场开拓空间。

拉投资——在世界经济增长趋势普遍下行，经济环境普遍不佳的背景下，我国城乡基础设施力度和转移人口消费需求的增大，将吸引更多投资者将投资的视角转向与之相关的产业和行业，从而推动城乡一体化建设新的投资热潮。其中，一些技术背景、人员素质、管理水平、经营能力较好的中小企业将获得投资者的青睐。

增人力——根据"十二五"规划纲要，在"十二五"期间我国的城镇化率提高 4 个百分点，将有超 5 000 万的农村人口进入城镇。农村人口进入城镇必将面临就业问题，新增农村剩余劳动力必将缓解中小企业特别是传统型中小企业的"用工荒"，从而降低企业的用工成本。

3.2.2 挑战

调结构——西方产业结构理论是建立在经济增长和产业结构依市场发展周期递增的基础上的。罗斯托将经济成长阶段划分为传统社会、为起飞创造前提、起飞、成熟、高额群众消费、追求生活质量六个阶段，而每个阶段的演进都是以主导产业部门的更替为特征的。弗里德曼的产业结构演进理论将工业化周期划分为：前工业化时期、工业化中期、工业化后期和后工业化时期。而我国是以政府为主导的产业结构推进方式，即以城市化推动工业化，这将导致一些传统产业中小企业的加速衰退。加之我国不仅存在城乡二元结构，还存在区域二元结构，由于区域发展的不平衡，将有可能导致区域产业结构调整的不协调。对中小企业而言，不同类型的中小企业因所处区域不同，其生长和发展的环境也不同。例如，传统纺织、日用品加工企业就很难在北京、上海获得环境的支持，需要考虑企业的迁移。

升成本——根据杜能、韦伯、克里斯泰勒、廖什的区位论和赫希曼的不平衡发展理论，随着城乡一体化进程的推进，必将导致中心聚集地企业成本的上升。首先是企业所在地地租的上升；其次是伴随地租上升的企业人力资源成本的上升；最后就是伴随地租上升的其他运营费用的上升。运营成本的上升，对于资金实力较为薄弱的一些中小企业来说，将是不可忽视的挑战。为此，一些利润增长率较低、区位依赖度较小的中小企业考虑开始考虑转移出城市中心区。

融资难——融资难是我国广大中小企业一直存在的先天缺陷。因中小企业规模小，借贷信用等级低，众多国有商业银行对这些中小企业一直持有惜贷的态度。而一些民间借贷机构虽然愿意借贷给中小企业，但往往较高的利息并非所有的中小企业都能承受，并且民间借贷机构随时存在资金链断裂的可能。随着城乡一体化推进，众多金融和借贷机构更愿意将资金借贷给交通、房地产等投资产出比较高的大企业，或具有垄断地位的国有企业。这进一步加剧了中小企业融资难的困境。

强竞争——城乡一体化进程中，国有企业的垄断地位，外资大企业的雄厚实力，以及网络社会的快速发展，导致一些实体经济中小企业利润空间缩小，提升空间降低，竞争加剧。另外，M. P. 托达罗在批判刘易斯的二元结构转变理论时，认为刘易斯的理论过于简单化，没有考虑农村劳动力进入城市以后能否找到合适的工作。而在我国，由于转移出的剩余劳动力因工作技能较低，较难找到合适工作；一些获得土地补偿款的农村人口则利用补偿款自己创业，从而加剧低端产业中小企业的竞争。

4 城乡一体化对北京中小企业投资的影响因素

4.1 北京城乡一体化的特点

周良民（2009）基于经济实力、人口结构、产业结构、城乡差距等角度的分析，认为北京有望率先实现城乡一体化。张强（2012）在《率先形成城乡一体化新格局的几点认识》一文中认为，城乡一体化的主要目标和核心理念，是在有城有乡、城乡并存、共同繁荣的条件下，缩小乃至消除城乡之间存在的多方面差距。在北京市域已划分为四个功能区的基础上，进一步明确"严格控制中心、保护和振兴乡村、重点发展郊区城镇"的空间战略，逐步改变中心城"一年一小变、三年一大变"的追求，向着精细化经营管理进军，使之逐步走向成熟。刘伟、张士运通过对北京城乡一体化进程的定量研究，得出北京在城乡产业、功能、基础设施、政府服务一体化方面取得了不俗的成绩。根据前人的研究，我们可以总结出北京城乡一体化的以下特点：

（1）北京已超越其他二三线城市，完成城镇化，率先实现城乡一体化。

（2）北京城乡一体化进程已由产业、功能聚集阶段向分散阶段推进。

（3）北京城乡一体化进程中的负效应开始进入集中爆发期，如房价、拥堵等。

（4）霍华德所构想的"田园城市"模型已在北京地区初具规模。

4.2 城乡一体化对北京投资环境的影响因素

（1）城乡产业一体化的实现，意味着北京第二、第三产业比重值增加，第一产业比重值减少。但与其他区域城镇化进程不同的是，经过奥运会之后，北京城乡一体化进程较快，城乡基础设施较为完善，因此，传统劳动密集型中小企业，较难在北京未来城乡一体化进程中获得投资空间的提升。像信息、能源、现代农业等新型高附加值的中小企业则能在一体化进程中获得更多的投资空间。

（2）北京农村人口所占比例较小，可向工业转移的农村剩余劳动力较少，企业较难获得低成本的农村剩余劳动力。并且，在城乡一体化进程中，部分农民或城郊结合部的居民都通过拆迁获得了政府较为丰厚的房屋或土地补偿款，农民就业的意愿不太强烈。因此，北京中小企业较难获得城乡一体化进程中的人口红利。

（3）城乡一体化进程使得北京的地租价格持续上涨，从而带动人力资源价格和原材料价格的上涨，提高了中小企业的运营成本，加重了中小企业的经营负担。

（4）地租价格上涨也导致金融资本的挤出效应，更多金融机构更愿意将资金投入到高附加值的房地产企业，而不愿将资金借贷给利润率和资产信誉度较低的中小企业，从而进一步加剧了中小企业融资难。

4.3 北京中小企业投资策略分析

（1）是控制成本。在控制成本上，一方面要通过提升管理能力和经营效率降低人力资源成本，尽量避免将劳动力要素投入大的项目。可以预见的是，随着未来北京城乡一体化率的进一步提高，人力资源成本将进一步上升。因此，控制人力资源成本将是北京中小企业面临的重要投资参考依据。另一方面，是房租、水电、原材料等经营成本的控制。特别需要考虑的是北京地租和房租因素。因此，北京中小企业在考虑投资项目时，应考虑自身资金薄弱的先天不足，尽量避免对中心商业区区位依赖度较高的投资项目，选择地租和房租相对较便宜的城郊结合部投资。并且，随着北京"数字一体化"城市规划的实现，网络办公、家庭办公为中小企业投资成本的降低提供了更大空间。

（2）是提高利润。利润空间的高低在一定程度上决定了未来企业发展空间的高低。随着北京未来各项成本的逐渐上升，低附加值、低利润的中小企业将难以获得更大的发展空间。因此，中小企业应考虑文化、咨询等附加值较高的投资项目。特别是餐饮、家政类的传统人员密集型中小企业，应通过技术创新、管理创新寻找企业新的利润增长点。

（3）是差异化投资。总部基地、京津冀一体化、城乡一体化进程将吸引更多国内外大型企业聚集北京。而这些大型企业由于在资金、人才、管理水平上的优势，中小企业若想通过传统的竞争策略与大企业抢夺市场则不太可能。因此，中小企业唯有通过差异化投资，寻找大企业经营和投资的盲点，才能在北京这一复杂的市场生态链中获得生存和发展的机会。

（4）是在技术上寻找突破点。若想控制人力资源成本，提高利润空间，进行差异化投资，中小企业只有在技术上才能寻找突破点。综观信息革命后的中外民营企业，无一不是搭乘技术升级的快车而将企业做大做强的。因此，北京的中小企业应积极利用经营灵活、决策效率高、易于接受新事物的自身特点，以及北京高校、科研机构密集的区域特点，搭乘技术升级的高速列车，占领技术发展的"增长极"，获得与大企业相竞争的比较优势。

（5）是在政策上寻找契合点。北京是中国的政治中心，各项政策的执行效率和支持力度有着其他区域难以企及的比较优势。而在我国以政府为主导的城乡一体化进程中，政策执行效率的高低在某种程度上左右着企业经营效率的高低。因此，北京中小企业应利用北京政策执行效率和支持力度高的比较优势，寻找政策规划的契合点。

参考文献

［1］陈秀山，张可云．区域经济理论［M］．北京：商务印书馆，2003.

［2］张强．从解决城乡结合部地区问题看城市发展阶段转型［J］．城市管理与科技，2011（6）：6－11.

［3］张强．北京率先形成城乡一体化新格局的几点认识［J］．前线，2012（11）：39－41.

［4］周民良．北京：有望率先形成城乡一体化［J］．北京观察，2009（3）：27－28.

［5］刘伟，张士运．北京城乡经济社会一体化进程评价定量化研究［J］．生态经济，2009（8）：60－63.

［6］［美］伊利尔·沙里宁．城市——它的发展、衰败与未来［M］．顾启源，译．北京：中国建筑工业出版社，1986.

［7］［美］刘易斯·芒福德．城市发展史——起源、演变和前景［M］．倪文彦，宋俊岭，译．北京：中国建筑工业出版社，1989.

政府管理模式的创新：
杭州下城区从楼宇经济到楼宇社区的转变

王晓净[①]

摘　要：我国城市经济飞速发展的过程中，涌现出"楼宇经济"的概念，不断满足城市空间集约化、资源整合的发展需求，同时楼宇经济发展的理念不断演进，政府管理模式也从单纯的楼宇经济到楼宇社区不断演进，在这个发展过程中，杭州市下城区是全国率先进行楼宇社区管理模式的，并且取得了可观的成绩。本文从杭州市下城区的楼宇经济发展现状，以及楼宇管理模式的管理实践经验，得出楼宇经济在管理模式上的启示。

关键词：杭州下城区；楼宇经济；楼宇社区

1　杭州下城区楼宇经济发展现状

杭州市 2013 年全市实现地区生产总值 8 343.52 亿元，地方财政收入 945.20 亿元，固定资产投资 4 263.87 亿元，社会消费品零售总额 3 531.17 亿元，全市实际到位外资 52.76 亿美元。而下城区仅以 0.18% 的占地面积，却产生了 7.69% 的生产总值和近 20% 的社会消费品零售总额。图 1、图 2 是杭州市下城区 2006—2013 年经济发展现状。

从图 3 可以看到 2007—2013 年杭州市下城区各经济指标的增长速度，其中，财政收入和社会零售品销售额的增长是比较稳定的，而固定资产投资和利用外资的额度在 2010 年出现较为大幅度的变动。

楼宇经济从 2002 年开始发展，经过十余年的发展，取得一定的效果。以下为近几年杭州市下城区楼宇经济发展现状：2005 年，杭州市下城区武林商

---

①　作者简介：王晓净，首都经济贸易大学。

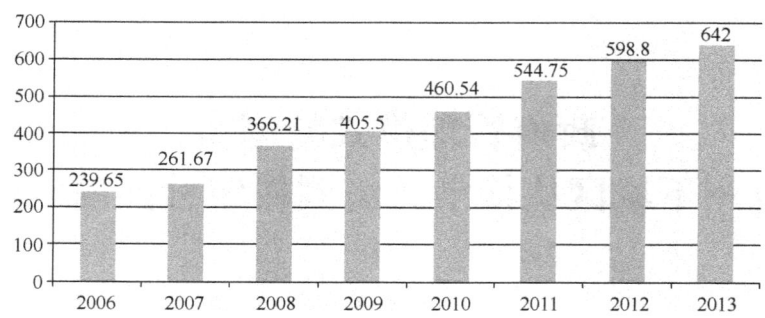

图1 2006—2013年杭州市下城区GDP

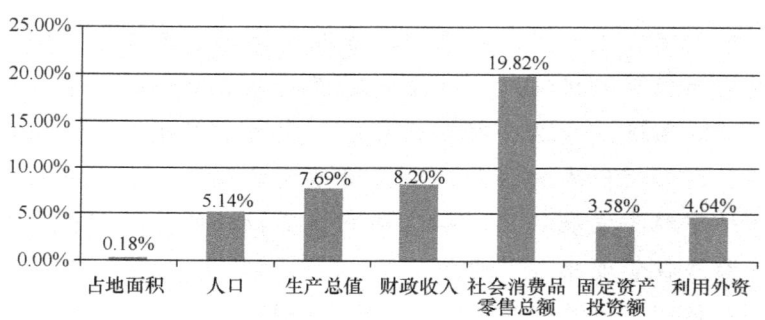

图2 2013年下城区占杭州市的各项比重

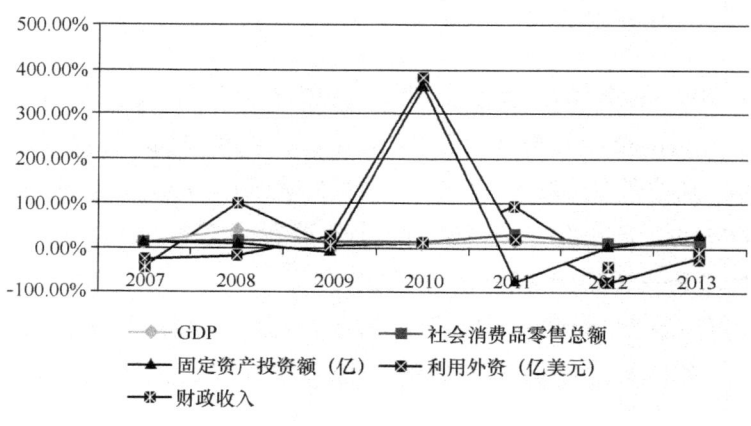

图3 2007—2013年杭州市下城区各经济指标增长速度

务区新增商务楼宇129万平方米，外延区域新增商务楼宇110万平方米，全年实现楼宇企业税收22亿元。2006年，全区新增商务楼宇316万平方米，杭州（武林）中央商务区辐射带动能力不断增强，培育了首座税收"亿元楼"

和中介服务业发展"主题楼"。2007年，总部经济、楼宇经济快速发展，入驻的世界500强企业已达到11家，注册资金5 000万元以上的总部企业达到9家，税收超5 000万元的楼宇达到13幢，其中超亿元楼宇6幢，新增中介服务企业438家。2008年，实施楼宇经济"三年倍增"计划，全区税收超1 000万楼宇达到39幢，其中超亿元楼宇9幢；杭州（武林）中央商务区每平方公里财政总收入达到15.86亿元。2009年，全面启动楼宇管理提升工程，加快智能化楼宇建设，在全市首创"楼宇综合服务中心"，全区楼宇注册率提高28个百分点，入驻率达93%；全区目标楼宇共实现税收33.04亿元，同比增长12.79%；其中税收超千万楼宇44幢，超亿元楼宇10幢。2010年，完成楼宇社区课题研究，形成"12345繁荣时尚、精致包容"下城楼宇社区模式，发展成就入选国家发改委《产业发展报告》。在全市首创楼宇综合服务中心，实现经济服务、民生保障、城市管理、综合治理和党群建设五进楼宇。楼宇入驻率96.53%、注册率81.3%，分别比上年提高了3.53和9.5个百分点，贡献率每平方米2 400元，目标楼宇实现税收47.69亿元，同比增长17.29%。以2007年为基数，楼宇经济指数达161.93。杭州下城区楼宇经济进全国10强。2012年，楼宇经济优势突出，首创"楼宇经济指数"，率先提出"楼宇社区"理念，全面实现楼宇经济"三年倍增"计划。到2011年底，楼宇入驻率达97.88%、注册率达82.51%，贡献率每平方米3 083元，全区税收超1 000万元楼宇达到60幢，其中超亿元楼宇16幢，均列全市第一，楼宇经济总体排名进入全国10强。2013年，楼宇社区服务经济主平台作用凸显，114幢目标楼宇实现税收67亿元，同比增长15.52%，每平方米税收贡献达到3 540元；实现税收超千万元楼宇67幢，超亿元楼宇17幢，其中超5亿元楼宇2幢。完成27个标准化楼宇社区建设，新建9个楼宇社区服务中心，"五进楼宇"服务实现全覆盖，成功举办杭州市首届楼宇社区文化节。2014年，杭州市下城区有207栋楼宇，该区楼宇经济综合实力排名位列第九，政府服务水平排名全国第一。

2 杭州武林中央商务区楼宇经济发展理念演进

2.1 杭州下城区楼宇社区理念的提出

2008年的时候，杭州下城区已经楼宇林立，在武林商圈，占地面积10 000多平方米的标力大厦写字楼已是一房难求，年纳税总额突破2亿元，相当于城郊七八平方公里范围内企业所产生的经济效益。这种惊人的楼宇经济发展势头和楼宇招商的突破，在下城还远不止这一处。2008年前三季度，下城区已累计引进楼宇项目1 202个，占到项目总数的87.22%。全区税收70%以上来自楼宇经济，其中48栋楼宇产生的税收收入占区财政收入的22.4%。税收超亿元的楼宇有6幢，以武林广场为中心的2.5平方公里核心区域内，每平方公里财政总收入达到14.66亿元，6幢税收亿元楼每平方米产生税收3 139元，最高的达每平方米4 041元。

在这一背景下，同时也出现楼宇管理的问题：①政府管理职能不明确。地方政府对楼宇经济高度重视，但楼宇经济牵涉的问题是方方面面的，在具体实施过程中，形成了各职能交叉管辖、条线分割的现象，影响了政策执行的系统性和协调性。②偏重于政策，不注重环境。进驻楼宇的企业很大部分是服务型、中介性企业，办公场所占用面积小、同质程度高，部分企业为了降低租房成本，经营场所频繁变更，不利于企业自身发展和政府管理。③楼宇业主和物业公司往往关注楼宇入住率，而忽视打造品牌楼宇，凝聚楼宇文化，使得企业缺乏属地归属感。

而从另一方面来说，许多地方对楼宇经济的理解还停留在房产经济、租赁经济、招商经济的层次上，而缺乏对楼宇经济综合协调、可持续发展的全面规划。2008年以前，杭州下城区的大多数楼宇都是属于自发性质，缺乏区域统筹和整体运营，导致系统兼容性和延展性都不足。政府意识到单从经济角度来运行楼宇有些捉襟见肘了，开始尝试用多种方法和手段来补充经济手段。

因此，下城区在2009年率先提出"楼宇社区"这一管理模式。所谓楼宇社区是指以经济型楼宇为依托，聚集在一定区域范围的企事业单位和利益相关者共同组成的经济社会共同体。它包含四方面的内容：①特定地域范围内的楼宇。这可以包括一栋楼宇或在一定地域内的若干栋楼宇，这个地域可以是一条商业街，也可以是从街道到社区市区一级的行政区划，这是主体活动的空间；②在楼宇中进行活动的各种主体，包括人、政府和企事业单位；③各种社会性和经济性活动，包括企事业组织间的相互关系、企业的市场活动以及企业和政府之间的互动；④主体之间的共同意识和利益，他们之间通过较为密切的社会交往，积累了一定认同感并形成经济社会共同体。

下城区政府在大力发展楼宇经济、用项目建设来带动硬件建设，进一步提升楼宇整体水平，同时将重心转移到对"软环境"的建设和打造上，用高水平的服务质量和和谐的人文环境来吸引优质企业长驻。

2.2 杭州下城区的楼宇社区建设实践过程

2.2.1 强化了组织领导

2009年5月，下城区进一步完善了区发展楼宇经济领导小组机构，包含经济管理、民生保障、城市管理、综合治理、党群建设五大职能的21个部门、8个街道的主要负责人，从组织领导上保证楼宇工作的顺利推进。下城区每个月召开一次楼宇办公室会议，每两个月召开一次发展楼宇经济领导小组会议。各部门、街道也进一步完善楼宇经济领导机构，合理分工，明确职责，加强横向联系，齐心协力推进楼宇社区建设。

2.2.2 建立了服务中心

楼宇综合服务中心是个涵盖政策宣传、企业登记、民政事务、劳动保障、非公党建、群团组织等全方位为楼宇企业提供贴身服务的政府服务机构。以楼宇企业和楼宇员工为服务对象，由街道安排专人，各职能部门配合，负责将经济服务、民生保障、城市管理、综合治理、党群建设等内容五进楼宇。下城区建设了9个标准化的楼宇服务中心，其中包括省外经贸广场、坤和中心、宏都商务楼、嘉德广场、嘉联华铭城、环球中心等。辐射楼宇100余幢，所有楼宇综合服务中心都有统一的logo，背景板，专职工作人员，且服务项目全部公示上墙。

2.2.3 建设了虚拟平台

从2008年创建下城区楼宇经济信息管理系统以来，楼宇经济的信息化管理工作持续推进，逐渐形成了以楼宇经济信息、管理系统为主，楼宇综合服务中心网站和各部门楼宇经济衍生子系统为次，楼宇社区即时通讯平台为辅的虚拟楼宇社区信息平台。楼宇企业和员工可通过网站浏览办事指南、咨询问题、查询办理进度、加入楼宇社区即时通讯平台等，实现足不出户解决难题。同时，各部门也积极创新，工商局、国税局借助楼宇信息、管理系统的平台，建立了"楼宇经济工商综合监管服务系统"和"楼宇经济税源管理系统"，充实了楼宇社区虚拟平台，并大大提高了信息化管理的效率。

2.2.4 充实了服务内容

为满足楼宇社区服务的实际需要，由楼宇办牵头，各部门、各街道积极全面更新了楼宇综合服务中心服务指南，使服务内容覆盖经济服务、民生管理、综合治理、党群建设五个方面。特别参鉴优秀的社区管理经验，街道开展了党建、妇联、工会、共青团等各项事业进楼宇活动，通过楼宇服务中心这个平台，营造楼宇特色文化，增强企业归属感。

图 4 为杭州市下城区总结形成的"12345"楼宇社区服务模式。一个目标是指繁华时尚、精致包容的 5A 楼宇社区；两个平台是指楼宇社区服务平台和楼宇信息共享虚拟平台；三个集聚是指要素集聚、服务集聚、效益集聚；四种合力企业主体力、社会协作力、政府引导力、市场配置力；五项内容是指经济服务、民生保障、城市管理、综合治理、党群建设。

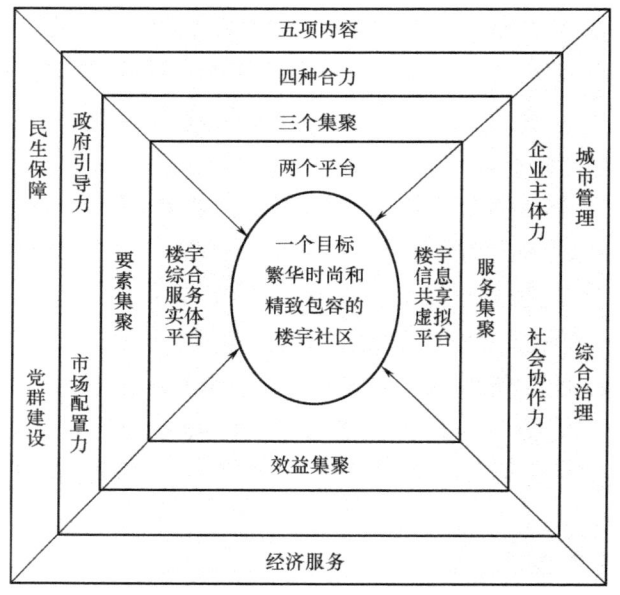

图 4　"12345"楼宇社区服务模式

3　武林中央商务区楼宇经济发展理念的启发

3.1　楼宇社区管理模式的优势

3.1.1　楼宇社区的建立，有利于降低交易费用，提高经济效益

楼宇社区可以有效降低政府的管理成本。楼宇综合服务中心，一方面能够满足企业对于政府提供非规范性服务、临时性服务的需求；另一方面能够及时将企业所需的日常服务反馈给政府各有关部门。可以有效降低企业与企业之间的交易费用。一栋楼宇就是一个企业的集聚地、企业的汇集。人才、资本、技术和信息等要素的集中，一方面带动了众多关联产业的集聚，从而形成了一个产业的有机体，实现整体经济效益的最大化；另一方面，多重高端要素的集中还会对楼宇所在地的经济产生正的外部性，它可以促进科技发

展、扩大就业规模、推动传统产业的升级换代，最为重要的是，能够带动企业竞争力的提升。

3.1.2 楼宇社区的建立，有利于满足高层次需求，增强心理归属感

美国著名心理学家马洛斯提出，人有一系列复杂的需求，按其优先次序可以排成阶梯式的层次，即生理需要、安全需要、社交需要、自尊需要和自我实现需要。楼宇社区的建设正是为了提高服务层次，改变以往楼宇物业仅仅承担保洁、保安等低层次管理任务的状况，努力做到现代企业所需要的酒店式服务，有效满足人们各种层次的需求。不仅仅满足基本的吃行需求，楼宇综合服务中心的成立，更为楼宇内企业员工的相互交流提供了一个平台，定期举办楼宇内以及楼宇间各种类型的交流活动，楼宇内不同企业、不同部门的人员从相识到相知，相互之间成了朋友，感情上有了依赖，企业才有可能不频繁换场地，人才也才可以留住，从而促进经济稳定发展。

3.1.3 楼宇社区的建立，有利于建立社会网络，提升社会资本

社会资本指的是社会主体间紧密联系的状态及其特征，其表现形式有社会网络、规范、信任、权威、行动的共识以及社会道德等方面。社会资本存在于社会结构中，是无形的，它通过人与人之间的合作进而提高社会的效率和社会整合度。杭州市下城区在楼宇社区建设中，因地制宜地采用多种形式来提高楼宇内企业和员工的交流空间。例如，长庆街道嘉德广场楼宇党支部推出了"楼宇文化节"，通过举办"缘定嘉德"交友沙龙、体育嘉年华、"楼宇文化发展"论坛、生活品质讲座、评选十佳楼宇形象代表、开辟心理减压室、组建义工联盟和白领艺术团等系列活动，增进了楼宇内企业之间员工之间的交流。武林街道举办楼宇社区青年联谊会，提升了楼宇内青年的凝聚力。

3.1.3 楼宇社区的建立有利于加强文化建设，促进社会融合

从社会学的角度来看，社区不是纯粹的自然地理区，而是社会空间和地理空间的有机统一，是一个人文区位。强调生活在共同地域之上的人们的彼此交往和归属感。居民们以业缘代替血缘和姻缘关系，相互依存，互惠互利，在此基础上形成社区精神或者社区意识才能对居民形成持久的吸引力。楼宇社区的本质属性可以说是楼宇社会，是经济属性和社会属性的混合体。社区是社会的缩影，社会中各种复杂的关系和种种问题都会通过社区反映出来，因此要跳出简单的仅从经济产出角度来看待楼宇社区的思维，而是从社会和谐发展的高度来丰富楼宇社区建设的内涵。

3.2 杭州市下城区实践对我国城市政府管理的启示

3.2.1 发展楼宇经济社区是我国大中城市的择优选择

工业经济看厂房，服务经济看楼宇。大中城市特别是核心城区的劳动力和资本要素密集，土地资源稀缺，因此比较适合发展以金融、保险、信息、软件技术研发、住宿、餐饮、文化娱乐、仓储物流等为代表的现代服务业。而服务业发展需要一个承载平台，这个载体在目前看来非楼宇经济莫属，发展楼宇经济就需要将众多的写字楼集聚在一定的区域内，从而产生大量的金融、信息、法律、咨询和物业等方面的服务市场，带动相关企业集聚发展，形成功能良好、配套齐全的商圈。

3.2.2 在楼宇经济社区发展的过程中，政府的作用非常重要

无论是在楼宇经济的起步探索阶段，还是在随后的规范和提升阶段，楼宇经济的持续健康发展，都离不开政府的规范和引导。政府的主导意味着楼宇经济的发展可以得到党政主要领导、相关职能部门和基层办事机构的合作与强力推动，同时也意味着楼宇经济得到了政府组织、要素资源等多方面的支持。政府可以从产业集聚、政策扶持、人员培训等多方面支持楼宇经济的发展。

3.2.3 城市管理要实现利益相关者之间的合作共赢

在城市管理中，引进利益相关者分析，是将原有的单纯由政府对城市公共物品或服务进行提供和管理的方式转变为城市主体共同提供、管理和监督的过程。只有各利益相关者之间能够实现合作共赢，才能真正实现楼宇经济的持续健康发展。

3.2.4 服务型政府的建设需以人民的满意为依归

城市管理中的服务性政府建设，必须坚持以人为本，充分考虑企业和公民的需求。政府在楼宇社区建设中，不仅要送服务，更要送对服务。政府应该把主要精力放在规则的制定和实施上，建立企业和公民的利益表达机制和政治参与平台。政府需要在保证管理绩效的同时，将社会不同利益群体的要求包容到城市公共产品和服务的有效供给之中。参与治理的主要目标就是促进城市政府与市场、社会之间建立伙伴关系，共同面对城市问题，管理公共事务，实现公共服务的有效供给和准确回应，让各利益相关者满意，并最终使广大人民满意。

参考文献

[1] 洪田芬，杨毅栋. 楼宇经济空间发展体系研究——以杭州市为例 [J]. 城市规划，2010 (1)：52 - 58.

［2］王国保，宝贡敏，赵卓嘉．区域中心城市中心城区精品建设的战略分析与设计——以杭州市下城区为例［J］．生产力研究，2010（5）：127－129.

［3］吴金群．楼宇经济发展过程中的政府管理模式转型——以杭州市下城区为例［J］．中共浙江省委党校学报，2011（3）：27－32.

［4］乐基伟．"楼宇经济"生存环境及发展的实证研究［J］．特区经济，2006（2）：102－105.

［5］刘河娟．天津市和平区楼宇经济战略管理问题研究［D］．天津师范大学，2012.

［6］http：//www. crd. net. cn/2012－08/27/content_ 5151742. htm.

［7］http：//www. hkqzx. gov. cn/detailed_ gh. asp？id＝16150&sid＝1580.

［8］http：//www. hzxcnews. com/topic/2011lh/content/2011－02/22/content_ 2898127. htm.

［9］http：//www. ssfcn. com/detailed_ gh. asp？id＝33542&sid＝2150.

［10］http：//www. hzxc. gov. cn/pub/xcqxxgk/qzfbgs/zcwj/zfgzbg/201305/t20130516_ 214904. html.

［11］http：//www. hzxc. gov. cn/pub/xcqxxgk/qzfbgs/zcwj/zfgzbg/201402/t20140220_ 245014. html.

［12］http：//www. doc88. com/p－101543655032. html.

南昌市"新生代农民工"婚恋问题研究

马家瑞①

摘　要："民工潮"是中国当代社会发展史上的一个重大事件，它伴随着工业化和城市化产生，突破了数十年牢不可破的城乡二元分割，对整个社会结构产生革命性的影响。它涉及我国现代化的路径选择，在一定意义上决定着中国未来的发展。农民工婚恋问题也一直受到国内外学者的重视。新生代农民工是当今社会中为数不少的一部分，他们对待婚恋问题以及男女交往的态度会直接影响这一群体的婚恋观，并且从一定意义上来说会影响到社会的和谐。本文以南昌这一特大城市为例，通过对新生代农民工婚恋情况的调查认识，为南昌有关部门的人口管理提供一定的帮助。同时，其结论对其他地区的相关研究也具有借鉴作用。

关键词：特大城市；新生代农民工；婚恋问题；南昌

1　研究背景与意义

2010 年 1 月 31 日，国务院发布的 2010 年中央一号文件《关于加大统筹城乡发展力度进一步夯实农业农村发展基础的若干意见》中，首次使用了"新生代农民工"的提法，并要求采取有针对性的措施，着力解决新生代农民工问题，让新生代农民工市民化。

为了全面和准确地掌握新生代农民工的状况，国家统计局在常规的农民工监测调查的基础上，于 2010 年在 10 个省进行了新生代农民工专项调查，采用电话访问的方式了解新生代农民工在外的工作、生活状况，以及主观满意度和城市融入等方面的信息。

调查结果表明：①新生代农民工总人数为 8 487 万，占全部外出农民工

---

① 作者简介：马家瑞，首都经济贸易大学。

总数的 58.4%，已经成为外出农民工的主体。②与上一代农民工相比，新生代农民工文化素质整体较高；大多数人不再"亦工亦农"，而是纯粹从事第二或第三产业；就业主要集中在制造业，工作勤奋，仍是吃苦耐劳的一代。③新生代农民工在融入城市的过程中，还存在诸多问题。部分新生代农民工有较大的工作压力，对收入的满意度较低，在"市民"和"农民"的身份认同中处于尴尬境地。近一半的新生代农民工有在城市定居的打算，但是收入太低和住房问题成为制约新生代农民工在城市定居最主要的困难和障碍。

从实践层面看，新生代农民工是年轻力壮而且有一技之长或敢闯敢干的乡村"草根精英"，进入城市后因为制度、市场和个人等多方面的原因，绝大多数人无法"穿越"韧性更强的"隐性户籍墙"而成为都市边缘人。这种现象的发展在很大程度上将过去城乡之间的空间对立"移位"和"浓缩"为城市空间范围内的城乡对立，并成为城乡矛盾冲突的前沿高发区。新生代农民工在没有安定的家庭和情感生活的条件下，扎根城市、融入城市变得更加困难。新生代农民婚恋观问题的提出是提醒整个社会和有关政府部门需要更多地从关注与保障农民工生存权和发展权视角来考虑农村人口转移问题，而不是主要站在"老市民"本位利益的立场上和城市自我发展需要导向的角度来规划所谓"城市化"的发展。

2 新生代农民工的含义及特点

本文中所指出的"新生代农民工"，主要是指"80后""90后"年轻人，这年龄段的人目前在农民工外出打工的 1.5 亿人里面占到60%，大约 1 个亿。他们出生以后就上学，上完学以后就进城打工，相对来讲，对农业、农村、土地、农民等不是那么熟悉。另一方面，他们渴望进入、融入城市社会，而我们在很多方面还没有完全做好接纳他们的准备。新生代农民工年龄在 18 ~ 25 岁，以"三高一低"为特征：受教育程度高，职业期望值高，物质和精神享受要求高，工作耐受力低。

新生代农民工在文化程度、人格特征、打工的主要目的、城市认同感、生活方式、工作期望、与农村家庭的经济联系等方面与第一代农民工也迥然不同。新生代农民工的"城市梦"也比他们的父辈更执着，他们中间大多数人不愿意在结束了若干年的打工生涯后回乡务农。新生代农民工中间绝大多数根本没有务农的经历和经验，他们更期待未来的发展，大多数人有着自己创业的梦想，对未来的渴望超过第一代农民工，对未来的人生轨道也有一定的规划，但是往往因为喜欢享受，总是离自己的预期目标很远。

此外，新生代农民工还有一个比较显著的特点就是：新生代农民工主要是一个未婚群体。主要由于年龄的关系，约70%的新生代农民工还没有结婚。具体地说，在新生代农民工中，1980年之后1990年之前出生的已婚比例为33.8%，1990年之后出生的已婚比例仅仅为1.6%。这意味着，大部分新生代农民工群体要在外出务工期间解决从恋爱、结婚、生育到子女上学等一系列人生重要问题，需要受到更多政策上的关注。他们想找幸福，却总被羁绊；他们向往爱情，却总无着落。对精神、情感的强烈需求不能很好地得到满足，是困扰这些漂泊异乡的"新生代"们的首要心理问题。有别于他们的上一辈：早婚早育、择偶对象多限于同乡、偏向生养儿子，现今"80后""90后"的农民工婚恋观已发生很大改变。

3 "80后"新生代农民工婚恋观现代化趋势特征

新生代农民工婚恋观的现代性主要体现在以下几个方面。

3.1 文化水平较高，婚恋追求更趋理性

新生代农民工文化素质普遍较高，多数受过中等及以上的教育。文化素质的提高有助于他们现代性素质的发展，这在婚恋中也能体现出来，那就是他们更注重婚恋中的个人理性。他们追求真爱，感情至上，具体来说就是在找寻另一半时，强调感情因素、性格脾气的互补等个人因素，淡化了家庭背景、经济状况等非个人因素。同时，他们告别了以往婚姻以生育为目的，以及因年龄缘故为了结婚而结婚的传统观念。在婚恋上对对象的标准已经有了主观的设想和安排，这些方面的变化体现了新生代农民工在婚恋上的自我价值观，是人的现代性的一种表现。具体见图1。

3.2 生活范围的扩大带来婚恋交往对象和方式的多样化

流动性的生活使新生代农民工的社会活动范围不断扩大，由农村到城市，由这个城市到另一个城市，生活范围的扩大使他们的视野拓宽，变得见多识广。与此同时，他们的婚恋交往对象越来越多样化了，交往对象不再仅限于老乡、同学，还有同事，以及其工作对象等。另外，他们还可以通过现代信息媒介如婚介所、报纸、杂志、电台、因特网去认识交往对象。交流方式或

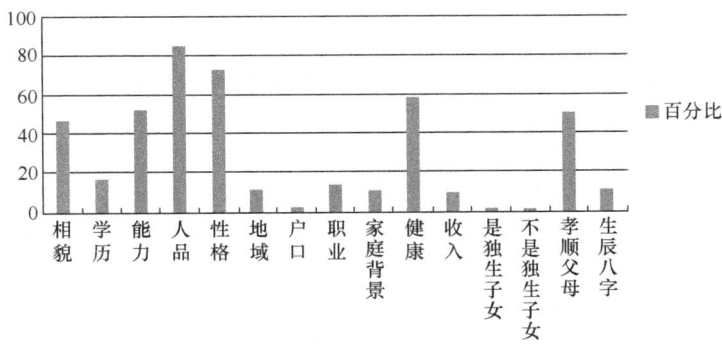

图1

平台除了以前的聚会、工作场合、娱乐场所以外，还有现代的通讯（如手机和网络）也成为新生代农民工一种重要的交流交友方式。新生代农民工的婚恋对象选择范围和交往方式的变化正体现出他们由传统向现代的转变。

3.3 新生代农民工婚恋观的城市化取向

新生代农民工的成长环境和教育经历有很深的城市痕迹。"80后""90后"的新生代农民工有的就是在城市长大的，多数新生代农民工都有在城市接受教育的经历，有的人很年轻就来到城市打工。这些原因导致了他们的乡土观念相对淡漠，反而对城市生活十分向往。他们在婚恋观、恋爱形式和方式以及子女观等问题的认识上有明显的城市化倾向，有向城市同龄青年模仿的比照行为取向。

他们的婚恋观较为开放。如对"婚前同居和婚前性行为的态度问题有一定认同，在新生代农民工的打工地恋爱交友、租房同居现象"不同程度地存在；他们在婚恋的形式和方式上有对城市青年的时尚模仿，如恋爱消费上，很多人"舍得花钱培养感情"，开生日 party、情人节送花等在新生代农民工中流行；婚礼模式上，很多人选择旅游结婚、拍高级婚纱照等；还有一些新生代农民工结婚后愿做不要小孩的"丁克族"等。

3.4 婚恋自主性提高

新生代农民工婚姻自主性明显提高了。如，择偶标准强调由自己来定，要找自己中意的。择偶方式也由以前主要由"父母之命、媒妁之言"转向父母参与，最终由子女决定的方式。另外，新生代农民工的择偶机会也由以前单纯地依靠父母或是亲戚的社会资源为自己择偶，现在开始转向利用自己的社会资源进行择偶，他们往往从自己打工的城市出发，通过同学、同事等社会关系去寻找择偶机会。这表明自身择偶机会增加，也是择偶空间在一定程度上的扩展。

3.5 整体而言新生代农民工的婚恋观还比较保守

一方面，大多数新生代农民工的择偶对象是老乡，传统的地缘婚姻仍然占有较大比例；另一方面，大部分新生代农民工趋向于自由恋爱，趋向于选择以感情为基础的婚恋，但仍有少部分人认为婚恋的主要决定因素是经济基础等传统因素。此外，并非所有新生代农民工对现代性较强的婚恋行为都已能理解和宽容，仍有很对人对此持否定态度。

4 江南地区"80后"新生代农民工婚恋障碍原因总结

新生代农民工是"无根的一代"。他们生活在城市，心理预期高于父辈，趋向于在城市中发展，希望与城市人享有相同的待遇，但是由于城镇二元结构和自身文化技能的限制，他们并未被城市接纳。而他们对生养他们的农村感情极其单薄，对农业技能、农作物和农业生产陌生，对农村和土地缺少眷恋。他们徘徊于留不下的城市和回不去的农村，处于城市和农村的边缘。在这样一个背景下，我们对新生代农民工婚恋障碍产生的原因进行分析可知：新生代农民工的婚恋观是现代和传统碰撞的结果，新生代农民工的身份地位、工作方式、居住方式等方面的客观情况给其恋爱婚姻带来了一些限制。

4.1 在婚恋对象的选择上，主观多样化与实际可选性少之间的矛盾

虽然新生代农民工的婚恋对象选择范围在不断扩大，交往方式在逐渐多样化，但是因为大多数实际工作环境受限、职业分工不同，会出现工作时间不自由的情况。很多男性更多聚集于建筑、机械制造等行业，女性集中于服务业、服装厂等行业，致使男女比例严重失调，再加上由于社交边缘化，他们几乎没有机会认识不同地区、行业的异性。所以即使接受了城市的自由恋爱观念，他们的婚恋模式仍然是传统的相亲模式。

4.2 临时性、流动性的工作性质带来的障碍

新生代农民工的工作大多数集聚在制造业、建筑业等行业，由于他们自身的学历水平和专业技能限制，其工作岗位一般为临时性、流动性强的基层

岗位。恋爱与结婚都需要一定的经济基础，然而他们职业的临时性和流动性决定了他们很难有稳定的收入，没有稳定的收入来源势必会影响到其感情的发展和维系。

4.3 作为边缘人，新生代农民工在社会、经济等各方面缺乏保障

新生代农民工普遍存在身份困境、住房困境、教育困境、保障困境、认同困境等社会障碍因素，再加上自身难以满足维持婚恋和家庭生活的经济收入，处在婚恋的黄金年龄，却常常受困于自身经济条件和社会条件，在城市消费水平高、房价高、学费高等现实面前，大多数新生代农民工还是选择回农村相亲并安家。他们这种边缘人的性质决定了他们恋爱的结果和婚姻的可能性。

4.4 新生代农民工的生活由生存型向享受型转变

与他们的父辈相比，他们没有吃苦耐劳的思想准备，而愿意追求良好的生活，享受城市的便利和信息时代的方便，追求物质精神享受，喜欢轻松、舒适的工作和较高的生活品位。他们渴望在就业、交友、求学等权利生活层面，拥有和城市人同样的机会。同时因为缺乏吃苦耐劳的思想准备，他们的工作耐受力差，就业不稳定。

5 "80后"新生代农民工婚恋状况的社会影响

婚恋状况在新生代农民工进城务工的过程中起着稳定性的作用。他们所追求的幸福感与城市归属感大部分都会从他们的婚恋状况中体现出来，而这些都直接地影响着他们在城市中的心态并关系到城市的稳定和谐。众所周知的是婚恋能为个人的发展提供极其强大的精神支持与关怀，同时成为人们面对工作压力、精神压力的避风港。另外，婚恋过程是一个人快速走向成熟并肩负起社会和家庭责任的必要途径，它们教会年轻人在适应社会过程中什么是责任感与上进心，这些都将成为社会稳定发展的积极因素。然而，从我们整个的课题研究中可以看出，"80后"新生代农民工在婚恋需求的现实生活中遭遇到众多不公平和阻碍，这些都将可能产生连带的社会效应，对社会的和谐产生十分不利的影响。

5.1 成为破坏社会发展的不稳定因素

新生代农民工进城务工的过程其实就是现在中国社会城市化过程的一个

具象体现，所以"80后"新生代农民进城打工实质上是他们逐步融入城市生活、演变为市民的过程。在从事高强度劳动，遭受歧视，缺乏适龄性伴侣和社交生活的各种既存问题面前，在情感压抑长期得不到排解、宣泄的情感现状下，再加上失业、再就业难等问题，一些通过非常规方式实现他们经济、生理需求的犯罪心态和事实就很有可能会出现。根据我们查阅到的现有资料，新生代农民工已经成为违法犯罪人员中占比较大的组成部分了，而且这样的群体犯罪问题已经成为影响社会治安稳定的重要因素。而且犯罪的原因大多是精神空虚、寻求刺激，对社会不满，寻求发泄等。

5.2 涉及性犯罪案件明显增加

因为婚恋问题和生理需求等问题越来越难以通过正常途径得到解决，少数性机能发育逐渐成熟的新生代农民工铤而走险，对城中女性实施如强奸、猥亵等恶性犯罪案件。从我们可查阅到的数据来分析，这一类的案件数量虽然不算特别多，但增加速度却十分快。由于恋爱需求得不到有效满足，新生代农民工中很多人通过色情网页在某种程度上获得情感与生理满足。因婚恋需求不能得到有效满足而导致的社会恶性犯罪事件反过来进一步增强城市居民对新生代农民工群体的抵触情绪，这样的恶性循环造成社会中这两大群体之间的鸿沟进一步拉大。

5.3 通过非法色情行业满足生理需求，加速性疾病传播

婚恋问题无法解决，会存在一部分新生代农民工选择通过光顾非法色情场所来满足生理需求和释放长期被压抑的自然机体欲望，加上新生代农民工群体原本就在接受生殖健康教育方面存在缺陷，这些就加速了性疾病在新生代农民工群体中的传播，这也对社会造成了极端不利的影响。

6 政策建议

6.1 政府角度

6.1.1 构建覆盖新生代农民工群体的社会保障制度
对新生代农民工而言，能获得和城市居民一样的平等待遇，才是最重要的。构建这个覆盖新生代农民工群体的社会保障制度，使其逐步享有城市居民同等的社会保障权利，才能真正实现将此类人群融入城市的目的。
社会保障机制细化就是要解决新生代农民工的住房问题、子女教育问题

和他们在城市环境中的社会保障等问题，同时还要通过适当的政府干预来减少新生代农民工在城市生活中遭受到的歧视现象。最好是采取政府主导的思路，通过各种渠道筹集资金切实落实他们的社会生活基本保障需求，消除新生代农民工在城市务工时因缺少各方面保障而带来的"无家"感，从而进一步消除农民工在城市中的"无根"现状。

6.1.2 切实维护农民工的劳动权益，加大违法执法力度

与上一代相比，"80后"新生代农民工更加注重劳动条件和维护自身劳动权利。虽然目前农民工劳动权利保障工作已经取得了巨大进步，但侵犯他们劳动权利的现象依然非常多，工资偏低、讨薪难、劳动安全问题等依旧十分突出，因而我们要进一步完善对新生代农民工保护的法律法规，加大执法力度。特别是要严格执行《劳动合同法》，充分保证休息和休假的权利，鼓励文化、旅游、健身等消费，落实好带薪休假等保障性制度，让新生代农民工有足够自由的时间、充足的精力来感受时代的变化，去交友、婚恋。

6.2 社会角度

6.2.1 社会舆论有力的监督

媒体是社会中文化价值观念和社会舆论得以形成和传播的重要渠道，理应发挥他们自身应有的监督权，成为宣传社会公正的主阵地，纠正社会上对农民工存在的一些不和谐声音，体现自身的社会责任。特别要将新生代农民工的问题列入重点关注的各项问题之一，大大提高社会公众对于新生代农民工的关注和保护。

6.2.2 社会道德全民平等教育

就目前公众在农民工融入城市的良性作用来看，城市居民应该充分认识农民工为社会进步做出的巨大贡献，转变城市公民中部分人"优等公民"的心态，进而形成关心、帮助农民工的观念，把农民工平等的主体观融入自己的日常生活当中，对农民工采取豁达的接纳态度。只有这样才能使得新生代农民工在城市中有逐渐增强的归属感和接纳感。

6.2.3 为处于婚恋年龄的新生代农民工搭建平台

可以通过相关部门的关注和参与增加新生代农民工在城市中择偶的机会。如当地的工会、妇联及其他社会组织积极提供免费婚介服务，相关部门加强对用工单位的监管，保证外来农民工的休息权等。

6.2.4 关注新生代农民工的心理问题

注意加强青年职工特别是新生代农民工的心理疏导和行为矫正服务，加

大对他们心理健康的关注和投入，开展社会关怀活动，帮助他们搞好自我管理、自我调适，缓解心理压力，提高耐挫能力，树立健康向上的生活情趣。

6.3 新生代农民工角度

提高新生代农民工的综合素质。提高农民工的文化水平，加强对农民工的婚姻文化教育和婚姻道德建设，是构建美好婚姻、和谐婚姻的当务之急。新生代农民工要从自身做起，自觉转变观念，确立自谋职业、竞争就业的新观念，提高参加和接受教育培训的自觉性，提高受教育水平，充实职业技能，拓宽就业择业面，才能做到自立、自信和自强，才可以充分行使婚恋自主权，在更广的范围和更高的层次上寻求属于自己的另一半。

参考文献

[1] 杨立，疏仁华．新生代农民工婚恋观的现代性研究 [J]．山西农业大学学报（社会科学版），2010（3）：2 - 5.

[2] 张静．80 后女性农民工的婚恋观及其教育研究——以广东省佛山市部分女性农民工为例 [D]．湖南师范大学，2010：10 - 15.

[3] 舒姝，李辉，陈春媛．农民婚恋观的结构及问卷编制 [J]．心理研究，2011（4）：15 - 18.

[4] 毕红微．新生代农民工的婚恋观研究——基于 H 市工厂工人的调查 [D]．华中农业大学，2014.

[5] 樊琳．新生代农民工婚恋观调查及教育对策研究 [D]．湖南师范大学，2013.

[6] 封玲．新生代女性农民工乡土观视域下的婚恋观调查及其教育研究 [D]．南京师范大学，2011.

[7] 李涛．21 世纪初年（2001—2012）中国婚姻文化嬗变研究——以报刊资料为基础 [D]．首都师范大学：李涛，2014.

[8] 黄丽云．新生代农民工市民化中的价值观问题研究——以福建省为例 [D]．福建师范大学，2012.